Schacht

シャハト

ナチスドイツのテクノクラートの
経済政策とその構想

川瀬 泰史

三恵社

はじめに

　本書は、ヤルマール・シャハト（1877-1970 年）について、筆者が長年研究してきた成果をまとめたものである（なお、従来の日本の文献では、シャハトの名前をヒャルマールないし、ヒャルマーと記述してきたが、正確にはヤルマールと表記すべきである。筆者は、1989 年 7 月 19 日に、ミュンヘン在住の未亡人マンヒ・シャハトと会見した際に、この点について尋ねたが、マンヒ夫人は「ヤルマールが正しい」と即座に断言された）。シャハトは、当初は銀行界で、ドレスデン銀行役員代理、国民銀行役員などを勤めた後に、官界に転じて、ワイマール期には、通貨委員、中央銀行であるライヒスバンク総裁に就任し、ナチス期には、ライヒスバンク総裁兼経済大臣として、経済政策・金融政策に手腕を振るって、1920 年代、1930 年代のドイツの経済・金融危機の克服の上で、重要な役割を果たした人物である。

　本書の構成としては、まず、シャハトの生涯や、シャハトについての研究史を概観する。次いで、ナチス期におけるシャハトの経済政策について検討する。その後、ワイマール期・ナチス期におけるシャハトの金融政策を分析する。最後に、ヒトラーとシャハトの間の経済政策論争として展開されたヒトラー／シャハト論争を取り上げて、ヒトラーの経済政策構想との対比の上で、シャハトの経済政策構想を明らかにしようと思う。

　後述するように、シャハトは、1920 年代、1930 年代において、ヒルファディング、ケインズといった同時代の傑出した経済学者たちと交差する場面がある。筆者は、本書において、シャハトの経済政策・政策構想を把握する上で、対立したヒトラーの経済政策構想との比較だけでなく、そうした同時代の偉大な経済学者たちの経済政策・政策構想との比較という視点をも取り入れようと試みたが、それがどこまで成功したかは、読者の判断に委ねようと思う。

はじめに　　3

なお、後で言及するが、シャハトについては、研究史の上では、「ヒトラーの銀行家」という評価が定着しているのが現状である。筆者は、これに対して、「政策技術の担い手で、実際の政策を実施した技術者・官僚」という意味でのテクノクラートという点に、シャハトの位置づけを見出すべきだと考えている。「ナチスドイツのテクノクラート」として、シャハトが経済政策を実施した経過について、以下、分析を進めていこうと思う。

　本書の題名通り、ナチスドイツのテクノクラートとしてのシャハトの（金融政策を含めた）経済政策とその構想の全体像を明らかにするという課題に挑もうと思う。

目次◉シャハト―ナチスドイツのテクノクラートの経済政策とその構想―

はじめに..3

第1部　シャハトの生涯と研究史の見方

第1章　シャハト：人と生涯..8

第2章　シャハト研究の現代的意義
　　　　―シャハト研究史の批判的検討―.......................37

第2部　シャハトの経済政策

第3章　シャハトの「新計画」....................................58

第4章　シャハトのユダヤ人保護政策.......................80

第3部　シャハトの金融政策

第5章　シャハトのインフレ収束政策.....................112

第6章　シャハトのメフォ手形................................134

第7章　シャハトの銀行・金融政策.......................161

第4部　シャハトの経済政策構想

第8章　ヒトラー、シャハトと「ドイツ問題」
　　　　―ヒトラー／シャハト論争の検討―...............186

おわりに..207

あとがき..215

主要文献目録..219

第 1 部
シャハトの生涯と研究史の見方

第 1 章
シャハト：人と生涯

1. はじめに

　ヤルマール・シャハト（1877-1970 年）は、20 世紀前半のドイツ経済を語る際に欠かせない存在であった。シャハトは、93 歳まで生きた。彼が生きた時代は、ドイツ第 2 帝制の興隆、第 1 次世界大戦とワイマール革命、1923 年の破局的なインフレ、1929 年の世界大恐慌、ナチス第 3 帝国の台頭と第 2 次世界大戦、戦後のドイツ分割、西ドイツの経済発展といった 19 世紀後半から 20 世紀後半までのほぼ 1 世紀に及ぶ激動の時代であった。

　この章では、波瀾万丈の時代を生き抜いたシャハトの人と生涯を明らかにしたい。まず、シャハトの幼少年期から見てみよう。

2. 幼少年期

　シャハトの正式の名はホレース・グリーリー・ヤルマール・シャハトといった（Schacht 1953: 24. 邦訳書（上巻）: 51）〔以下、シャハトと表示。以下、邦訳のある外国語文献引用の際には、必ずしも邦訳と一致しない〕。彼は、1877 年 1 月 22 日に、北ドイツの地、ティングレフ村で生まれた（前掲書: 20. 邦訳書（上巻）: 45）。父の名前はウィリアム、母の名前はコンスタンツェだった（Kopper2006: 7）〔以下、コッパーと表示〕。シャハト生誕の地はかってデンマーク領だったが、1864 年のプロイセン・デンマーク間の戦争の結果、プロイセン領になり、その後、第 1 次世界大戦でドイツが敗れ、再び、デンマーク領になり、今日に至っている（前掲書: 6.

Weitz 1997: 4. 邦訳書：7）〔後者の文献は、以下、ワイツと表示〕。

　父ウィリアムと母コンスタンツェは、トンデルンという小さな町で、知り合った（シャハト 1953: 20. 邦訳書（上巻）：45）。当時、父ウィリアムは師範学校の生徒で、教師志望だった（前掲書：20. 邦訳書（上巻）：45）。しかし、父は卒業後、職を求めて、1870 年に、アメリカに渡った（コッパー 2006: 6）。彼は、ニューヨークのドイツビール醸造所で職を得ることが出来たので、コンツタンツェを呼び寄せ、1872 年 1 月 14 日に、ニューヨークの教会で結婚式を挙げた（前掲書：6. ワイツ 1997: 6. 邦訳書：9）。父は 26 歳、母は 21 歳であった（前掲書：6. 邦訳書：9）。

　ウィリアムとコンスタンツェの夫婦は、アメリカに 5 年間、滞在し、その間、ウィリアムは様々な職についたが、どれもうまくいかず、1876 年秋には、一家は帰国せざるを得なかった（前掲書：6. 邦訳書：10. シャハト 1953: 24. 邦訳書（上巻）：50）。長男のエディーは既に、アメリカの地にて生誕し、帰路のコンスタンツェのお腹の中には、次男のヤルマールの生命が宿っていた（前掲書：24. 邦訳書（上巻）：50-51）。

　父ウィリアムはアメリカ滞在中に、アメリカの民主党の政治家ホレース・グリーリーを尊敬していたので、次男をホレース・グリーリーと名付けたが、母方の祖母が自分の兄弟のヤルマールの名前を付けるよう、強く希望したので、次男はホレース・グリーリー・ヤルマールと名付けられることとなった（前掲書：24-25. 邦訳書（上巻）：51-52）。正式の名前はヤルマール・シャハトであるので、以下、そのように記すこととする。

　帰国後、シャハトの生まれたティングリフ村で、父は私立学校の教師をしていた（前掲書：34. 邦訳書（上巻）：66）。シャハトが生まれて 1 年後、1878 年に、一家は南方のハイデに移り、父は地元紙の編集者になった（前掲書：34. 邦訳書（上巻）：67）。しかし、4 年後、一家はフズムに移り、父は石鹸製造工場の支配人になった（前掲書：39. 邦訳書（上巻）：73）。だが、すぐに、この石鹸製造業は破産し、1883 年に、一家は、一文なしで、ハンブルクに移り住んだ（前掲書：40. 邦訳書（上巻）：75, 76）。父はここで、コーヒー輸入商の会計係になったが、2 年後、このコーヒー輸入商は破産した（前掲書：42, 44. 邦訳書（上巻）：79, 81）。数ヵ月後、アメリカ

系のエクィタブル生命保険の会計係になった（前掲書：45. 邦訳書（上巻）：83）。父は 13 年間、この会社に勤め、最後は、この会社のベルリン店の総支配人にまで昇進を遂げた（前掲書：45-46. 邦訳書（上巻）：83）。なお、ハンブルク在住時に三男オルフが生誕し、ベルリン滞在時に四男ウィリアムが生まれている（前掲書：47, 82. 邦訳書（上巻）：86, 142）。

　シャハトは、兄に次いで、ハンブルクで名門のヨハンネイム高等学校に通った（ワイツ 1997: 9. 邦訳書：12）。長男・次男をヨハンネイムに通わせるために、父は大変生活を切り詰めねばならず、劇場に通い、ワインを飲むという当時の教養市民が娯楽としていたことを断念して、1 日 1 本の安葉巻を吸うことで満足した（シャハト 1953: 52. 邦訳書（上巻）：94. コッパー 2006: 11）。子供たちも、家ではスパルタ式の質素な生活で、余計な物を買う小遣いはもらえず、衣服は流行遅れなものだった（シャハト 1953: 52. 邦訳書（上巻）：94）。このように、その幼少年期は、市民的美徳—秩序・勤勉・節約により、特徴づけられていた（コッパー 2006: 11）。彼は、ヨハンネイム高等学校の卒業試験（大学入学資格試験）の際に着用しなければならない燕尾服と礼装用ワイシャツを、同じ身長の同級生から借用せねばならなかったという（ワイツ 1997: 11. 邦訳書：14）。

　ヨハンネイム高等学校卒業後、シャハトは、1895 年夏から 1899 年夏までの 4 年間、ベルリン、ミュンヘン、ライプツィッヒなどの大学で、当初は医学、ドイツ語学、文学史などを学んだが、最終的には、キール大学で、経済学の勉学に励んだ（シャハト 1953: 83. 邦訳書（上巻）：144）。彼が経済学に関心を示すようになったのは、学友の勧めにより、ミュンヘンで、高名なルヨ・ブレンターノの講義を聞いたのがきっかけだという（コッパー 2006: 17）。1898 年夏以降、シャハトは、郷里の大学であるキール大学で、ハスバッハ教授の指導下で、博士論文『イギリス重商主義の理論的意義』の執筆に専念し、1899 年 1 月にロンドンを訪問し、大英博物館で必要文献を読んで、論文を完成させ、1899 年 8 月に博士号を授与された（キール大学では、経済学博士号が授与出来ないので、シャハトは哲学の口頭試問を受けて、哲学の博士号を授与された）（前掲書：18-19. シャハト 1953: 106-112. 邦訳書（上巻）：181-191）。その後、彼はベルリン

のフンボルト大学で、高名な経済学者グスタフ・シュモラーのゼミに参加するが、シュモラーは彼の博士論文を高く評価して、その出版を勧めた程だったという（前掲書：117, 118. 邦訳書（上巻）：197, 199）（なお、この博士論文は出版され、邦訳も出ている。シャハト 1900. 邦訳書 1963）。

　シャハトは後年、自分の幼少年期を「我々の貧しい時代」、「悲惨な時代」と呼んでいる（シャハト 1953: 34, 44. 邦訳書（上巻）：67, 81）。こうした貧しい生活状況の中で、彼は早くから、野心が芽生えていた（コッパー 2006: 13）。後年、自分自身のためだけでなく、公共のために、何事かを成し遂げたいという大きな野心を抱いていたことを、認めている（シャハト 1953: 157. 邦訳書（上巻）：254）。ヨハンネイム高等学校時代の同級生たちは、シャハトのことを、「真面目で、勤勉」とも、「独立独歩の人」とも評している（コッパー 2006: 13）。また、政治について、父が反ビスマルク・反プロイセンのリベラルな立場だったのに対して、彼は鉄血宰相ビスマルクにドイツ第 2 帝制の栄光を見、その後継者たちの世界政策・植民地政策に魅了されたという（その意味で、父が反ビスマルク・反プロイセンのリベラル左派だったのに対して、彼は親ビスマルク・親プロイセンのリベラル右派と言えよう）（前掲書：15-16）。

　以上、簡潔に、シャハトの幼少年期を概観した。貧しい環境に育ったシャハトが大きな野心を抱いたこと、大学時代には経済学の勉強に専念して、博士論文を仕上げたこと、政治的には、反ビスマルクでリベラル左派の父ウィリアムと異なり、ビスマルクやその後継者たちの世界政策を支持・肯定するリベラル右派の立場だったことなどが、明らかにされたと思う。幼少年期を終えて、シャハトがどのように、世間に羽ばたいていったか、次に見てみよう。

3. 第 2 帝制期

　シャハトは、財政上の理由から、学界でなく、民間企業での就職を希望していた（前掲書：19）。公職は法学部出身者が独占していたので、経済学部出身の彼にとって、公職につくことは無理だった（前掲書：19）。1899/1900年の冬に、シャハトは、幾つかの輸出工業が共同で設立した「通商条約

準備センター」で、補佐役として、就職出来た（前掲書：19-20. シャハト 1953: 119. 邦訳書（上巻）：200-201）。その後、彼は、1901 年に新たに設立された「通商条約協会」（「通商条約準備センター」が拡大・発展した組織）に移った（Pentzlin 1980: 23）〔以下、ペンツリンと表示〕。この通商条約協会の理事会メンバーは、銀行頭取や輸出工業・海運業の経営者から構成されていた（シャハト 1953: 124. 邦訳書（上巻）：206）。

「通商条約準備センター」でのシャハトの初任給（1900 年 2 月）は、月給 100 マルクだった（コッパー 2006: 21）。しかし、権限の強化に伴い、彼の給料は増大し、1903 年初めには、「通商条約協会」の事務局長として、月給は 500 マルク（年収は 6000 マルク）で、これはベルリンの大銀行の本店の支配人並の高給だったという（前掲書：21）。これに加えて、シャハトは、1902/1903 年頃、学術雑誌『プロイセン年報』、『シュモラー年報』やリベラルな週間新聞『国民』への寄稿により、さらに 2800 マルクの収入を得たので、1903 年時の全年収は合計して、8800 マルクだったことになる（前掲書：21. シャハト 1953: 127. 邦訳書（上巻）：211）。彼は、低額所得者から高額所得者への上昇により、1903 年初めに、人生における重要な一歩を踏み出すことが出来た（コッパー 2006: 21）。

1903 年 1 月 10 日に、シャハトは、ルイーゼ・ゾーアと結婚した（シャハト 1953: 151. 邦訳書（上巻）：246）。2 人は、1896 年に、ベルリン郊外のシャラハテン湖のテニスクラブで知り合った（前掲書：151. 邦訳書（上巻）：246）。妻ルイーゼは、シャハトより 2 歳年上で、プロイセン警察官（刑事）の娘だった（ワイツ 1997: 30, 17. 邦訳：35, 21）。2 人はすぐに婚約したが、1 年後、結婚するには若すぎるという理由で別れた（シャハト 1953: 151. 邦訳書（上巻）：246）。5 年後、彼女と再会した時に、彼は父よりも収入が多く、結婚を妨げるものは何もなかった（前掲書：151. 邦訳書（上巻）：246-247）。

通商条約協会は、シャハトの出世にとって、大変重要だった（前掲書：126. 邦訳書（上巻）：209）。彼は、当時の有力な経営者たちと知り合っただけでなく、仕事上のことで会う機会もあった（前掲書：126. 邦訳書（上巻）：209）。悪い印象を与えなかったので、通商条約協会理事会メンバー

から、自社に来るようにとの誘いが沢山あった（前掲書：126. 邦訳書（上巻）：210）。銀行での仕事が経済的に有望だという理由で、ドレスデン銀行からの申し出を受けることにした（コッパー 2006: 31）。前述のように、通商条約協会時代の年収が 8800 マルクだったのに対して、ドレスデン銀行の基本給は年間 4800 マルクに特別手当て（ボーナス）1200 マルクで、合計 6000 マルクだったので、収入は減少したが、ドレスデン銀行役員会は 1 年後の給与引き上げを［事前に］約束していたという（前掲書：32）。

　1903 年 4 月 1 日、ドレスデン銀行に入行した時、シャハトは 26 歳だった（前掲書：33）。ドレスデン銀行での新たな仕事として、第 1 に広報活動、第 2 に市場に販売する有価証券の発行趣旨書の作成、第 3 に内外の経済状況を概観した月報の発行（得意先に無料で配付し、顧客との結びつきを深めることが目的）の 3 つが挙げられた（シャハト 1953: 133, 135, 135-136. 邦訳書（上巻）：219, 222, 223-224）。ドレスデン銀行での担当は、広報と経済調査に限定されていた（コッパー 2006: 36）。

　シャハトは、当初から、こうした活動だけでは、銀行内でのそれ以上の出世のチャンスがないことに気づいていた（前掲書：36）。彼は、早い内に、銀行の中心的業務に精通すること、そのために、本店の部門を働いて回ることを決意した（シャハト 1953: 136. 邦訳書（上巻）：224）。銀行の役員会の許可を得て、数ヵ月の内に、簿記や受払窓口業務や顧客の接待、手形割引や外貨の計算などを行ない、1 年の内に、銀行業務の全分野に精通した（前掲書：136-137. 邦訳書（上巻）：224-225）。彼は、こうしたことを本来の仕事（広報と経済調査など）に並行して行なったので、就業時間は増大し、朝の就業開始前の時間、昼休みの時間、終業後の時間も、仕事に励んだ（前掲書：136. 邦訳書（上巻）：224）。その結果、1909 年初め、シャハトは 32 歳で、ドレスデン銀行の役員代理・支店長に昇格した（本来の広報部長と経済調査部長を兼任したままだった）（前掲書：139. 邦訳書（上巻）：228. ワイツ 1997: 33. 邦訳：38）。

　1903 年 11 月 11 日に、長女インゲが生まれ、1910 年 10 月 14 日に、長男エンスが誕生した（コッパー 2006: 22）。その後、シャハトは、ツエーレンドルフに、広い庭付きの小さな別荘風の住居を建てて、15 年間、そ

こを自宅とした（シャハト 1953: 153. 邦訳書（上巻）: 249）。彼は当初、仕事に時間の多くをさいたので、家族と過ごす時間は極めてわずかだった（前掲書: 152. 邦訳書（上巻）: 248）。しかし、出世した後に、日曜日・休暇時に、子供のための時間を取って、子供の育児・教育に係わった（コッパー 2006: 22）。彼は、子供の教育に際して、質の高い学校教育を重視し、子供たちに対して、人間の人生における成功の 10 パーセントは才能、90 パーセントは勤勉さと目的に向かって努力することのおかげだと教えている（前掲書: 23）。インゲは女子高等学校に入り、ある高等学校で大学入学資格試験に合格し、ハイデルベルク大学で経済学を学んだ（前掲書: 23）。インゲの大学時代に、小型車が買い与えられた（前掲書: 23）。当時の資産家でも、娘を大学に進学させる例は稀だったという（前掲書: 23）。

シャハトの趣味は詩を作ることで、休暇時の出来事や誕生日などを題材にして、自分自身や、妻や子供たち、友人のために、詩を作った（前掲書: 24）。また、文学・美術にも関心があり、造詣が深かったという（前掲書: 25）。さらに、旅行を好み、夫婦で、休暇時に、フランス、ベルギー、オランダ、地中海、アメリカにまで、旅行したし、友人たちと一緒に、徒歩旅行（アルプス横断やコーカサス旅行、東欧旅行、トルコ旅行、バルカン旅行など）を行なった（前掲書: 24. シャハト 1953: 144. 邦訳書（上巻）: 235-236）。コーカサス旅行の同伴者は生涯の友とも言うべき有名なジャーナリストで政治家のパウル・ロールバッハや当時の国会議員だったヘロ・フォン・ゲルラッハを含めた 8 人の人々で、これらの人々はフリードリッヒ・ナウマン率いるナウマン・グループに属していた（前掲書: 145. 邦訳書（上巻）: 236）。彼は、ナウマン・グループには入らなかったが、このグループの人々とは親交があり、ナウマン・グループの週間新聞に論説を寄稿したことがあったという（ナウマン・グループは、対立している資本家と労働者を和解させることを目指していた）（前掲書: 145. 邦訳書（上巻）: 236, 237. コッパー 2006: 37）。

1914 年に第 1 次世界大戦が勃発したが、シャハトは極度の近視のために、兵役を免除された（ペンツリン 1980: 27）。しかし、彼は、1914 年10 月から 1915 年 7 月まで、ドイツ軍のベルギー占領当局に勤めることに

なった（軍当局に徴用され、ドレスデン銀行では、休職扱いにされた）（シャハト 1953: 167, 168. 邦訳書（上巻）: 269, 270. ワイツ 1997: 44. 邦訳書: 49）。シャハトは、ブリュッセルの将校集会所で食事をとることを求めたが、上司の占領軍財務部長のルムに、（シャハトが）民間人だという理由で、断わられた（シャハト 1953: 170-171. 邦訳書（上巻）: 274）。しかし、彼は、占領軍トップのゴルツ元帥に直接掛け合って、将校集会所で食事をとる許可を得たが、そのことで、ルムの恨みを買った（長年、トルコ軍の再編に携わったゴルツと、ナウマン・グループのロールバッハたちと一緒に設立した「ドイツ・トルコ協会」会長だった彼は面識があった）（前掲書: 171ff. 邦訳書（上巻）: 275 以下）。シャハトは、ベルギーで、ドイツ占領軍の占領費用の資金調達のために、ベルギーの各州に公債を発行させるという案の作成に係わった（前掲書: 169. 邦訳書（上巻）: 272）。1915年春に、新しいベルギー銀行券が導入された時に、ドレスデン銀行のベルギー支店から、この紙幣とドイツマルクとの交換で便宜を図るように依頼されて、彼は、軍経理部にその取り計らいを頼んだ（前掲書: 176. 邦訳書（上巻）: 283）。1915 年 7 月に、ルムはこの件を口実にして（シャハトが自分の勤務先の銀行に有利になるよう、不正を行なったと非難して）、シャハトを解任した（前掲書: 176. 邦訳書（上巻）: 283-284）。

　シャハトは、帰国後、ドレスデン銀行で、仕事に復帰した（前掲書: 178. 邦訳書（上巻）: 286）。ドレスデン銀行の監査役会会長で、古くからの後援者であるオイゲン・グートマンは、シャハトに対して、まもなく正規の役員に昇進させると約束した（前掲書: 178. 邦訳書（上巻）: 286）。この約束が一向に実現しないので、1915 年末に、グートマンに問い合わせると、グートマンの息子で役員のヘルベルト・グートマンが昇進に反対していることがわかった（前掲書: 178. 邦訳書（上巻）: 287）。ヘルベルト・グートマンの反対の理由は、シャハトの昇進が銀行内での自分の地位・権力を脅かすことへの恐れ・懸念からだった（前掲書: 179. 邦訳書（上巻）: 287）。彼はこれを知ると、即座にドレスデン銀行を辞めることを決意した（前掲書: 179. 邦訳書（上巻）: 288）。ドレスデン銀行を退職すると、国民銀行から誘いがあり、1916 年初めに、国民銀行の役員に就任した（コッ

パー 2006: 48)。わずか 39 歳で、シャハトは銀行家の経歴の頂点に到達したことになる（前掲書：48）。

　第 1 次世界大戦の最中、弟オルフは病死し、末弟ウィリアムは戦死した（ワイツ 1997: 55. 邦訳書：61）。シャハトは、スウェーデン人の妻と離婚した医者の長兄のエディーの子供たちの他に、オルフの 3 人の子供たちをも扶養することになった（前掲書：37. 邦訳書：41-42）。第 1 次世界大戦が終結した時に、シャハトは 41 歳だった（シャハト 1953: 189. 邦訳書（上巻）：303）。

　以上、簡潔に、第 2 帝制期のシャハトについて、概観した。シャハトが「通商条約協会」から職業生活を開始し、その後、銀行界に転じ、ドレスデン銀行で広報・経済調査の担当になり、銀行業務全般を学んで、若くして、役員代理にまで出世したこと、その後、ドレスデン銀行を辞めて、国民銀行の役員に抜擢されたことなどが、明らかにされたと思う。彼は、この間に、結婚して、家庭を持ち、自分の妻子だけでなく、親を亡くした兄弟の子供をも扶養した。ここから、シャハトが責任感を持った人物であることが、窺える。ブリュッセルの将校集会場で食事をとる件で揉めた件は、彼が大変自尊心・自意識の強い人物であることを示していよう。また、シャハトがドレスデン銀行時代に、銀行業務全般を学んだエピソードは、シャハトが野心家であると同時に、大変な努力家であることをも表わしていると思う。

4. ワイマール期

　1918 年 11 月 11 日に、リベラル左派の民主党（中道左派政党）が設立された（ペンツリン 1980: 29）。シャハト自身はリベラル右派の立場だったが、民主党の結党に関与し、入党した（シャハトは、君主制廃止―共和制の立場でなく、君主制維持を主張した）（コッパー 2006: 55, 56）。リベラル右派の国民党（中道右派政党）の方が自分の政治的信条に合っているのに、リベラル左派の民主党に入党したのは、当時、多くの市民の間で、第 1 次世界大戦時のドイツ政府の戦争政策を支持したリベラル右派が不人気なことを承知していたからだった（前掲書：56）。シャハトは短期間、民主

党の党活動に従事しただけで、銀行に戻った（シャハト 1953: 196. 邦訳書（上巻）: 314）。

国民銀行は、1920 年にブレーメンのドイツ国民銀行と合併し、1922 年にダルムシュタット銀行と合併して、ダナート銀行へと発展していった（コッパー 2006: 48）。彼は、役員として、信用業務とシンジケート関係を担当していたが、1918 年以来、有価証券業務は新任の役員で、彼より 5 歳若いユダヤ系ドイツ人のゴールドシュミットの担当だった（前掲書: 49）。この 2 人の関係は悪化し、その対立は公然たるものになった（ワイツ 1997: 64-65. 邦訳書: 73）。ダナート銀行の役員会・監査役会メンバーの多くは、ゴールドシュミットの方を支持していた（シャハト 1953: 218. 邦訳書（上巻）: 346）。

敗戦直後からのドイツのインフレは、1922 年に極端なハイパーインフレになっていった（コッパー 2006: 59）。そのため、政情も不穏になり、シャハトは共産主義革命を懸念して、1923 年に、妻子を安全なスイスに避難させた（前掲書: 65）。1923 年 11 月 12 日に、ルター財務大臣に呼ばれ、インフレ収束のための通貨委員への就任を要請された（シャハト 1953: 226ff. 邦訳書（上巻）: 357 以下）。彼はこの要請を受諾し、ダナート銀行を辞めた（前掲書: 227-228. 邦訳書（上巻）: 360）。シャハトは 20 年間、銀行に勤めた後、官界に移ったことになる（コッパー 2006: 72-73）。通貨委員としての月給は、600 金マルクだったという（前掲書: 73）。これまでのダナート銀行本店内の広々とした役員室から、財務省内の暗い小部屋（これまで、掃除婦が掃除道具をしまっていた、机一つと電話があるだけの部屋）に、事務所を移した（前掲書: 73）。ダナート銀行から、忠実な秘書のクララ・シュテフェックが、ついてきた（前掲書: 73）。シャハトは、通貨委員として、新たに設立された発券銀行レンテンバンクが（土地の担保証書に基づいて）発行する新紙幣レンテンマルクの導入及び、レンテンマルクとアメリカの金ドルとの交換レートの固定化に成功した（1 兆紙幣マルクと 1 レンテンマルク、1 ドルと 4.20 レンテンマルクの交換レートが設定された）（前掲書: 75）。

1923 年 11 月 20 日に、ドイツの中央銀行であるライヒスバンク総裁の

第 1 章　シャハト：人と生涯　17

ハーヘンシュタインが死去した（前掲書：76）。後継候補としては、右派の国家国民党代議士のヘルフェリッヒと、通貨委員で民主党員のシャハトの名前が挙がった（シャハト 1953: 236. 邦訳書（上巻）: 372）。ライヒスバンクの保守的な官僚たちは、シャハトが後継総裁になることに反対し、その理由として、1915 年のブリュッセルの事件（ドレスデン銀行に便宜を図った件）を挙げた（コッパー 2006: 76-77）。これに対して、連立与党側の実力者で、国民党党首で外相のシュトレーゼマンは、ハーヘンシュタインの死去以前にシャハトが無実だという調査報告書をライプツィッヒ裁判所から提出させ、社会民主党系の州首相たちに働きかけた（ライヒスバンク総裁任命の決定権は、政府、各州代表から成る連邦参議院、大統領の手中にあった）（前掲書：71, 77）。その結果、1923 年 12 月 22 日に、彼はライヒスバンク総裁に任命された（前掲書：77）。ライヒスバンク総裁としての年俸は、20 万マルクだったという（前掲書：86）。シャハトは、クリスマス休暇をスイスで家族と共にすごした後、12 月 27 日に、ベルリンに戻り、自分の書類を、財務省内の暗い部屋から、ライヒスバンク内の明るい部屋に移動させた（シャハト 1953: 239. 邦訳書（上巻）: 375）。

　レンテンマルクの育ての親であるシャハトは、レンテンマルクは過度的なものだと述べている（コッパー 2006: 74）。金本位制論者のシャハトは早くから、インフレ収束策として、外資に支えられた新たな発券銀行、いわゆる金割引銀行を設立して、十分な金備蓄に支えられた金本位通貨の利用や金本位通貨での信用供与を計画していた（前掲書：69）。

　シャハトは 1923 年 12 月 31 日に、早くもロンドンを訪問し、翌年元旦以降、イギリスの中央銀行であるイングランド銀行総裁のノーマンと会談を重ねた（前掲書：80ff）。以後、シャハトとノーマンは生涯の友となり、後に、ノーマンは、ベルリン訪問の際に、シャハト家に宿泊し、シャハトの孫娘の名づけ親になった程だった（シャハト 1953: 250. 邦訳書（上巻）: 391-392）。この 2 人の親密な関係の原因・背景として、両者が通貨政策上の基本問題で見解が一致していたこと（両者共、金本位制論者で、保守主義的だったこと）が挙げられる（コッパー 2006: 83）。彼は、このロンドン訪問時に、イングランド銀行の信用に基づいて、金割引銀行を設立す

る交渉をまとめ上げた（前掲書：82）。帰国直後、ドイツ政府とライン経済界の協議の場に出席して、ライン経済界がフランスと提携して、計画していたライン発券銀行構想（ラインラントのドイツからの分離独立を目指すもの）に強硬に反対したので、ドイツ政府は、この案を承認しないことを決定した（シャハト 1953: 253, 255. 邦訳書（上巻）：396, 399）。

　1924 年 3 月 13 日に、金割引銀行が設立された（前掲書：256. 邦訳書（上巻）：401）。金割引銀行は、シャハトの構想通り、ドイツ工業の輸出業務を支援し、1945 年の崩壊まで、ライヒスバンクの補助機関として、通貨の維持やドイツの輸出促進の成功に貢献した（前掲書：256-257. 邦訳書（上巻）：401）。同年 4 月に合意されたドイツの賠償支払いの基礎となるドーズ案中のライヒスバンクについての規定により、ライヒスバンクの紙幣発行は 40 パーセントが金・外貨、残りは手形・小切手で補塡と定められた（ペンツリン 1980: 83）。同年 8 月 30 日に発効した新銀行法などにより、新ライヒスマルクが新たな金通貨として誕生し、レンテンマルクは除去されることになった（前掲書：70）。

　レンテンマルク導入について、シャハトは他人（財務大臣ルター）の準備した計画を実施したにすぎなかったという見方（Maier 1988（1947）：21）〔以下、マイヤーと表示〕がある。しかし、前述した通り、シャハトは当初、インフレ収束のために、レンテンマルクを導入したが、レンテンマルクは一時しのぎの策にすぎず、金と連結した新ライヒスマルク通貨の復活により、初めて、通貨の安定化が達成されたと言ってよいであろう。これは、シャハトの巧みな手腕・優れた能力のおかげに他ならなかった。その意味で、インフレ収束―マルク安定化に果たしたシャハトの業績・功績は、もっと高く評価されるべきであろう。

　1924 年 8 月 30 日のドーズ案の正式調印以後、ドイツは外資導入により賠償支払いを行なうこととなり、外資がドイツに流入してきた（コッパー 2006: 103）。ドイツの地方自治体（市町村）は、そのインフラの近代化や、学校・社会設備の建設を望んだので、外資受け入れに傾いていった（前掲書：104）。シャハトは、こうした地方自治体（市町村）の外資受け入れに対して、大変批判的・敵対的だった（前掲書：105）。外資受け入れ

に際しては、民間企業が優先されるべきと論じている（前掲書：105）。彼は、外資の受け入れ制限を計画し、ライヒスバンクにその権限を［与えるように］求めたが、政府に受け入れられなかった（前掲書：105）。

　1926年に、シャハトは、民主党を離党した（前掲書：133）。表面上の理由としては、民主党が君侯所領の無償没収（シャハトはこれを、私有財産保護反対の立場と批判している）を求める社会民主党・共産党の国民投票案に賛成したことだった（前掲書：134）。しかし、真の理由は、社会民主党・中央党［カトリック系の中道政党］系の市長の地方自治体の外資受け入れに対して（シャハトは、「自治体社会主義」と非難）、永遠の闘争を行なっているシャハトが、プロイセン州や他の州で社会民主党・中央党と連立を組んでいる民主党への怒りを爆発させたからだったという（前掲書：134）。1927年以降、彼は、（右派の）国家国民党への接近を図り、その代表と会合を重ねていた（前掲書：133）。

　前述した通り、シャハトは、第2帝制期以来、リベラル派の立場だった。ワイマール期になると、シャハトは、リベラル左派―中道左派の政党、民主党の設立に関与し、その党員になった。だが、社会民主党主導の地方自治体の外資受け入れ問題を契機に、シャハトの民主党離党、右派の国家国民党への接近という事態が起こった。シャハトの政治信条がリベラルな立場から保守主義に変わったという見方もある（前掲書：30）。地方自治体の外資受け入れ問題を契機に、連立与党の左派の社会民主党や中道左派の民主党と対立するようになった彼が、野党の側の右派の国家国民党に近づいたのは、その抜け目なさを表わしているようにも思われる。シャハトが保守派・右派の陣営に移ろうとしていたことは、明白だった。

　1929年12月に、国庫危機が生じたので、ヒルファディング財務大臣は、アメリカの銀行からの短期債務受け入れを計画した（シャハト1953：323. 邦訳書（上巻）：497）。アメリカの銀行は条件として、ライヒスバンクの保証を求めたが、シャハトがこれを断わったので、この借り入れの件は反故になり、ヒルファディングは財務大臣を辞任する羽目になった（前掲書：324. 邦訳書（上巻）：498）。

　ヒルファディングとシャハトの間には、因縁があった。1923-24年のド

イツのインフレ収束の過程で、両者には、実は、金本位制に基づく新マルク創出により、解決を図るという共通の認識があった（コッパー 2006: 68, 69）。レンテンマルクが一時的なものにすぎず、金マルクに復帰させねばならないという点で、2人の見解は一致していた。インフレ収束で縁のあったこの両者が何故、対立・衝突することになったのであろうか？　以下、簡潔に、その経緯について、見てみよう。

　まず、ヒルファディングの経歴・業績について、簡単に概略しよう。ヒルファディングは、1877 年 8 月 11 日に、オーストリアの首都ウィーンで、保険会社の会計主任のユダヤ人の息子として、生まれた（上条 2011: 3. 倉田 2011: 10）。彼はウィーン大学医学部で医学を学び、大学卒業後、開業医として勤めながら、経済学・金融論の研究に没頭した（Stein 1946: 5. 邦訳書: 10-11）〔以下、シュタインと表示〕。1902 年、25 歳の時以来、ドイツ社会民主党の理論機関誌に論文を寄稿し始めた（前掲書: 5. 邦訳書: 11）。1906 年に、ヒルファディングは、ドイツ社会民主党の党学校の経済学・経済史の講師として招かれ、ベルリンに移り住んだ（前掲書: 6. 邦訳書: 11-12）。しかし、半年後、プロイセン警察の干渉で、党学校講師の職を辞任させられたが、社会民主党の機関誌の編集委員になった（前掲書: 6. 邦訳書: 12）。第 1 次世界大戦中、オーストリア軍の軍医として、従軍していた（前掲書: 9. 邦訳書: 19）。1920 年代に、彼は社会民主党の国会議員を勤め、一時財務大臣としても活躍した（前掲書: 18. 邦訳書: 40）。ヒルファディングは才気と機知に富み、組織者・ジャーナリスト・党指導者として有能だったという（前掲書: 10. 邦訳書: 22）。

　ヒルファディングの学問的業績としては、1910 年に発表された高名な『金融資本論』が挙げられる。彼は、この著書の中で、カルテルやトラスト、株式会社、金融資本といった 20 世紀初頭の資本主義の最新の発展動向を分析している。その後、ワイマール期に入ってからは、「社会化」の推進や、「組織資本主義論」を唱えた。

　シャハトは元々、ドイツはその過剰人口を養うために、工業製品輸出を増大させるしか、ドイツの経済発展、ドイツの生きる道はないと説く加工貿易立国論者だった（シャハト 1953: 120, 122. 邦訳書（上巻）: 201, 205）。

第 1 章　シャハト：人と生涯　　21

彼は、そのために、原料供給地として、植民地が必要だという植民地論者でもあった（Müller 1973: 24）〔以下、ミュラーと表示〕。また、カルテルは工業製品価格を引き上げるという理由から有害だが、逆に、トラストは工業製品価格を引き下げるが故に有益だと論じ、「カルテルはモルヒネだが、トラストは霊薬だ」と述べている（シャハト 1953: 122-123. 邦訳書（上巻）: 204-205）。

　これに対して、ヒルファディングは、カルテルやトラストが金融資本の経済政策であると批判している。マルクス主義者として、社会主義を目指していた。他方、シャハトは、銀行界出身で、資本主義社会秩序擁護の立場だった（シャハトにとって、社会主義・マルクス主義は私有財産制という神聖なヨーロッパ文明の基本原理に背くものに他ならなかった）。逆に、ヒルファディングから見れば、シャハトはトラストに代表される独占を容認する金融資本の代理人・手先に見えたであろう。1918 年 11 月のワイマール革命の際に、ヒルファディングは社会主義革命のチャンスと捉えて、その推進を目指したのに対して、前述したように、シャハトは中道政党の民主党創立に関与し、革命の防止を図った。ここから、この 2 人の基本的立場が正反対、全く相いれないものであることが、窺えよう。

　シャハトとヒルファディングは、通貨政策については意見が一致していたが、財政政策の原則に関しては、考えが異なっていた（コッパー 2006: 143）。さらに、財政政策の主導権を巡って、中央銀行総裁のシャハトと財務大臣のヒルファディングはライバルの関係にあった（前掲書: 133）。以下、財政政策についてのこの 2 人の対立や、考えの違いについて、見てみよう。

　ヒルファディングの財政観は、1929 年の財務大臣としての予算演説の中に最も明瞭に表われている。それによると、歳入面では、酒税・相続税・財産税を引き上げる一方、所得税の減税を計画し、歳出面では、軍事予算・農業関連予算の削減に踏み込みつつ、社会・福祉支出の増大を企図しており、所得税減税により、「個人消費を高めて、需要側から経済の回復を」目指すこと、1929 年度予算の執行（により財政政策の実施）、ドイツの資本形成を進ませ、ドイツ経済を回復させ、税収増大―財政赤字の解

消―社会・福祉支出の増大ということが、その狙いに他ならなかった（黒滝 2009: 258-259）。この予算案の内、相続税・財産税引き上げに反大企業（反経済界）的側面が、社会・福祉支出増大に親労働者的側面が見出される。ヒルファディングは、社会的弱者・労働者の利益を最も重視していたと言えよう。

　シャハトは、ヒルファディングの財政政策を目して、「放漫な財政政策」と批判し、「思い切った財政改革の実施」を求めた（シャハト 1953: 323. 邦訳書（上巻）: 497）。彼は、国家債務の増大を危険視していたので、国家の歳出削減・増税による国家債務の償還を目指していた（ペンツリン 1980: 131）。シャハトの提案した巨額の国家債務償還（及び、財政規律の堅持）のためには、多額の社会支出の削減、国家官吏の給与の引き下げ、特別税の導入が必要とされたし、そうした措置により、財政健全化が目標とされたが、こうしたことは経済界の利益にそうことだったという（コッパー 2006: 162, 166, 167）。

　シャハトは、人々がその能力を発揮して、努力すれば、必ずや、豊かになって、報われると述べて、現存の資本主義秩序を擁護・正当化している（ミュラー 1973: 23）。彼は、さらに、第1次世界大戦勃発やヴェルサイユ条約の失敗に象徴されるように、政治指導者・政治家は無能ぶりをさらけ出しているのに対して、ドーズ案の作成に示されているように、「賢人」としての経済人（経営者・経済学者）はその有能さを証明した旨、述べている（前掲書: 25）。19世紀の自由主義的な「夜警国家」に戻って、国家の役割は法律の制定や軍事面に限定し、貧者や社会的弱者の世話はキリスト教的な隣人愛（民間の寄付による慈善活動）に任せるべきであるとシャハトは論じ（前掲書: 23）、経済を、経済についての専門知識を持っている経済人（経営者・経済学者）に委ねるべきことを示唆している。彼は、さらに、「政治に対する経済の優位」の標語の下、「賢人」としての経済人が政治に対しても影響力を行使すること、政治を経済人に全面的に任せることを理想視していた（そこでは、政治指導者・政治家は無能・混乱、経済人は有能さの象徴として、対比させられていた）（前掲書: 26）。

　ヒルファディングが反大企業・親労働者の立場から、大企業・富裕層へ

の増税、社会・福祉支出の増大を図ったのに対して、シャハトは親大企業の見地から、社会・福祉支出の削減や増税による国家債務削減—財政健全化を最優先させる姿勢を示した。まさに、両者の財政観は正反対、対照的なものだが、その背景・原因として、この両者が異なる立場にあったことが挙げられよう。前者が社会主義を目指すマルクス経済学者、社会民主党の理論的指導者だったのに対して、後者は資本主義社会秩序を守ろうとする立場だった。この両者の立場の隔たり・距離は大きいと言ってよいであろう。こうして、奇しくも1877年の同じ年に生まれた2人は、敵対する陣営に分かれることになった。1930年代後半に、この両者がナチス体制と敵対することになって初めて、2人は反ナチスの同じ陣営に属することになったのである。

　1929年2月に、パリでドイツの新しい賠償規定を決定する国際会議が開催され、シャハトは、ドイツ代表団の団長として、この会議に出席した（シャハト 1953: 296. 邦訳書（上巻）: 462）。この会議は約4ヵ月続き（途中、数回の中断をはさみつつ）、最終的に、ヤング案で合意した（前掲書: 304. 邦訳書（上巻）: 472-473）。シャハトは、このヤング案に署名しただけでなく、ドイツの賠償支払いメカニズムを媒介する国際決算銀行設立の立案にも関与した（前掲書: 311ff. 邦訳書（上巻）: 481）。しかし、その後、彼は、ドイツ政府が（彼抜きで）連合国政府と賠償支払い交渉を行なったことを契機に、ヤング案反対に転じ、1930年4月に、ライヒスバンク総裁を辞任した（前掲書: 322, 326. 邦訳書（上巻）: 495, 511）。その時、シャハトは、53歳だった（コッパー 2006: 175）。

　その後、シャハトは、ギューレンの別荘（1926年に購入）に隠棲した（シャハト 1953: 332. 邦訳書（上巻）: 511）。しかし、彼はそこに引き籠もらずに、1930年春に、ルーマニア、スイス、デンマーク、スウェーデンに、同年秋に、アメリカに講演旅行に出かけている（前掲書: 337, 342ff. 邦訳書（上巻）: 517, 523以下）。1930年9月の国会選挙で、ナチスが、12議席から、107議席に躍進した（前掲書: 342. 邦訳書（上巻）: 524）。

　シャハトは、1930年2月に、ドイツ銀行の頭取で、国民党代議士でもあるシュタウスの仲介で（シュタウスの狙いは、反資本主義的なナチス左

24　第1部　シャハトの生涯と研究史の見方

派・急進派に対抗している経済界寄りのナチス右派を支援することだった）、ナチス党の実力者のゲーリングと知り合い、1931年1月5日に、ゲーリング邸での晩餐会に夫婦で招かれ、ヒトラーと初めて会見した（この際、ナチス党幹部のゲッベルスも同席した）（コッパー 2006: 188-189, 190）。ヒトラーはこの際に、2時間以上も長広舌をふるって、ヴェルサイユ条約の廃棄、公共の雇用創出計画（都市の整備・道路の建設）による失業克服を説いた（前掲書: 190）。シャハトは、この会見で、ヒトラーと協力出来そうだという印象を持ったという（前掲書: 190）。

　1931年10月に、ハルツブルクで、国家国民党やナチス、鉄兜団などの国粋主義的政党・団体の大会が開催された（前掲書: 191-192）。シャハトは、この大会に出席し、政府の経済政策を激しく批判する演説を行なった（前掲書: 192）。1932年4月以来、彼は定期的にヒトラーと接触し、どうすれば、ナチスが経済界から支援を得られるかについて、助言を与えた（銀行の国有化を主張する反資本主義的なナチス左派・急進派を後景に退かせるよう、勧めた）（前掲書: 197）。1932年11月に、シャハトは、ヒトラーを首相に任命するように、ヒンデンブルク大統領に請願する経済人の請願書を編集し、自らその請願書に署名した（前掲書: 201）。1933年1月30日に、ヒトラーは首相に任命された（ペンツリン 1980: 170）。

　シャハトは、1930年2月に、ドイツ人の女性ジャーナリスト、ベラ・フロムに対して、「何故、ナチスにチャンスを与えてやらないのかね？　ナチスには、力強さがあるように見える」と語っている（コッパー 2006: 188）。1931年3月に、アメリカ人の女性ジャーナリスト、ドロシー・トンプソンに対して、「ナチスは、単独では、統治が出来ない。しかし、私なら、ナチスを使って、統治を行なうことが出来る」と述べている（Knopp 2004: 354-355）〔以下、クノップと表示〕。ここから、ナチスについてのシャハトの見方が窺えよう（「大衆運動としてのナチス」に既成政党にない力強さを見出すと同時に、ナチス統治に自分が必要不可欠だという自負・見通しを、シャハトは持っていた）。

　ゲーリングやヒトラーと会見して以降、シャハトはナチスと接触し、ヒトラーを首相にと求める請願書に署名した。その原因・背景としては、ヒ

第1章　シャハト：人と生涯　25

トラーが自分の言うことに耳を傾けてくれるという印象や、自分ならナチス統治を良い方向に誘導出来るという自信・見通しをシャハトが持ったことが、挙げられる。

　以上、簡潔に、ワイマール期のシャハトについて、概観した。ワイマール共和国初期の政治危機の中で、シャハトが中道左派の民主党設立に参加したこと、インフレの経済危機の中で、シャハトが銀行界から官界に転じて、通貨委員―ライヒスバンク総裁として、インフレ収束―通貨の安定化に貢献したこと、その後、地方自治体の外資受け入れ反対の立場から、シャハトが社会民主党・中央党などの連立与党と亀裂を深め、民主党を離党したこと、財政政策を巡る見解の違いを契機に、シャハトと社会民主党の理論的指導者で財務大臣のヒルファディングとの対立が激化し、シャハトがヒルファディングを財務大臣辞任に追い込んだこと、賠償交渉での政府との不協和音から、シャハトがライヒスバンク総裁を辞任し、ナチスと接触して、ヒトラー首相実現のために働いたことなどが、明らかになった。レンテンマルク導入―新ライヒスマルク復活までのシャハトの活躍は、中央銀行家としてのシャハトの高い能力を示していると言ってよいであろう。ナチス期において、シャハトの巧みな手腕・優れた能力が、どのように発揮されたのか、次に見てみよう。

5. ナチス期

　1933 年 2 月 25 日に、ゲーリングは、国会議長公邸に、多くの主要な経営者たちを招待した（当時、ゲーリングは、国会議長だった）（ペンツリン 1980: 174）。ヒトラーの演説の後、ゲーリングの呼びかけに応じて、経営者たちは 3 月の国会選挙用費用として、総額 300 万ライヒスマルクを寄付した（前掲書: 175）。この会合に出席していたシャハトは、ヒトラーの要請を受けて、この選挙基金の管理を引き受け、この資金をナチス党や国家国民党、国民党といった右翼政党に配分し、選挙戦の後、60 万ライヒスマルクの剰余金が残ったという（前掲書: 175）。

　1933 年 3 月に、シャハトは、ライヒスバンク総裁に再任された（シャハト 1953: 383. 邦訳書（下巻）: 74）。その直前に、ヒトラーがシャハトを

呼び寄せて、新政府の課題は失業克服だが、そのために、ライヒスバンクがどれ位の額の資金を提供出来るか、尋ねたのに対して、シャハトは、具体的な数字を挙げることは出来ないが、失業はあらゆる状況下で克服されねばならないので、最後の1人の失業者を街頭からなくすために、ライヒスバンクは必要なだけ、出来るだけ多くの資金を提供するのが当然だと述べている（前掲書：382. 邦訳書（下巻）：71-72）。彼は、ライヒスバンク総裁としての年俸を（以前の20万ライヒスマルクに対して）6万ライヒスマルクに変更したが、その狙いは、ナチス党幹部に、その収入を許容範囲内に抑えるよう、手本を示すことにあったという（しかし、ナチス党幹部は、シャハトの例にならわなかった）（前掲書：384. 邦訳書（下巻）：74）。

　シャハトが失業克服のために最初に行なった措置は、ナチス党の財政専門家で、財務省次官のラインハルトの進めた「ラインハルト計画」（住居・工場・機械の修理・改善を目指した雇用創出計画）への10億マルクの資金提供であり、第2の措置は、アウトバーン〔自動車専用の高速道路〕建設計画に対して、後で国家予算から返済という条件で、6億マルクの信用を提供したことだった（前掲書：384. 邦訳書（下巻）：75. ペンツリン 1980: 188-189）。個別の雇用創出計画に携わることはシャハトの本来の任務でなく、特に雇用創出計画の財源・資金調達については財務省の管轄・領分だったが、彼は財務省側と連携して、財務省の措置を後押しした（前掲書：190-191）。

　シャハトは、軍事支出の財源として、1934年から、メフォ手形を用いた（前掲書：196）。メフォとは、1933年に5つの軍事企業が資本金100万マルクで設立した「冶金研究会社」の略称だった（前掲書：196）。ドイツ政府は軍事受注にメフォ手形で支払い、軍事企業はメフォ手形をライヒスバンクで現金化出来た（シャハト 1953: 400. 邦訳書（下巻）：97）。メフォ手形は4パーセントの利子がつき、その流通高は4年間で120億マルクに達した（前掲書：401. 邦訳書（下巻）：98）。また、メフォ手形は3ヵ月の流通期間だったが、5年まで延長出来た（Barkai 1988 2）: 156）〔以下、バルカイと表示〕。第2次世界大戦勃発までのドイツの軍事支出に占めるメフォ手形の割合は20パーセントだったという（前掲書：106）。

第1章　シャハト：人と生涯　　27

1934 年 8 月に、シャハトは経済大臣に就任すると直ちに、（ナチス急進派の）経済省次官のフェーダーを解任した（シャハト 1953: 409-410. 邦訳書（下巻）：110-111）。1934 年 9 月 24 日に、彼は貿易計画、「新計画」を発効させた（前掲書：415. 邦訳書（下巻）：118）。「新計画」によって、輸入は必然的に現有支払い能力の範囲内に限定された（前掲書（下巻）：118）。25 の監督機関（輸入商品ごとの）が作られ、貿易品全体の統制権が委託された（前掲書：415. 邦訳書（下巻）：118）。輸入が許可されると、外貨が現金で配分されるか、清算勘定に入金された（前掲書：415. 邦訳書（下巻）：118）。その後、多くの国々と締結した貿易協定で、ドイツへの商品輸入は清算勘定でドイツへの債権になり、ドイツ商品の購入に使われることになった（前掲書：415. 邦訳書（下巻）：118）。この方式は特に、バルカン諸国と南米諸国に用いられた（前掲書：415. 邦訳書（下巻）：118）。1938 年春に、約 25 ヵ国程の国々がこのような清算協定をドイツと結んでいた（前掲書：415. 邦訳書（下巻）：118）。この双務主義的な貿易体制により、ドイツはその原料・食糧需要を補填出来た（前掲書：415. 邦訳書（下巻）：118）。ドイツの全輸入における清算協定諸国の比重は 1935 年に 34.5 パーセント、1938 年には 39.3 パーセントを占めていたという（ペンツリン 1980: 218）。

シャハトは既に、1933 年 6 月に「振替金庫」を設立し（ライヒスバンク総裁としての権限で）、ドイツ人債務者には、「振替金庫」に元本・利子の償還を行なわせる一方、外国人債権者には、ドイツ商品の購入やドイツ旅行という形で還元させ、ドイツの輸出増大に役立てていた（バルカイ 1988 2）：166）。彼は、さらに、輸出助成のために、1935 年に経済界の団体に寄付を集めるようにと命令した（コッパー 2006: 263）。輸出税は、国内売上の 5.7 パーセントにまで及んだという（この輸出助成は、秘密にされていた）（前掲書：263）。「新計画」の目的は軍拡への奉仕であり、輸出の純益（外貨）は軍拡に必要な商品の輸入に使われた（マイヤー 1988 (1947)：49）。

シャハトは、ライヒスバンク総裁兼経済大臣として、メフォ手形と「新計画」を推進した。前者は軍拡のための資金調達の役割を果たしたし、後

28　第 1 部　シャハトの生涯と研究史の見方

者は軍拡のための外貨・原料獲得の役目を担った。その意味で、ナチスドイツの軍拡におけるシャハトの功績は大きいと言えよう。

　シャハトは、ナチス期初期には、東方のポーランドやソ連赤軍の軍事的脅威に対抗するために、ヒトラーが進めた軍拡を正当化し、歓迎したが、ヒトラーが対ソ連戦争を目指していることに気づいてから、軍拡反対に転じたという（ペンツリン 1980: 182-183）。彼は、1936 年 8 月 18 日に、親交のあったアメリカ大使ドッドとの会話で、世界大戦〔第 2 次世界大戦〕が勃発すれば、共産主義が全世界に広がり、経済全体〔資本主義体制〕が崩壊するであろうと述べている（Dodd 1962: 384）〔以下、ドッドと表示〕。ここから、シャハトが、祖国防衛のための軍拡は是認しつつ、戦争には反対だったことが読みとれよう。

　このように見てくると、シャハトとヒトラーの軍拡についての見解の相違は、前者が戦争を望まず、軍拡を祖国防衛の範囲内のものと見ていたのに対して（その意味で、前者は適度の軍拡を望んだ）、後者が目指したのは、東ヨーロッパ・ロシアをドイツ民族の「生存圏」として、征服するための侵略戦争のための戦争準備だったということ（後者の狙いは、過度の軍拡だった）が挙げられる。軍拡についての見解の相違は、両者の関係を悪化させることになった。

　1936 年 9 月に、ヒトラーは「第 2 次 4 ヵ年計画」のアウタルキー（経済の自給自足）計画をナチス党大会で宣言し、その実施をゲーリングに委託した（シャハト 1953: 465. 邦訳書（下巻）: 191）。ゲーリングはこの計画実施のために、経済省とは別に、数百人の職員を有する組織（4 ヵ年計画庁）を作り上げ、経済省と 4 ヵ年計画庁との対立が起こった（前掲書: 465, 467. 邦訳書（下巻）: 191, 195）。ゲーリングは、費用増大を無視して、代替原料（合成ゴム、合成石油）の生産計画を強行しようとし、経済界に損得を考慮せずに、代替原料を生産するように命令したが、シャハトは、経済性（収益性）を重視すべきだと主張して、こうした不経済的な代替原料生産に反対した（前掲書: 465-466. 邦訳書（下巻）: 193-194）。最終的に、1937 年 11 月に、シャハトは経済大臣を辞任することになった（前掲書: 473. 邦訳書（下巻）: 204）。

ヒトラーが、戦争のために、原料の自給自足、アウタルキーを進めようと
したのに対して、シャハトは、本来、外国から安価に購入出来る物資を国
内で多額の費用をかけて生産することは経済的に不利であると論じて、ア
ウタルキーに反対した（ペンツリン 1980: 222, 221）。このアウタルキー
計画をめぐるヒトラーとシャハトの間の対立は、さらに、両者の関係を悪
化させた。

　1937 年半ばに、シャハトの 4 年間のライヒスバンク総裁としての任期
が終わった（シャハト 1953: 457. 邦訳書（下巻）: 181）。シャハトは、ラ
イヒスバンク総裁再任の条件として、メフォ手形の発行中止を強く要求し
て、既に流通中の 90 億ライヒスマルク分に加えて、さらに 30 億ライヒ
スマルク分のメフォ手形を発行することに同意して、最終的に、メフォ手
形の流通高を 120 億ライヒスマルクに制限することに成功した（前掲書：
457. 邦訳書（下巻）: 181-182）。1939 年 1 月 2 日に、彼はヒトラーと会
談して、戦争とインフレは阻止されるべきだと述べている（前掲書: 458.
邦訳書（下巻）: 182-183）。同年 1 月 7 日に、過度の軍拡停止を要求した
（ライヒスバンク役員会の役員 8 人全員の署名入りの）ライヒスバンクの
覚え書がヒトラーに提出され、これを読んだヒトラーは、「これは反乱だ」
と叫んだという（前掲書: 459, 494-495. 邦訳書（下巻）: 183-184. 230）。
同年 1 月 20 日に、ヒトラーはシャハトに対して、ライヒスバンク総裁職
を解任する旨、告げた（前掲書: 459, 495-496. 邦訳書（下巻）: 184, 231-
232）。しかし、彼はなお、無任所大臣として、ナチス政府内に留まった（前
掲書: 496. 邦訳書（下巻）: 233）。

　前述のように、ドイツの経済回復―失業除去や、祖国防衛のための軍拡の
必要性についての見解の一致から、シャハトはナチス（ヒトラー）に協力
し、雇用創出計画への経済支援やメフォ手形による軍拡への資金提供、「新
計画」による軍拡のための外貨・原料獲得を行ない、ナチス（ヒトラー）
を助け、支えてきた。また、シャハトは、ヒトラーが自分の言うことに耳
を傾けてくれるという自信を持っていた。しかし、彼はやがて、ヒトラー
が東方（東ヨーロッパ、ロシア）への侵略戦争を計画していることに気づ
いた。ヒトラーにとって、シャハトは、ナチスの政権掌握以前には、経済

界をナチス支持に動かすための媒介だったし、政権掌握以後は、対外的には、アメリカ、イギリスの政財界を味方にし、対内的には、ナチス政権の経済・金融政策の信頼を得るための道具に他ならなかった。彼がヒトラーの戦争計画に気づき、軍拡に反対するようになってから、ヒトラーにとっては、目障りな邪魔者にすぎなかった。侵略戦争準備のための過度の軍拡や不経済的な代替原料生産計画を推進するヒトラーと、戦争のための軍拡を阻止しようとしたシャハトは、最終的に、決別するに至った。以後、彼は、反ナチスの陣営に転じることとなる。

1938年秋に、シャハトは妻ルイーゼと別居した（コッパー 2006: 331-332）。ルイーゼは政治的には極右の立場で、夫がヤング案に署名したことを非難したし、その後、ヒトラーの崇拝者になった（前掲書 : 331）。夫婦の別居の理由としては、政治問題についての意見の相違（妻が親ナチス、夫が反ナチス）ということが挙げられよう。

1940年5月25日に、妻ルイーゼは65歳で病死した（前掲書 : 332）。ルイーゼとの別居後、シャハトは、30歳年下のミュンヘン美術館の学芸員マンヒ・フォグラーと知り合い、美術・文学に対する共通の関心から、2人は親しくなった（前掲書 : 349）。1941年3月に結婚して、スイスに新婚旅行に出かけた（前掲書 : 349）。1941年12月に、次女コンスタンツェが生まれ、1943年2月に、三女コールデューラが誕生した（前掲書 : 350）。

第2次世界大戦開始以前に、シャハトは、ナチス政権打倒を目指す保守派・軍部の抵抗グループと接触を試みており、一方で、保守派の文民政治家、元ライプツィッヒ市長ゲルデラーのグループとは、元イタリア駐在ドイツ大使ハッセルを通して、意見交換を行ない、他方で、軍部内の反ヒトラー派とは、予備軍のリンデマン将軍などを媒介にして、連絡をとっていた（前掲書 : 340, 351）。1943年1月に、彼は、無任所大臣を解任され、さらに、1937年1月のヒトラー内閣成立4周年記念に全閣僚に授与されたナチス党の金の党章を剥奪された（シャハト 1953: 529, 530. 邦訳書（下巻）: 280, 281）。このナチス党の金の党章授与により、ナチス党員でない閣僚は自動的にナチス党に入党したことになり、彼は以後、党費を納入していた（コッパー 2006: 223）。

第1章　シャハト：人と生涯　31

1944年7月半ばに、リンデマン将軍から、7月20日にヒトラー暗殺計画が実行される旨の情報を得たシャハトは、7月17日に、次女と三女をオーバーバイエルンにいる長女の所に連れて行った（前掲書：351,352）。彼は、7月20日当日に、ミュンヘンのレギーナホテルで、暗殺計画失敗の一報を聞き、7月22日に、ギューレンの別荘に戻った（前掲書：352）。7月23日朝に、ゲシュタポ〔国家秘密警察〕により逮捕された（前掲書：353）。なお、長女インゲは、1930年に、外交官ヒルガー・ファン・シェルペンベルクと結婚したが、夫は、1944年2月1日に、反ナチス抵抗運動に加わった容疑でゲシュタポに逮捕され、同年7月1日に、禁固2年の判決を受けている（前掲書：358）。長男で、唯一の息子のエンスは、大学卒業後、銀行界や経済界で活躍したが、第2次世界大戦に士官として従軍し、東部戦線でソ連軍の捕虜になり、その後、行方不明になったという（シャハト1953: 155-156. 邦訳書（上巻）：252-253）。

　シャハトに対する容疑の具体的な裏づけは何もなかった（コッパー2006: 352-353）。彼が7月20日の暗殺計画を事前に知っていたことを証言出来る唯一の人物、リンデマン将軍は、逃亡中に、警官と撃ち合いになり、その折りに受けた銃弾が原因で、搬送先の病院で死亡していた（前掲書：353,354）。軍需大臣シュペーアの証言によると、軍拡に反対していたという理由から、ヒトラーはシャハトを射殺すべきだと述べており、逮捕命令はヒトラーが自ら命じたという証言もある（ワイツ1997: 286. 邦訳書：305）。シャハト逮捕は、ヒトラーとシャハトの間の関係が悪化し、対立が激化して、破局に至ったことを表わしていると言ってよいであろう。

　シャハトは、逮捕の後、ドイツ各地の刑務所や収容所を転々と移動させられた（コッパー2006: 355-357）。1945年5月8日のナチスドイツの降伏以前に、ニーデントルクで、進駐してきたアメリカ軍の保護下に入った（前掲書：358）。こうして、シャハトは、やっと、無事に、終戦を迎えられた訳である。

　以上、簡潔に、ナチス期のシャハトについて、概観した。シャハトは、ライヒスバンク総裁兼経済大臣として、軍拡融資のためのメフォ手形を考案・実施する一方、軍拡のための原料・外貨獲得の貿易政策として、「新

計画」を立案・実行し、その優れた手腕で、ナチスドイツの経済回復及び、ナチス初期の軍拡達成に貢献した。しかし、軍拡を祖国防衛の範囲内のものと見ていたシャハトは、対ソ連戦争を目指すヒトラーと対立を深め、両者の衝突は、シャハトが経済大臣、ライヒスバンク総裁、無任所大臣といった全ての官職を解任され、最終的に、ヒトラー暗殺計画に係わったという嫌疑で、逮捕されるという結末に至った。この結末に、両者の関係の破綻を見出せよう。

6. 戦後期

　1945年10月に、シャハトは、ニュルンベルク国際軍事裁判で、「戦争の共同謀議」と「戦争準備」の2つの罪で、告発された（シャハト1953：574. 邦訳書（下巻）：345-346）。このニュルンベルク滞在中に、彼は、他の被告たちと共に、知能指数検査を受けたが、A級戦犯中、最高点だったという（前掲書：579-580. 邦訳書（下巻）：352-354）。この裁判で、シャハトと弁護側は、検察側と論戦をかわし、1946年10月に、無罪判決を勝ち取った（前掲書：583-630, 636. 邦訳書（下巻）：358-432, 441）。しかし、その後、数年間、彼は、非ナチ化裁判を戦うこととなった（前掲書：631ff. 邦訳書（下巻）：433以下）。この非ナチ化裁判の時に、自身のヒトラー内閣への入閣を目して、「猛獣使いとして、大きなライオンのいる檻に入った」と表現している（前掲書：645. 邦訳書（下巻）：454）。1950年9月13日に、リューネブルクの非ナチ化裁判所は、最終的に、無罪判決を下した（コッパー2006：382）。

　シャハトは、ほぼ無一文だった（シャハト1953：649. 邦訳書（下巻）：458）。ギューレンの別荘、ベルリンのライヒスバンクにある銀行預金、ベルリンの自宅は失なわれた（前掲書：649. 邦訳書（下巻）：457-458）。しかも、裁判のせいで、莫大な弁護料を支払わなければならなかった（コッパー2006：379）。そこで、友人の重工業経営者のロイシュに、経済界から寄付金を集めることを頼んだ（前掲書：380）。ロイシュ自身、2000ドイツマルクを寄付したし、他の経済人や外国に逃れたユダヤ人経営者からも、多額の資金が寄付されたという（前掲書：380）。

シャハトは公職復帰を希望し、戦後西ドイツの初代首相アデナウアーが
何故、自分を閣僚か、金融問題担当顧問として、迎え入れなかったか、不
満をもらしていたという（前掲書：383-384）。アデナウアーが彼を公職に
つけなかった理由としては、元Ａ級戦犯の公職任命が政治的に重荷だった
ことに加えて、1920年代に両者が敵対していたことが挙げられる（前掲
書：384）。前述したように、ワイマール期に、シャハトは、一方で、ライ
ン経済界の計画していたラインラント発券銀行設立を阻止したし、他方で、
地方自治体の外債受け入れに反対していた。当時、ケルン市長だったアデ
ナウアーは、ラインラント発券銀行案の推進者の1人だったし、外債借入
れによるケルン市のインフラ整備を進めて、シャハトと対立していた（前
掲書：384）。昔の政敵が公職に起用されなかったのは、当然と言ってよい
であろう。

シャハトは、1952年に、ハンブルクに、民間銀行設立を計画し、資本金
100万ドイツマルクを集めた（前掲書：382）。1952年7月16日に、ハン
ブルク市議会は、シャハトの銀行開設を認めなかった（ワイツ 1997：335.
邦訳書：359）。だが、9月6日に、ハンブルク行政裁判所は、銀行の開設
許可を与えた（前掲書：336. 邦訳書：360）。最終的に、12月19日に、彼
は、銀行の開設許可を勝ち取った（前掲書：337. 邦訳書：361）。1953年
1月15日に、デュッセルドルフに、輸出銀行「シャハト・エンド・カン
パニー」が設立された（コッパー 2006：382, 383）。シャハトは、1950
年代には、近東・東南アジアに旅行し、インドネシア、インド、パキスタ
ン、シリア、エジプトといった国々の政府に、経済・金融政策上の助言を
与えた（前掲書：383）。彼は、1963年、83歳の時に、銀行業務から引退
した（前掲書：383）。その後、シャハトは、妻マンヒと共に、ミュンヘン
のアパートで暮らしていたが、1970年6月4日、93歳の時に、塞栓症で
死亡した（ワイツ 1997：342, 343. 邦訳書：368, 369）〔友人の80歳の誕
生パーティー出席のために、自宅で夜会服に着替えようとした折りに、立
ったままで、急いでズボンをはこうとして、よろけてころび、腰の骨を折
って、病院に入院し、その後、しばらくたってから、病院で死去したとい
う〕（前掲書：343. 邦訳書：369）。

7. おわりに

　以上、簡潔に、ヤルマール・シャハトの生涯を振り返り、見てきた。シャハトが、第2帝制期、第1次世界大戦、ワイマール期、ナチス期、第2次世界大戦、戦後期の激動の時代を、1人の人間として、歴史の荒波に翻弄されながら、しぶとく生き抜いたことが明らかにされたと思う。

　シャハトの業績・功績としては、本人が自伝で指摘しているように、1923年のインフレを収拾し、安定通貨を生み出したこと（シャハト 1953: 687. 邦訳書（下巻）: 515）及び、1930 年代にドイツ国民経済と〔経済的に〕補完関係にある国々との双務主義的貿易・清算協定導入〔締結〕による貿易収支均等化の達成（前掲書: 688. 邦訳書（下巻）: 515-516）、1930 年代に恐慌を克服し、失業を除去したこと（Boelcke 1983: IX）〔以下、ヴェルケと表示〕が挙げられよう。後の諸章で検討するように、この3つの事例では、シャハトが彼独自の見解に固執せずに、当時の特殊な時代状況を考慮して、プラグマティズム（実用主義）の立場から、経済政策を実施し、自分の行なった政策を非常時の非常手段と位置づけて、後日、正常化への道を模索していったことが特筆すべきであろう。このことから、シャハトが「政策技術の担い手で、実際の政策を実施した技術者・官僚」としてのテクノクラートだったことが、明らかに出来るように思う。

　シャハトの罪・責任としては、前述の業績・功績と重なるが、1930 年代に、経済政策により、ヒトラーの戦争準備（軍拡）を経済的に支援したことが挙げられよう。シャハトがナチス政権に参画することがなかったならば、経済人として、尊敬を得ていただろうという指摘もある（Scholtyseck 2008: 360）〔以下、シュロッティゼックと表示〕。シャハトのあだ名、「魔術師」（ヴェルケ 1983: IX）、「ヒトラーの銀行家」（ワイツ 1997. を参照）は、その意味で、示唆的であろう。

　ところで、ワイマール期にシャハトの好敵手だったヒルファディングは、ナチス政権成立後、外国に亡命した（シュタイン 1946: 28ff. 邦訳書: 61 以下）。彼は最初、スイスを拠点にしていたが、1938 年以後、フランスに定住した（前掲書: 35. 邦訳書: 77）。1940 年6月に、ナチスドイツはフラ

ンスを降伏させた。1941 年 2 月に、彼は、アルルの町で、フランス警察に拘束され、その後、ゲシュタポに引き渡された（倉田 2011: 197 以下）。ユダヤ人で社会主義者であるヒルファディングは自らの運命を悟り、すきをみて、服毒自殺を遂げて、64 歳の生涯を終えた（前掲書: 202-203）。ヒルファディングのこの悲劇は、ナチスの野蛮さ、残虐さを表わしていると言ってよいであろう。シャハトがこの好敵手の死をどう受けとめたか、わからないが、ワイマール期に敵対・対立する立場にあったこの 2 人が、ナチスという怪物により、その人生を狂わされたということは言えよう。シャハトは、ナチス期に、社会民主主義者の娘婿〔長女の夫〕との接触から、社会民主主義者への見方を変えて、ライヒスバンク・経済省内の社会民主主義者の官吏を保護したという（コッパー 2006: 257ff）。この事実は、大いに、示唆的に思われる。前述したように、シャハトとヒルファディングは、ワイマール期に、対立したが、両者の間に、真剣な対話の機会があれば、相互理解の可能性があったことは否定出来ないように思う。

　また、前述したように、ヒトラーとシャハトの間の対立の原因として、前者が東方の「生存圏」獲得の侵略戦争のための過度の軍拡を目指したのに対して、後者は軍拡を祖国防衛の範囲内のものと看做して、適度の軍拡を望んだということが挙げられよう。シャハトが、祖国防衛のための軍拡は是認しつつ、戦争には反対だったということは、明記すべきであろう。

　筆者は、シャハトが中央銀行総裁兼経済大臣として、1930 年代のドイツの経済危機の克服の上で大きな歴史的役割を果たしたという点から、シャハトをつまり、「ナチスドイツのテクノクラート」と位置づけるべきだと考える。単に経済人・銀行家としてのみ、シャハトを捉えることは無理があるように思う。

　シャハトの生涯を概観すると、20 世紀ドイツの激動の時代、特にナチス第 3 帝国の時代を生き抜いた（非常に個性・自意識の強い）人物の肖像が明らかにされたと言えよう。「ナチスドイツのテクノクラート」としてのシャハトの生涯は、ナチスに遭遇した 1 人のテクノクラートの悲劇を浮き彫りにしているように思われる。

第2章

シャハト研究の現代的意義
―シャハト研究史の批判的検討―

1. はじめに

　ヤルマール・シャハト（1877 〜 1970 年）は、ドイツにおける最も成果
を上げた経済学者の 1 人（Schmidt/Stern 2010: 54）〔以下、シュミット／
シュテルンと表示〕とも、「金融の魔術師」（ヴェルケ 1983: IX）とも、言
われた。そうした評価の理由としては、シャハトが 1923 年に通貨委員と
してインフレを収拾したこと（Fergusson 2010（1975）: 201-217. 邦訳：
250-264）〔以下、ファーガソンと表示〕及び、1930 年代に中央銀行のラ
イヒスバンク総裁兼経済大臣として経済恐慌を克服し、失業を除去したこ
と（ヴェルケ 1983: IX）が挙げられる。

　シャハトについて、その生前も死後も、無数の伝記・研究が刊行されて
いる。本章の課題は、そうしたシャハトについての伝記・研究を整理・分
析し、シャハト研究史を批判的に検討することにより、シャハト研究の現
代的意義について、明らかにすることにある。

　以下、シャハト研究史を年代ごとに、ナチス期、戦後期、現代と 3 つの
時期に区分して、考察を進めることにする。シャハト研究史をこの 3 つの
時期に分けたのは、後述するように、シャハト研究がこの 3 つの時期各々
で、独特の特色を有しているからである。

　では、シャハト研究史を 3 つの時期に区別して、その各々の特性を見て、
検討を進めることにする。

第 2 章　シャハト研究の現代的意義　　37

2. ナチス期

　シャハトは、ナチス期に、ライヒスバンク総裁兼経済大臣として、ナチスドイツの経済政策に手腕を振るった。そうした状況下で、シャハトについての伝記・研究が3冊刊行されている。これらは、いわば同時代的文脈の中で著わされたと言ってよいであろう。

　この3冊は、シャハトを賛美・礼賛するものと、シャハトに対して批判的なものの2種類に分けられる。本節では、この2つの潮流の違いに留意しつつ、シャハト研究史を整理してみることにする。

　まず、シャハトを賛美・擁護する伝記について、取り上げよう。

　ロイターの『シャハト』は、ナチス第3帝国下のシュトットガルトで刊行されたものである（Reuter 1937. 邦訳）〔以下、ロイターと表示〕。ロイターのシャハト伝は、ヒトラーを天才と礼賛し、ナチスを「国民的運動」として絶賛するもので、そうした文脈の中で、シャハトが多くの点でナチスと見解を共にし、ヒトラーに忠実で、ナチス党綱領の実現に尽力したと記述し、シャハトとナチスやヒトラーとの親和性が強調される内容になっている。ロイターは、さらに、ナチス体制下で、雇用創出や軍拡、外債整理・対外貿易といった分野でシャハトが大きな業績を上げた点を賛美した。ロイターのシャハト像は（ナチス党員でないが）民族社会主義者〔ナチズムの信奉者〕シャハトと言ってよいであろう。そこには、ヒトラーやナチスとシャハトの相違・対立は全く見出されないものになっている。ロイターは、シャハトを、経済学者だけでなく、政治家とも位置づけていた。

　次に、シャハトに批判的な研究について、見てみよう。

　ミューレンの『魔術師』は、スイスのチューリッヒで刊行されたものである（Mühlen 1938）〔以下、ミューレンと表示〕。ミューレンのシャハト伝は、シャハトを野心家と見て、ワイマール共和国末期のシャハトのナチスへの接近も権力復帰への野心を動機とするものとして記述した。ミューレンは、シャハトの外債整理政策が外国債権者の利益を損なったこと、シャハトの対東南欧諸国への清算協定を通じた貿易政策が東南欧諸国の産品を支払いなしで購入する結果になっていること（帝国主義的）を批判・非難し、シャハトのトリックと糾弾した。ミューレンは、シャハトを政治家

と定義していた。

　ボップの『ヤルマール・シャハト—中央銀行家—』は、アメリカのコロンビアで刊行されたものである（Bopp 1939）〔以下、ボップと表示〕。ボップは、シャハトを一方で、表題にあるように、大変賢明な中央銀行家と述べつつ、他方で、野心家、機敏な政治家と捉えて、常に状況に巧みに適応・適合するし、環境に従って、自ら変化すると記述し、ワイマール共和国時代のシャハトの左翼リベラル派から右翼への転身、ナチスへの接近といった事柄や、シャハトがワイマール共和国時代にはレッセ・フェール（〔政府が〕経済に一切干渉しないこと）の信奉者だったのに、ナチス期に国家統制を拡大させる立場に変わったことをもそうした文脈で把握し、シャハトをカメレオンと評した。ボップはその意味で、シャハトを政治家と位置づけている。

　ロイターのシャハト伝はシャハトの言動とナチス哲学を一致させようとするものであり（ボップ 1939: 83）、ナチス第3帝国下で刊行されたという事情・背景もあり、シャハト研究としては大いに問題のあるものと言ってよいであろう。ミューレンのシャハト研究はシャハトを野心的な無節操な政治家と弾劾するもので、一面的な観は免れないように思われる。これに対して、ボップのシャハト研究は表題とは異なり、シャハトを中央銀行家と捉える視角が弱く、野心的な政治家と見る視点が強調されすぎて、シャハトの現実への対応の変化もカメレオン—巧みな変節漢に矮小化されている面もあるが、シャハトの並外れた能力・手腕、現実への適応力を正当に評価している面もあり、比較的公平であるように思う。

　ナチス期におけるシャハト研究史は同時代的文脈の中で行なわれたが故に、一定の限界・問題点を有していたことに留意すべきだと思う。そのことは、シャハトが軍拡の資金調達方法として、メフォ手形を考案・実施したことについて、これらの同時代の研究が全く言及していないことからも、明らかなように思われる（メフォ手形については、本書第6章のシャハトのメフォ手形、第7章のシャハトの銀行・金融政策を参照）。

　ナチス体制下のドイツで刊行された伝記がシャハトを親ナチス的に賛美・記述し、当時の中立国スイスのチューリッヒやアメリカのコロンビア

（アメリカはまだ、この時期には、交戦国でなく、中立国だった）で刊行された研究がシャハトに批判的な面に、当時の国際情勢の反映が見出せよう。こうした側面にも、時代状況・条件の制約を読みとれるように思う。

3. 戦後期

　第2次世界大戦後、シャハトは自伝『我が生涯の76年』を発表し、そこに記されているように、ニュルンベルク国際軍事裁判でA級戦犯として告発されるが、無罪判決を勝ち取った（シャハト 1953: 636. 邦訳書（下巻）：441）。しかし、このナチスに協力したという過去のために、シャハトはドイツ現代経済史の表舞台から姿を消すこととなり、1970年に死去する。

　この戦後期に、シャハトについての伝記・研究史は活況を呈し、シャハトを擁護する伝記と批判的な研究が交差することとなる。本節では、戦後期に発表された8本のシャハトについての伝記・研究を取り上げることとする。

　まず、シャハトを擁護する伝記・研究から見ていこう。

　シンプソンの『ヤルマール・シャハトの真実の姿』は、マキャベリスティック（権謀術数的）な政治家としてのシャハト像に反対し、シャハトを経済問題の基本的信条は終始一貫していたし、政治に対する経済の優位を主張していた経済学者と位置づけた（Simpson 1969）〔以下、シンプソンと表示〕。ワイマール共和国期にシャハトが右翼・ナチスへの接近に転じた理由としては、外国の圧力に抗し、ドイツを世界大国として復活させることは右翼政権にしか出来ないというシャハトの判断があったからだとシンプソンは論じた。シンプソンは、さらに、シャハトの経済観とナチスの経済思想が異なっていたことを指摘し、シャハトが戦争に反対し、軍縮を唱えたことを〔侵略戦争を望んだ〕ヒトラーとの相違点として、強調した。シャハトの業績として、マルクの安定化、失業除去、貿易収支の改善の3つを挙げた上で、シンプソンはむすびをシャハトとのインタビューで終わらせている。

　ペンツリンの『ヤルマール・シャハト―異論のある人物の生涯と業績―』

は、シャハトを愛国者・経済学者と定義し、シャハトがワイマール共和国末期にナチスを支持した理由として、当時の状況下でのナチズムか共産主義か、あるいはナチズムか軍事独裁制かという究極の選択の中で、シャハトがナチズムを選んだと記述し、また、ヒトラーとの会談により、シャハトが自分ならばヒトラーを理性的な道に導けるという確信を持ったことを挙げて、シャハトがナチス・ヒトラーを支援したことを弁護・擁護した（ペンツリン 1980）。ペンツリンは、また、ナチス期初期のシャハトの雇用創出政策とケインズとの関連について触れ、最終的に、シャハトはケインズ主義者ではなく、両者は別物だと結論づけている。ペンツリンは、さらに、シャハトが第 2 次世界大戦以後も、時事評論家として、多数の著書を出して、警鐘を鳴らしたことを高く評価している。ペンツリンは、最後に、シャハトの業績として、1923 年のインフレ終焉と 1930 年代の失業克服を挙げて、1945 年以後のドイツの経済繁栄の前提を作り上げたと絶賛した。

　次に、シャハトに批判的な研究について、検討してみよう。

　マイヤーの『シャハトは犯罪者だったのか？』は、非ナチ化裁判所にシャハトを告訴した訴状や判決文を印刷物にしたもので（著者のマイヤーは弁護士）、シャハトがナチスの権力掌握やナチス政権の安定化を手助けしたことを糾弾・非難する書物である（マイヤー 1988（1947））。シャハトがナチス期にライヒスバンク総裁兼経済大臣として、軍拡融資のメフォ手形を考案・実施したことや、貿易政策の「新計画」でドイツの外国収支を改善したという業績がナチスの専制を強化することに貢献したとして、非難された。マイヤーは、さらに、1937 年 1 月 30 日にシャハトがヒトラーによりナチス党の金の党章を授与され、以後年間 1000 ライヒスマルクの党費を支払うことになったことに言及して、シャハトがナチス党員同然だと初めて指摘している。シャハトがヒトラーやナチスと同様の犯罪者であることをマイヤーは示唆している。

　レンツの『シャハト博士をめぐる魔術』は、シャハトが自伝その他で、自らを愛国者と自己弁護していることを批判することを目的にした書物である（Lenz 1954）〔以下、レンツと表示〕。シャハトはナチス体制内の自己の（権力）地位のために戦ったのであり、ヒトラーを射殺されるべき犯罪

者と考えながら、自分自身にそうしようと思えばヒトラーを射殺するチャンスが幾らでもあったのに、（命の）危険を冒してまで、ヒトラー射殺を実行しなかったことが非難された。シャハトは（ナチス）運動が犯罪を行なうことを〔事前に〕知っていたが、〔ナチスが〕勝利すると思ったから、（ナチス）運動に加わった最も危険で最も軽蔑すべきタイプのオポチュニスト（日和見主義者）だと糾弾された。シャハトの行動の動機が国のために自らの生命を犠牲にするというような崇高なものでなく、あくまで個人的利益・動機によるものだとレンツは示唆している。

　ピーターサンの『ヒトラーを〔当初〕支持し、〔その後〕ヒトラーに反対したヤルマール・シャハト―ドイツの政治・経済研究　1923-1945 年』は、シャハトをオポチュニスト（日和見主義者）の政治家・野心家と定義し、シャハトがヒトラーを当初支持し、その後、ヒトラーへの反対に転じた様相を記述している（なお、ピーターサンは一面で、シャハトを保守的な銀行家とも述べている）（Peterson 1954）〔以下、ピーターサンと表示〕。シャハトがナチスの政権掌握に貢献したことにはピーターサンは否定的で、むしろナチスの政権掌握によりシャハトが利益を受けた面が強調されている。なお、ピーターサンはシャハトがナチス党の金の党章を授与されて、年間 1000 ライヒスマルクを 1943 年まで支払っていた事実に触れているが、シャハトがナチス党員でないという判定を第 2 次世界大戦後の非ナチ化裁判所が下したと述べている。シャハトとゲーリングの対立については経済政策路線をめぐる対立で、ゲーリングがアウタルキー（代替産品〔合成原料〕生産計画）を推進しようとしたことへのシャハトの反対が原因だと指摘され、シャハトとヒトラーの対立については再軍備の問題が背景にあり、侵略戦争のために再軍備を押し進めるヒトラーと再軍備をあくまで防衛目的のものと位置づけて、軍縮を唱えたシャハトの対決とピーターサンは見ていた。最終的に、シャハトは戦争とインフレを阻止することに失敗したとピーターサンは結論づけている。

　ミュラーの『中央銀行―副政府。ワイマール共和国の政治家としてのライヒスバンク総裁シャハト』は表題通り、主として、ワイマール共和国期のライヒスバンク総裁としてのシャハトに焦点を合わせたものである（ミ

ュラーは、シャハトを政治家と定義している）（ミュラー 1973）。シャハトがワイマール共和国期にライヒスバンク総裁に就任し、中央銀行であるライヒスバンクを政府の統制から独立した「副政府」に高めて、1929 年末に共和国政府に対して財政改革・増税を内容とする「シャハト法」への同意を強いたことにより、中央銀行が民主主義政体—政府・議会の財政政策上の権力を奪った事例が分析され、シャハト指導下の中央銀行が政治的中立、非党派的専門性の名の下で逆に党派的に行動したこと（経営者・大工業の側に立ったこと）をミュラーは強調し、ワイマール共和国崩壊の原因の一端をシャハト指導下のライヒスバンクによる政府への反乱に求めた。

　ジェームズの「ヤルマール・シャハト—貨幣の魔術師」は、シャハトをワイマール共和国期の政治家、（ナチス期には）ヒトラーの顧問と位置づけて、強い野心と自意識を持つ傲慢な男の生涯として（本文と注の合計で）13 ページにまとめた小伝である（James 1993）〔以下、ジェームズと表示〕。シャハトとその政敵ゲーリングとの争いを経済政策路線の争いでなく、個人的な権力争いと定義していること、ワイマール共和国期・ナチス期を通じて、シャハトが外国の代表・人脈との接触を通じて、自己の権力地位の維持に動いた点を明らかにした点が特徴的と言えよう。

　フィッシャーの『ヤルマール・シャハトとドイツの「ユダヤ人問題」』は、主として、ナチス第 3 帝国におけるユダヤ人政策とシャハトの関連に焦点を合わせたものに他ならない（Fischer 1995）〔以下、フィッシャーと表示〕。シャハトは、（ワイマール前期には）中道左翼の政治家、（ワイマール後期とナチス期には）右翼の政治家というふうに、政治家として捉えられている。フィッシャーは、ベルリン・ドキュメントセンターの史料を用いて、ヒトラーによりナチス党の金の党章を授与された 1937 年 1 月から 1943 年 1 月までの間、シャハトがナチス党員であり（党員番号 3805230）、年間 1000 ライヒスマルクの党費をナチス党本部に納入していたことを初めて、明らかにした。フィッシャーは、このことにより、シャハトがナチス党員であることを立証・実証した訳である。フィッシャーは、また、シャハトが「時代の子」としてウィルヘルム期〔第 2 帝制期〕のドイツの支配的思想傾向である反ユダヤ主義を受け入れた「穏健な反ユダヤ主義者」

であり、ナチス党の下部機関の反ユダヤ主義的「個別活動」には反対したが、官職や様々の職業からユダヤ人を追放する第3帝国の法令にシャハトも署名し、共同責任を負っているし、シャハトがナチスの個々の指導者・幹部と対立しても、ヒトラーやナチス体制全体との対立を避けていたと記述している。フィッシャーは、さらに、シャハトの経済政策がナチス体制の安定化やヒトラーの人気増大に貢献したことを指摘して、第3帝国の反ユダヤ主義政策の上でのシャハトの積極的な役割を示唆して、結論づけている。

　ナチス期と同様に、戦後期にも、シャハトを擁護・弁護する研究とシャハトに批判的な研究が交差・対立したが、議論の質は格段に進歩した観があるように思われる。そのことは、シャハトの位置づけの問題にも見出されよう。

　シャハトを擁護・弁護する研究は、経済政策についてのシャハトの言動などから、シャハトを一貫した経済思想を持った経済学者と定義していた。これに対して、シャハトに批判的な研究は、シャハトが1918年から1926年までドイツ民主党の中道左派政党の党員であり、この政党の衰退に見切りをつけて、右翼の政治勢力に転じて、最終的にナチスに接近したことをもって、シャハトのことを、マキャベリスト（権謀術数者）、オポチュニスト（日和見主義者）の政治家と定義し、カメレオンのように、自分のカラー（色）を環境に合わせて、幾らでも変えられると揶揄された。ナチス期におけるシャハトと政敵ゲーリングとの争いも、基本的には、前者の研究が経済政策路線をめぐる路線対立と位置づけているのに対して、後者の研究では、単なる個人的な権力争いにすぎず、シャハトからゲーリングへの経済政策担当者の権力交代は「宮廷革命」にすぎないと片づけられていた。

　このように見てくると、シャハトを擁護・支持する研究がシャハトを賢明な経済学者・経済人、賢人・賢者と定義しているのに対して、シャハトに批判的な研究はシャハトをマキャベリスト（権謀術数者）、オポチュニスト（日和見主義者）の政治家でエゴイスト（利己主義者）という正反対の評価を下し、対立していることが読みとれよう。

　シャハトに批判的な研究でさえも言及しているように、シャハトは「政

44　第1部　シャハトの生涯と研究史の見方

治に対する経済の優位」を唱え、経営者・経済学者といった経済人の国際協力・国際協調による国際秩序の構築を理想視していた。シャハトのこうした側面を考慮すれば、シャハトを単純に政治家と位置づけるのはかなり問題があるように思われる。殆んど全てのシャハト研究や伝記が触れているように、シャハトがキール大学終了後に、博士論文として、『イギリス重商主義の理論的意義』を執筆・刊行したこと（シャハト 1900. 邦訳書を参照）や、大学卒業後、通商条約協会、ドレスデン銀行、国民銀行に勤め、その後、官界に転じて、通貨委員、中央銀行であるライヒスバンク総裁に就き、ナチス期にはライヒスバンク総裁兼経済大臣を勤め上げたというシャハトの経歴や、シャハトが生涯を通じて、回顧録だけでなく、経済問題についての時事評論の本を多数出版していることなどをも考えれば、シャハトを経済学者ないし、経済人として捉える見方の方に説得力があるように見える。

　左翼の社会民主党の政治家ゼーフェリングは、1923 年晩秋にシャハトが議会で行なった演説を評して、通貨問題についてはすばらしかったが、政治問題の部分では、（シャハトが）外交と内政の関連を理解していないようだったと述べている（マイヤー 1988（1947）: 6）。この同時代人の証言は、大変示唆的に思われる。このゼーフェリングの発言が表わしているように、シャハトは経済問題には精通していたが、政治には疎かったと言えるのではないだろうか？　シャハトをマキャベリスティックな（権謀術数にみちた）政治家視するのはシャハトに対する一種の過大評価であり、むしろ政治に疎い経済人というのがシャハトの一面だったように見える。しかし、こうした見方（シャハト―経済人論）だけでシャハトの全体像を捉えられるか疑問が残り、もっと掘り下げて見ていく必要があるように思う。

4. 現代

　1997 年以後のシャハト研究には、それ以前の時期のものと異なる特徴、捉え方が見られた。これは、シャハトについての理解が変わった、あるいは、深まったことを表わしているように思える。現代として、章を改めるのは、それ故に他ならない。

現代においても、シャハトを擁護・弁護する研究と批判する研究が交差することになる。ここでは、4本の研究を取り上げる。

　まず、シャハトを擁護・弁護する研究を取り上げよう。

　ワイツの『ヒトラーの銀行家』は、シャハトを政党〔ドイツ民主党〕設立に参加したが、政治家でなく、銀行家と明確に定義している（ワイツ 1997. 邦訳）。貧窮の中から成り上がってきたシャハトは野心家だったが、公への奉仕を望んでいたし、愛国者だったとワイツは述べている。シャハトは自由貿易論者で国際主義者であるとその開明性が強調された。経済や再軍備について、シャハトとナチス（ヒトラーやゲーリング）の考えは根本的に異なっていることが触れられ、シャハトは利潤原理に基づく生産を奨励したこと（後者は、利潤原理を無視し、戦争準備のための自給自足を進めたこと）、シャハトは戦争を貿易を妨げるが故に、嫌い、戦争を望んでいなかったし、再軍備をドイツの外交交渉力を強化するという理由で促進したにすぎなかったこと（ヒトラーは東方の「生存圏」獲得のための侵略戦争を計画し、そのために再軍備を進めたこと）が指摘された。従来の研究と異なり、ワイツは初めて、シャハトの恋愛、2度の結婚生活といったシャハトの私生活を記述し、シャハトが93歳で死去した事情についても詳しく述べており、最後は未亡人との会見で終えている（シャハトは、1970年に、友人の80歳の誕生パーティー出席のために、自宅で夜会服に着替えようとしていた折りに、立ったままで、急いでズボンをはこうとして、よろけてころび、腰の骨を折って、病院に入院し、その後、しばらくたってから、病院で死去した。死因は塞栓症だという。ワイツ 1997: 343. 邦訳: 369）。

　次に、シャハトに批判的な研究について、見てみよう。

　クノップの「銀行家」は、66ページの中編で、シャハトを「ヒトラーのマネージャー」の1人、銀行家と定義し、同時代人の証言やシャハトの言明などをも引用しつつ、シャハトの実像に迫ったものである（クノップ 2004）。自分の助言が〔ワイマール共和国の〕民主主義政党に無視されたことに腹を立てて、シャハトは〔ワイマール共和国の〕民主主義政党と決別し、保守派のグループや経済界に対して、陰でヒトラー支持を働きかけ

たと述べられている。また、シャハトが行なった軍拡融資のためのメフォ手形が〔経済学〕理論上はケインズのいう「赤字による財政支出」であり、老練な経済学者のシャハトはこの革命的な〔経済学の〕命題を熟知していたと評価されている。シャハトには自分を過大評価し、他者（ヒトラー）を過小評価するという人間としての弱点があったと指摘されている。シャハトはドイツの大国化、旧国家秩序や法・秩序の再建を望む国家保守主義者と位置づけられている。クノップはシャハトのユダヤ人問題についての態度を取り上げて、シャハトは自分の本来の目的、ドイツの経済繁栄達成に支障のある限り、ナチスのユダヤ人へのテロ、ユダヤ系商店ボイコットを阻止しようとしたが、自分の目的に役立つなら、ユダヤ人の経済生活を制限するという決定を行なったと記述し、シャハトをプラグマスティックなオポチュニスト（実用主義的な日和見主義者）と評している。ゲーリングが経済性（収益性）を無視して、アウタルキー政策─合成原料生産計画を進めることにシャハトが反対したことを契機に、シャハトとナチス（ヒトラー）の亀裂は深まり、軍備を祖国防衛のためと看做し、制限しようとするシャハトと、侵略戦争のための過度の軍拡を望むヒトラーの対立が激化し、シャハトとヒトラーの関係は破綻したというふうに評価された。最後に、シャハトが主治医に述べた言葉を引用して（自宅での転倒後、何故、すわったままで、着替えなかったのかという主治医の問いに対して、シャハトは、何故、もっと前に、そのことを自分に言わなかったのかと反問した）、その中に、あくまで自分の行なった過ちを認めようとしないシャハトの本性を示唆して、結びとしている。

　シュロッティゼックの「ヤルマール・シャハト［1877-1970年］」は、20世紀のドイツの銀行家の1人とシャハトを定義したもので、本文と注を合わせて15ページの小論である（シュロッティゼック 2008）。シャハトがナチス政権に参加しなければ、シャハトは経済学者の間で尊敬される人間に留まったと評価されている。また、メフォ手形体制を「赤字の財政支出」と評している。さらに、ヒトラーを政治的に操れるとシャハトが信じていたことが批判され、シャハトは銀行家だが、政治的にはディレッタント（素人・門外漢）と酷評されたし、オポチュニスト（日和見主義者）と

非難された。シャハトが 1939 年 1 月初めにヒトラーに国家の支出政策終焉を訴える覚え書を（ライヒスバンク役員の同僚たちと共に）提出したこと、シャハトが 1940 年春にドイツ訪問中のアメリカ国務次官にヒトラー打倒の軍事計画〔一部の軍将校によるクーデター計画〕を報告したことは勇気ある行為と評価されたが、シャハトが最終的にヒトラー打倒を目指す抵抗グループと決別したことの原因・背景として、シャハトのエゴイズム（利己主義）を挙げている。シャハトの魅力としては、20 世紀の様々の体制・政体を生き残った能力が指摘され、シャハトの生涯はイデオロギーの支配に刻印された 20 世紀の典型的な政治・経済的〔エリートの〕経歴と結論づけられている。

　コッパーの『ヤルマール・シャハト―ヒトラーの最強の銀行家の興亡―』は、本文と注や参考文献を合わせて 432 ページの大著で、20 世紀におけるドイツの最強の銀行家としてのシャハトの生涯を記述した本格的な伝記である（コッパー 2006）。シャハトが貧しい家庭環境のせいで早くから野心が芽生えており、強い自意識を持っていたことが指摘された。シャハトの父が第 2 帝制に批判的なリベラル左派だったのに対して、シャハト自身は第 2 帝制を賛美したリベラル右派であり、初期にはカルテルに批判的な自由主義的な経済学者だったが、ワイマール革命時に自分の信条のリベラル右派の政党でなく、リベラル左派の政党に所属したことに表われているように、自分の政治的個人的目標実現のためならば、より強い勢力に移る（ただし、良心のある）オポチュニスト（日和見主義者）だったと記述された。シャハトは職業政治家になるつもりはなかったが、政治的術策をめぐらしたし、〔最終的に政治信条を〕自由主義から保守主義に転換したことが指摘された。シャハトがドイツの経済的給付として〔工業製品の〕輸出純益を重視した加工貿易立国論者だったし、通貨政策については正統派的保守主義的な考えの持ち主で金本位論者だったことが言及された。シャハトが政治的判断力に欠けており、移り気で気分に左右されやすく、人間性に問題があったこと、シャハトが議会制民主主義と決別したのは、シャハトが議会の管理なしで経済人が自由に権力を用いる経済人支配モデルを理想視していたからであること（しかし、シャハトは少数派を政治的恣意か

ら守り、少数派に法的保護を与えることを重視したこと）が明らかにされた。シャハトが雇用創出の資金調達のために取った方法が同時代のケインズの「赤字による財政支出」原理に従ったものであること、シャハトがナチス期に、ライヒスバンク・経済省内の社会民主主義者の官僚を保護したこと（シャハトはワイマール共和国末期に社会民主党と対立したが、社会民主主義者の娘婿との接触から、社会民主主義者への見方が変わったという）、シャハトはドイツが自国通貨で原料を購入するために植民地を必要とする植民地論を主張したが、植民地がドイツの原料輸入のかなりの部分を補填する〔という議論は〕誤りであることが指摘された。1938 年 1 月にシャハトが反ナチス抵抗運動（軍部と保守派による）の指導者ゲルデラーをゲシュタポ（国家秘密警察）の逮捕から免れさせるために、尽力したこと、ゲルデラーを中心とする反ナチス抵抗運動がその閣僚名簿にシャハトの名前を入れなかったのは、シャハトが集団に組み入れるのがむつかしい人間で、共通の目標よりも自己の利益を優先させる人間だったからであること、シャハトが 30 歳若い美術史家マンヒ・フォグラーと再婚し、2 人の娘を授かり、シャハトがこの 3 人の妻子を守る責任〔義務〕を感じたことが、シャハトが命を危険にさらさず、ゲルデラーの反ナチス抵抗運動と距離を置いた最も重要な理由であることが言及された。さらに、第 2 次世界大戦後、西ドイツ初代首相のアデナウアーがシャハトを閣僚ないし、金融問題の顧問にしなかったことにシャハトが怒りを感じていたことも述べられている。本書では、従来のシャハトについての伝記・研究が見過ごしてきたシャハトの私生活上の秘密とも言うべき事柄、シャハトが 1939 年に、知り合いのミュンヘンの美術商ツイックグラットがユダヤ人の美術商の未亡人ハイネマン夫人の画廊買い取りを行なう際に、財政支援（貸し付け）を行ない、いわば「アーリア化」（ユダヤ人財産をナチス国家が無償没収するか、アーリア人—非ユダヤ系ドイツ人に売却すること）に加担して大もうけしたことや、シャハトが先妻ルイーゼ存命中に、23 歳若い彫刻家アニー・ヘフケン—ヘムペルと愛人関係にあったことが初めて明らかにされた。

　以上、現代におけるシャハトについての伝記・研究を概観してきたが、シャハトを政治に疎い銀行家、利己主義的で人間性に問題があったという点

で、共通性が見出せるように思われる。本節で、ワイツのシャハト伝をシャハト擁護の研究と位置づけたのは、ワイツがシャハトの人間性の問題点を指摘しつつ、シャハトを愛国者と位置づけ、シャハトの立場への配慮が示されていたからである。ワイツはユダヤ系アメリカ人というその経歴から見て、シャハトに批判的たらざるを得ない筈なのに、シャハトが自由貿易論者で国際主義者であると記述して、その開明性を強調するなど、客観的冷静な分析記述を行なおうとしている側面が、筆者には尊敬に値するように思われた。ワイツのそうした姿勢は、ワイツが未亡人マンヒと会見して、シャハト死去の事情を聞き出して、研究史の上で初めて、シャハトの死因を明らかにしたという功績に繋がったように思う。

　銀行史家コッパーのシャハト伝は本格的なものであり、これまで未利用の豊富な史料・文献により、シャハトの全体像を明らかにしたと言ってよいであろう。前述したように、シャハトの私生活上の秘密も暴露された。シャハトが「アーリア化」に加担した事例は、シャハトの人間性の問題—エゴイズムの側面を明らかにしており、正当な批判・非難に値すると言ってよいように思われる。シャハトの植民地論が経済合理性の面で問題であることも、コッパーが初めて指摘した点である。20世紀のドイツの銀行家、中央銀行総裁で、シャハト程に強大な権力を有していた者はいなかったと位置づけられ、シャハトの人生の軌跡が詳細に跡づけられていた。

　現代におけるシャハトについての研究・伝記はシャハトを銀行家と位置づけた。銀行家シャハト像から、計算高く、政治に疎く、経済・金融の実務に通じた経済人としてのシャハト像が浮かび上がってくる。シャハトの人間性の問題、利己主義の側面や、移り気で気分に左右されやすい側面も指摘され（コッパーの功績）、シャハトを巡る謎を解く鍵が明らかにされたように思う。

　しかし、銀行家―経済人としてのシャハト像は、中央銀行総裁・経済政策家としてのシャハトの有能さを際立たせたが、シャハトの経済思想・構想の重要性が看過される結果を招いているようにも、感じられた。無論、シャハトの経済政策思想や構想は、コッパーが指摘したシャハトの植民地論や金本位制論に表われているように、時代に制約された側面もあったこと

50　　第1部　シャハトの生涯と研究史の見方

は否定出来ないであろう。しかし、人間的な弱点・欠点を持っていたシャハトが 20 世紀ドイツ経済・金融史の上で果たした歴史的役割を正当に評価することも、同様に必要なことのように思う。

5. むすび

　以上、シャハト研究史を年代ごとに、ナチス期、戦後期、現代と 3 つの時期に区分して、概観してきた。3 つの時期の各々の特徴としては、以下のことが挙げられる。

　ナチス期のシャハト研究は、同時代的な文脈の中で行なわれたもので、それ故に、時代状況による制約・問題点を有していた。シャハトを支持・擁護する研究はシャハトをナチスと〔経済政策路線・思想の上で〕同一視したし、シャハトに批判的な研究はシャハトを野心的で無節操な政治家と看做した。これらの同時代の研究で、ナチス政権による軍拡のための秘密の資金調達政策としてのシャハトのメフォ手形が言及されていないことは、そうした時代状況による制約・限界を表わしていると言ってよいであろう。

　戦後期のシャハト研究は、第 2 次世界大戦後のニュルンベルク国際軍事裁判や 1970 年のシャハト死去という事態を受けて、格段の進歩が見られた。シャハトを支持・擁護する研究がシャハトを賢明な経済学者と捉えたのに対して、シャハトに批判的な研究はシャハトをマキャベリスト（権謀術数者）でオポチュニスト（日和見主義者）のエゴイスト（利己主義者）の政治家と看做して、正反対の展開を示した。

　現代のシャハト研究は、シャハトを政治に疎い銀行家、気分に左右されやすく、移り気で、利己主義的な、人間性に問題のある人物と把握する点で、共通性が見出された。シャハトを銀行家と位置づけることで、計算高く、政治に疎く（政治的判断力がなく）、利己主義や気分屋の面など、人間性に問題があるとはいえ、経済・金融の実務に通じた経済人としてのシャハト像が明らかにされた。

　処世術に長けたマキャベリスト（権謀術数者）でオポチュニスト（日和見主義者）の政治家シャハト像は否定され、むしろ政治に疎い銀行家シャハト像が、現代のシャハト研究により、定説になったと言ってよいであろ

う。

　シャハトが生きた時代、活躍した時代が、どんな時代だったかということへの考察・考慮が必要であるにもかかわらず、そうした視点が本章で取り上げたシャハト研究に乏しかったように思われる。

　ヨーロッパから見て、1914-1945 年、つまり、第 1 次世界大戦開始時から第 2 次世界大戦終了時までを目して、「第 2 次 30 年戦争」と呼び、「例外状態」と把握する見方がある（Winkler 2011: 1197ff）〔以下、ヴィンクラーと表示〕。また、ドイツから見て、20 世紀前半のナチスドイツ、20 世紀後半の東ドイツを念頭において、20 世紀を「イデオロギーの時代」と捉える見解もある（Becker/Bongartz 2011: 3）〔以下、ベッカー／ボンガルツと表示〕。

　アジアの片隅にある日本から見て、20 世紀の特性として、一方で、ヨーロッパ中心の圧倒的な軍事的、技術的、経済的、世界支配の終わり、植民地の独立と工業化、他方で、民族主義・ナショナリズムの担い手としての民族国家の衝突の結果として、戦争が勃発することを阻止出来なかったこと、つまり「20 世紀は戦争の世紀」だということが挙げられる（加藤周一氏の 20 世紀論からの筆者の整理による）（加藤 2009: 14, 147, 203 以下）。

　シャハトが活躍した時代は、第 1 次世界大戦、ワイマール共和国、ナチス第 3 帝国、第 2 次世界大戦といった激動の時代だった。まさに「例外状態」ともいうべき異常な状況下で、シャハトはドイツの経済・金融政策の舵取りを行なった訳である。また、シャハトが青春時代をすごしたのは、ドイツ第 2 帝制下の繁栄の中においてであった。シャハトは当然、そうした時代状況の制約の下で、行動し、その思想を育んだ訳である。

　シャハトが十八番にした植民地論は、一方で、シャハトがハンブルクで青春時代をすごし、第 2 帝制ドイツの植民地熱狂から影響を受けた点と、他方で、20 世紀の世界はもはやヨーロッパ列強の植民地支配を過去のものにしているという現実の二面から評価する必要があるように思う。コッパーの指摘通り、シャハトの植民地論が経済合理性の面で問題であるということ（シャハトの主張と異なり、ドイツは旧植民地からの原料供給だけでは、その原料需要を補填出来ないということ）も、考慮すべき点に挙げられる。

52　　第 1 部　シャハトの生涯と研究史の見方

同時代の日本で、石橋湛山が「小日本主義」を唱えて、日本が〔植民地に経済的に頼ることなく〕自由貿易で経済発展すべきだと論じていたという事実は、その先見性と共に明記すべきことのように思われる（石橋 1984）。その意味で、シャハトが植民地論を唱えたことは、アナクロニズム（時代錯誤）と言ってよいであろう。

　現代のシャハト研究は、シャハトの私生活を暴露した。シャハト死去の詳しい事情が明らかにされたことはともかく、シャハトに愛人アニーがいたことといった私生活上の秘密の暴露は、筆者にはいきすぎのように感じられた。シャハトの言動・業績についての客観的な評価・判定が行なわれるべきだと思う。

　シャハトがナチス期に、社会民主主義者の娘婿との接触から、社会民主主義者についての見方を変えて、社会民主主義者の官吏を保護したという事実は、大いに示唆的に思われる。周知のように、シャハトはワイマール期に、社会民主党の理論家ヒルファディングと対立し、ヒルファディングを財務大臣辞任に追い込んだ。しかし、両者に真剣な対話の機会があれば、相互理解の可能性があったように思われる。シャハトとヒルファディングは財政政策について見解を異にしていたが、通貨政策については正統派的な立場で一致していたというコッパーの指摘から、筆者はそうした可能性を否定出来ないように思う。

　シャハトの人間性に問題があることは事実だが、そうした点を差し引いても、シャハトが通貨委員、ライヒスバンク総裁として 1923 年のドイツのインフレを収拾したこと、1930 年代にライヒスバンク総裁兼経済大臣として、ドイツの失業除去、経済恐慌克服に果たした功績は大きいように思われる。シャハトの功績については、正当な評価・判定を行なうべきだと思う。

　しかし、同時に、シャハトの問題点についても、目を向けねばならないであろう。シャハトの植民地論が時代錯誤のもの、経済的に不合理なものであることも、言及されねばならない。同じことは、シャハトの「経済の優位」論─経済人支配論にも当てはまる。

　ワイマール共和国が政争に明け暮れ、西欧列強の政治家たちが反独的姿

勢を取っていることへの反発から、シャハトは、経済人同士の国際協力を提唱し、国内経済についても、政治家の介入を排除して、経済人に委ねる「経済の優位」論―経済人支配論を唱えた。これは、当時の内外の混迷した状況に対するシャハトなりの対応策に他ならなかった。しかし、シャハトの「経済の優位」論―経済人支配論は議会制民主主義の否定の上に成り立つものであり、ファシスト独裁に近似的な側面を有しているように思われる。また、経済への政治家の介入を排除して、経済人に経済を全て委ねるということは、労働組合や労働者の意向をも無視して、経済人―経営者の独裁に全面的に経済を委ねることを意味した。その意味で、シャハトの「経済の優位」論―経済人支配論は、シャハトの意図・真意は別にして、反民主主義的・反労働者的で、大変問題のある構想だったと言えよう。政治家が愚者か悪人で、経済人が賢人だとするシャハトの見方はあまりにも一面的・単純にすぎよう。

　また、シャハトは銀行家・経済学者として、傑出した才能・能力を示したが、逆に、政治・外交といった別の分野に疎かったことは否定出来ないであろう。1920年代に、ワイマール共和国政府は、フランス軍をルールから撤退させるために、賠償金支払額を増大させようと連合国側との外交交渉に臨み、賠償金減額に努めていたシャハトがそれに反発する一幕があった。ワイマール共和国政府は、苦渋の選択として、賠償金増額という譲歩・代価を支払ってでも、フランス軍のルール撤退実現という目標のために、尽力していた訳であるが、シャハトがそうした事情を理解出来なかったことは、経済人としてのシャハトの視野の狭さ、限界を表わしていると言ってよいであろう。

　最後に、従来のシャハト研究が十分に検討してこなかった点を指摘して、本節のむすびにしたい。このことは、シャハトをどう位置づけるかという点での考察の上で、重要なことのように思われる。

　第1は、シャハトが真剣に戦争反対を唱えた点である。従来のシャハト研究は、ヒトラーとシャハトの対立の原因・背景として、シャハトは軍拡を祖国防衛の範囲に限定して、経済支援したことに対して、ヒトラーが侵略戦争を計画して、過度の軍拡を進めようとすることに、シャハトは反対

して、軍事費削減を唱えた点を指摘しているが、それ以上には踏み込んでいなかった。

　シャハトは、第1次世界大戦の破壊的結果を踏まえて、戦争のもたらす惨禍に対する憂慮の念、深刻な危機感から、新たな戦争―第2次世界大戦の勃発に反対したこと、戦争が勝者自身にも損害を与え、新たなヨーロッパ戦争が文明と人間への犯罪であるという断固たる立場を主張したこと、戦争を国際紛争解決の手段とすることに否定的で、真の戦争反対論者だったこと、こうしたことは、これまでのシャハト研究が見逃し、看過してきたことだった（この点については、本書第8章のヒトラー、シャハトと「ドイツ問題」を参照）。この事実は、シャハトの先見性として、正当に評価すべきだと思う。

　第2は、シャハトの経済政策がケインズ主義―ケインズの経済学とどのように関連していたかという問題である。この問題について言及したシャハト研究は少なく、ペンツリンの研究がシャハトの経済政策がケインズ主義と関連がないと述べつつ、その根拠は示さず、クノップとコッパーのシャハト研究はシャハトの経済政策がケインズの「赤字による財政支出」であると論じて、シャハトの経済政策とケインズ主義の関連を示唆しているが、それ以上に踏み込んで、この問題に触れていない。

　シャハトの経済政策とケインズ主義経済学の関連について、つまり、シャハトの経済政策とケインズ主義経済学との間には、どのような関連があるのか、あるいは、両者の間には、関連がなく、全くの別物なのか、という点について、詳細に、かつ十分に、検討・考察が行なわれるべきだと筆者は考える。従来のシャハト研究は、こうした点について、十分な分析を怠ってきたように思える。1930年代におけるシャハトの経済政策についての評価、位置づけを行なう上でも、シャハトの経済政策とケインズ主義経済学との関連・比較といった作業は欠かせないように思う。この点は、従来のシャハト研究の空白に他ならなかった。筆者は、特に、シャハトの銀行・金融政策についての分析により、そうした課題を果たすことが出来る（シャハトの経済政策とケインズ主義経済学が似て非なるものであり、大いに異なるものである）と考える（本書第7章のシャハトの銀行・金融政策

を参照）。

　最後に、シャハトの位置づけについて、言及したい。従来のシャハト研究は、彼のことを政治家ないし、経済学者あるいは、銀行家と捉えていた。しかし、筆者は、彼のことを、後の諸章で見ていくように、独自の見解を持ちながら、それに固執することなく、当時の特殊な時代状況を考慮して、プラグマティズム（実用主義）の立場から、経済政策を実施しつつ、自分の行なった政策を非常時の非常手段と位置づけて、後日、正常化への道を模索したテクノクラート（政策技術の担い手で、実際の政策を実施した技術者・官僚）として把握すべきだと考える。

　以上、色々と論述してきたが、シャハト研究を進める上では、シャハトの個人史に留まるのではなく、シャハトが生きた激動の時代—「戦争の世紀」（加藤周一氏）をも含めて、1つの時代史としても、その全体像を叙述出来るものにすべきだと思う。

第 2 部
シャハトの経済政策

第3章

シャハトの「新計画」

1. はじめに

　1934年春、ドイツにおいて、外国為替危機が勃発した（外国為替危機とは、輸入量が輸出量よりも激増し、そのために、輸入代金としての外国為替が不足する危機のことである。既に、ドイツは1931年7月、イギリスは同年9月、日本は同年12月、アメリカ合衆国は1933年4月に金本位制を停止し、いわゆる「管理通貨制度」に移行していた）。その大きな原因としては、1933-1934年にかけてのナチス政権による雇用創出のための公共事業による国内需要増大─輸入増大という側面があったように思われる（Herbst 1996: 119）〔以下、ヘルブストと表示〕。

　1934年外国為替危機は激化し、ドイツの輸入は1933年の42億ライヒスマルクから1934年に44億5000万ライヒスマルクに増大し、ドイツの輸出は1933年の48億7000万ライヒスマルクから1934年に41億6000万ライヒスマルクに減少し、貿易収支は1933年の6億6780万ライヒスマルクの黒字から1934年に2億8410万ライヒスマルクの赤字に転じ、〔中央銀行である〕ライヒスバンクと4つの民間発券銀行の外貨備蓄は1934年1月初めの4億7300万ライヒスマルクから同年4月30日に2億8500万ライヒスマルクに、同年6月末に1億5000万ライヒスマルクに収縮した（Posse 1937: 504）〔以下、ポーゼと表示〕。

　この危機克服のため、1933年3月以来、ドイツの中央銀行であるライヒスバンク総裁の職にあるシャハトは、いわゆる「シャハト案」を提唱し

58　第2部　シャハトの経済政策

た。これは、「中央〔国家〕の原料輸入独占」により、国内振興の際のドイツの輸入需要を特別に、(a) 有利な価格、(b) より大規模な受注、(c) ドイツ商品の購入優遇保証、(d) ドイツ企業への付加的交付、(e) 支払いの長期信用供与などをめぐる争いの中で利用することを提案するものだった（Doering 1969: 248）〔以下、デーリンクと表示〕。この案は、国家の強力な支援下での貿易拡大を目指していた。

　シャハトは元々、一貫した加工貿易立国論者で、1930 年代のドイツの政治・経済的危機の最中、工業製品輸出増大によるドイツの経済回復・経済発展を主張していた。1934 年 7 月末に、アドルフ・ヒトラーに、外国為替危機の収拾について、諮問された際に、シャハトは次のように答えた。「私は、支払える以上には、買いません。出来るだけ、私の所で買ってくれる国々から買いましょう」（シャハト 1953: 403. 邦訳書（下巻）: 101）。その具体化が「新計画」に他ならない。「新計画」の名前は、同時代のアメリカのルーズベルトの「ニューディール」に由来し、「新計画」はそのドイツ版という意味だという（前掲書: 390-391. 邦訳書（下巻）: 84）。

　シャハトは、1934 年 7 月末に、経済大臣に就任し、9 月に、「新計画」を宣言した。これは、「シャハト案」を具体化し、1934 年外国為替危機の収拾だけでなく、工業製品輸出増大—貿易拡大によるドイツの経済発展をも目指すものだった。その意味で、シャハトが「新計画」を当座の手段のみならず、長期的経済政策の一部と看做していたという見方もある（Treue 1953: 47）〔以下、トロヤと表示〕。

　本章の課題は、シャハトの「新計画」の展開・破綻の過程を概観し、ナチスドイツにおける「新計画」の役割を明らかにすることにある。そのため、以下、「新計画」の実際の展開を見ていくことにする。

2. 「新計画」下の展開

　1934 年 9 月 24 日に、「新計画」が発効した。「新計画」は、シャハト自身が「ひどいもの」（シャハト 1934 2): 14-15）と言わざるを得ない程の膨大な官僚統制拡大を伴なっており、25 の監督局が新たに設置され、輸入管理を管轄した（25 の監督局とは、(1) 穀物、飼料、他の農産物、(2) 獣肉、

獣肉産品、（3）乳製品、油、脂肪、（4）卵、（5）木材、（6）園芸産品、飲料、他の食糧、（7）羊毛、他の獣毛、（8）綿、（9）綿糸、綿布、（10）絹、レーヨン、衣服、加工品、（11）靭皮繊維、（12）卑金属、（13）鉄、鋼鉄、（14）工業用油脂、（15）皮革、（16）弾性ゴム、石綿、（17）カーボンブラック、（18）鉱油、（19）化学、（20）タバコ、（21）石炭、塩、（22）毛皮類、（23）紙、（24）加工製品（機械、車両、光学、精密機械等々）、（25）その他の商品に分かれ、その任務は輸入統制だった。Bennig 1935: 42.〔以下、ベニンクと表示〕）。

　「新計画」の目的としては、（1）全対外貿易の双務主義化、（2）輸入の量的規制と「国民経済」に必要不可欠な輸入の優先、（3）複雑な部分的平価切り下げ制度による輸出促進、（4）北米・西欧から東南欧・中南米への対外市場の転換の4点が挙げられる（Petzina 1968: 18）〔以下、ペトツィーナと表示〕。これは、輸出振興のための国家の政策誘導を意味していた。

　従来のドイツの貿易は、農業・原料諸国から原料を購入して、工業諸国に工業製品を輸出するという構図であり、輸入先と輸出先は必ずしも一致していなかった。「新計画」は、農業・原料諸国から原料を購入するだけでなく、農業・原料諸国に工業製品を販売すること、つまり、輸入先と輸出先を一致させることを目指していた。これは、双務主義に他ならなかった。これは本来、多角的に把握すべき国際貿易を二国間単位で捉え、輸出入を均衡させることを想定し、輸入を増大させて、それを輸出増大に連結・結果させようと図るものである。

　「新計画」下で、ドイツは双務貿易を行ない、地域ごとに異なる展開を示した。以下、大ざっぱに、それを概観してみよう。

　表1は、ドイツ貿易の地域ごとの比重を表わしたものである。ここから、「新計画」下の1934-1936年前後にかけて、ドイツの貿易相手は、大ざっぱには、西欧・イギリス・アメリカ合衆国といった工業諸国の比重が低下し、それに代わって、東南欧・中南米・近東といった農業・原料諸国の比重が上昇しつつあることが読みとれよう。

　まず、独・東南欧貿易を見てみよう。「新計画」の枠内で、ドイツの貿易の地域的再編が進行したが、その重点は東南欧農業諸国であった（Schröder

表1 ドイツの対外貿易の転換　1929-1938年

(パーセント)

	全輸出中の割合				全輸入中の割合			
	1929年	1932年	1935年	1938年	1929年	1932年	1935年	1938年
東南欧	4.3	3.5	5.9	10.3	3.8	5.0	7.7	9.8
近東	1.4	1.3	3.4	5.4	1.4	2.5	3.8	3.8
中南米	7.3	4.1	9.1	11.7	11.4	9.6	13.1	14.9
北欧	10.2	9.4	11.4	12.9	7.3	6.4	9.9	11.4
合計	23.2	18.3	29.8	40.3	23.9	23.5	34.5	39.3
西欧	26.2	31.9	26.1	20.8	15.7	15.1	14.1	11.9
米国	9.7	7.8	8.8	6.7	6.4	5.5	6.2	5.2
英国	7.4	4.9	4.0	2.8	13.3	12.7	5.8	7.4
その他	33.5	37.1	31.3	29.4	40.7	43.2	39.4	35.8
合計	76.8	81.7	70.2	59.7	76.1	76.5	65.5	60.1

出典　René Erbe, *Die nationalsozialistische Wirtschaftspolitik 1933-1939 im Licht der modernen Theorie* (Zürich, 1958), S. 76.

1976: 5)〔以下、シュレーダーと表示〕。ここは、また、ドイツの「広域経済圏」の対象にされた（諌山 1979. 参照）。

　「新計画」前後にかけて、ドイツは東南欧諸国と長期的通商協定を締結した。具体的な動きとしては、1934 年 2 月にドイツ・ハンガリー間、同年 5 月にドイツ・ユーゴスラビア間、1935 年 3 月にドイツ・ルーマニア間に長期通商条約が締結されたことが挙げられる（Kaiser 1980: 70）〔以下、カイザーと表示〕。これらの通商協定及び、「新計画」下の為替管理・マルクの過大評価維持により、東南欧諸国の農産物は世界市場価格よりも20-40 パーセント割高でドイツに買われた（Neal 1979: 394）〔以下、ニールと表示〕。1930 年代の世界不況による農産物・原料価格暴落、工業諸国の経済ブロック化に伴ない、西欧・北米市場から締め出され、深刻な打撃を受けた東南欧諸国は、過剰生産物の捌け口をドイツに求めるようになった。この深刻な経済的苦境こそ、東南欧諸国をドイツの双務貿易体制に追いやった原因に他ならなかった（Ellis 1941: 257）〔以下、エリスと表示〕。ドイツが東南欧諸国と農産物についての長期契約を締結し、割高で農産物を購入したことは、東南欧諸国の輸出業者・農民を親独的にした（Basch 1943: 178）〔以下、バーシュと表示〕。

　ドイツは対東南欧貿易において、主として、清算協定・バーター協定を

用いた。清算協定は、政府間ないし、中央銀行間で締結された。清算協定の機能は、以下のようであった。「ドイツの輸出業者は例えば、ユーゴスラビアに輸出すると、その代金はマルク表示で、ドイツのライヒスバンクにより、彼らの貸方に記入されるようになっていた。ドイツ向けユーゴスラビアの輸出業者は、二銀行貸借勘定を持つベオグラードの中央銀行により、ディナール貨で、彼らの貸方に記入してもらうことになっていた。支払いは、各々の国の輸出業者の貸方に、自国通貨で記入されていた。そして、その貸借は、年度ごとに、いずれかの国の黒字のままに繰り越され、翌年の取引に充てられるのが常であった」(Neumann 1942: 335. 邦訳書: 291)〔以下、ノイマンと表示〕。ここから、独・東南欧貿易が外国為替を媒介にしないで、進展していることを見てとることが出来よう。これは事実上、独・東南欧貿易の世界経済からの遮断を意味した。

　表1から、独・東南欧貿易が増大しつつあるとはいえ、ドイツの全輸出入における東南欧の比重はそれ程に大きくないことが見てとれよう。しかし、表2を見ると、東南欧諸国の側からは、対独貿易の増大がかなり大きな比重を占めていることを読みとることが出来よう。これは、ドイツが東南欧への輸出を促進するために、意識的に東南欧からの輸入を奨励したことの結果に他ならなかった。

　工業諸国（英・米・仏等）が国内農業・植民地農業を守るために、東南欧諸国の農産物に門戸を閉ざしている当時の状況からすれば、東南諸国の輸出業者・農民は、対独輸出により、ある程度満足の余地があった。しかし、東南欧諸国の輸入業者は、対独輸出の代価が対独債権ないし、ドイツ商品だけであり、ドイツ以外の国の商品及び、それらを購入するのに必要な外国為替を入手出来ないことに苛立ちを覚えた。しかも、ドイツは東南欧からの輸入商品の高価格を相殺するために、輸出商品をそれ以上に高くしているのであった（エリス 1941: 257）。これは事実上、東南欧諸国の消費者への負担増大を意味していた。

　ドイツは清算協定を通して購入した東南欧産品を、外国為替入手のために、西欧に再輸出した。具体的には、ドイツが高値でユーゴスラビアの穀物を買い、ロッテルダムやロンドンで、外国為替と交換に販売し、そうし

62　第2部　シャハトの経済政策

表2　東南欧諸国の貿易におけるドイツの比重　1929-1939年

（パーセント）

	ドイツへの輸出				ドイツへの輸入			
	1929年	1933年	1937年	1939年	1929年	1933年	1937年	1939年
ブルガリア	29.9	36.3	43.1	71.1	22.2	38.2	54.8	69.5
ハンガリー	11.7	11.2	24.1	52.4	20.0	19.6	26.2	52.5
ルーマニア	27.6	16.6	19.2	43.1	24.1	18.6	28.9	56.1
ユーゴ スラビア	8.5	13.9	21.7	45.9	15.6	13.2	32.4	53.2

出典　Iván T Berend/György Ránki, *Economic Development in East-Central Europe in the 19th and 20th Centuries*（New York, 1974）, pp. 281-282. 南塚信吾監訳
『東欧経済史』（中央大学出版部. 1978年）, 339-340頁より作成。

て得られた外国為替は軍拡に必要な原料獲得に使われたという（トロエ1953: 49）。このことは、実質的には、東南欧諸国がドイツとの貿易だけでは経済循環出来ないのと同様に、ドイツも東南欧諸国からの輸入だけではその国内需要（主に軍需）を満たし得ず、西欧・北米からの輸入品の代価としての外国為替獲得のために、東南欧産品の再輸出を余儀なくされたこと、このことが東南欧諸国の対西欧・北米輸出を妨げる重大な障害になったことを意味した。東南欧諸国は知らず識らずの内に、自国の輸出競争上のライバルに手を貸したと言ってよいであろう。また、西欧諸国が結局、ドイツの仲介で、東南欧諸国の商品を受け入れたにもかかわらず、東南欧諸国は、以前、西欧から購入した商品をドイツから購入するという皮肉な結果になった（前掲論稿: 50）。

　東南欧諸国は国内の輸出業者・農民からの圧力で、対独債権のために、ある程度ドイツ商品を購入せざるを得なかったし、清算協定を補完するものとして、バーター協定を通して、ドイツとの貿易を促進した。ドイツの東南欧諸国への輸出品は主として、工業製品であった。1936年に、ドイツは、ハンガリーの全機械の70パーセント、ユーゴスラビアの50.4パーセント、ルーマニアの35パーセント、ブルガリアの80パーセントを占めていた（バーシュ 1943: 179）。ドイツの対東南欧諸国への輸出は輸入の代償であるために、輸出奨励金を必要としなかった。

　だが、独・東南欧貿易は結局、膨大なドイツの輸入超過―マルク清算残高累積に結果した。具体的には、東南欧貿易でのドイツの清算負債は、1934

年12月に4億5000万ライヒスマルクから1935年3月に5億7600万ライヒスマルクに増大した（前掲書：174）。独・東南欧貿易の困難は、ドイツが東南欧諸国に、これらの国々が輸入せねばならない〔必要としている〕幾つかの原料や熱帯産品を供給出来ないことにあった（Flaig 1941: 77）〔以下、フライッヒと表示〕。このことは、ドイツの供給が東南欧諸国の全需要を賄いきれなかったことを意味した。これらのことに加え、ドイツが東南欧諸国に対して、ドイツ以外の国々からの輸入に必要な外国為替を提供出来なかったことは、東南欧諸国をして「ドイツの軛」からの離脱を誘発せしめることになる。

　独・東南欧貿易におけるドイツの輸入超過—マルク清算残高累積は、実質的には、ドイツの工業製品の供給の遅れを意味していた。シャハトは、1935年に、次のように述べた。「ドイツ政府は、ドイツ側の商品供給の遅れを拡大するつもりはない。我々は出来る限り早く、輸出によって、これらの負債を全て払い戻すことに最善を尽くすであろう」（Berend/Ránki 1974: 277. 邦訳書：334-335）〔以下、ベルント／ランキと表示〕。しかし、このシャハトの発言にもかかわらず、東南欧諸国からの輸入に見合うだけの量をドイツは輸出出来なかったのである。

　以上、独・東南欧貿易を概観してきた。独・東南欧貿易は本質的に、清算協定及び、バーター協定による、ドイツの工業製品と東南欧諸国の食糧・原料の交易であり、ドナウにおいて、ドイツは「最重要の顧客かつ、供給者」（シュレーダー 1975: 85）であった。清算協定は、実質的に、「吸収ポンプ」として機能し、ドイツは東南欧から大量の原料・食糧を購入出来た訳である（前掲論稿：82）。ドイツの目標は、東南欧諸国の「植民地化」、つまり、ドイツの計画経済への東南欧諸国経済の適応、東南欧諸国に工業を放棄させ、低い生活水準で、ドイツの農業・原料基地に留まらせることにあったと言われている（トロエ 1953: 54）。ドイツは東南欧を自国に従属的な農業・原料地域に特化させようと企てるが、ドイツの東南欧への工業製品の供給の遅れは重大な隘路になる。

　次に、独・中南米貿易を見てみよう。中南米も、東南欧と同様に、ドイツの貿易政策の焦点として、重視された地域である。ドイツは中南米に対

しては、主として、いわゆるアスキを用いて、貿易拡大を図った（Child 1958: 184）〔以下、チャイルドと表示〕（アスキとは、国内支払いのための外国人特別勘定を意味した。1934年12月以来、登場してきた。兌換性はない。1934年12月9日付の法令により、アスキマルクは2つのタイプ、企業アスキと銀行アスキに分割された。前者は完全なバーターだが、後者は自由為替の傾向があった。アスキマルク使用の原則は、（a）アスキ補償下の輸出は、さもなければ、自由為替でもたらされる輸出のこの手続きに対して、振替を回避するために、「追加的」でなければならない、（b）経済的に重要な原料だけが輸入される、（c）最も有利な貿易条件を達成するために、輸出品価格は出来るだけ高く、輸入品価格は出来るだけ低くしなければならないなどである（エリス 1941: 218-219）。アスキマルクは、外国の輸出業者が対独輸出代金として受理し、その使用はドイツ商品の支払いにだけ充てられ、その売買は大きな割引率で行なわれ、事実上、「仮装したマルク切り下げ」と言われた。楊井 1961: 369. フライッヒ 1941: 48ff.）。独・東南欧貿易は国家間の協定により進展したが、独・中南米貿易は民間企業間の協定に基づいて行なわれた（塚本 1964: 233）。

　中南米諸国は対独輸出に不況克服の活路を見出し、ドイツもバーターを用いて、中南米諸国から食糧・原料を購入して、その一部の再輸出を行なった。中南米諸国の輸出中、対独輸出の比重は10パーセントから25パーセントに増大した（チャイルド 1958: 190）。しかし、中南米諸国の対独輸出は、ドイツの総需要の多くを賄うには程遠いというのが実情だった。

　次に、独・西欧貿易を見てみよう。1934年末までに、ドイツはイギリス・ポルトガルを除く殆んどの西欧諸国と双務清算協定を締結した。独・西欧間の協定は清算を通して決済する点では独・東南欧間の協定と同じだが、違いは以前のドイツの負債から支払いに充てられる点にあった。そのため、当初、ドイツはこの地域との清算貿易に消極的だった。

　しかし、実際には、西欧諸国の対独輸出はドイツからの輸入を凌駕し、マルク清算残高累積に結果した。東南欧諸国と異なり、西欧諸国は積極的に、対独貿易を縮小させようと図った。1935年8月の独仏協定破棄はその表われに他ならない。また、輸出割当制採用により、西欧諸国は対独輸出削

減―マルク清算残高増大阻止を企てた。その結果、独・西欧貿易は減少せ
ざるを得なかった（前掲書：168-169）。

　ドイツは清算協定・バーター・アスキを通して、必要な物資購入を図った
が、現実に国内需要（主に軍需）を充たすためには、それらだけでは不十
分だった。再軍備用の物資確保のために、ドイツは外国為替により、世界
市場からの購入を必要とした。具体的には、ドイツが世界市場から購入し
た再軍備用原料としては、クロム鉱油・ボーキサイト・鉱油といった物資
（フライッヒ 1941: 70）の他に、国防軍国防経済兵器局長のゲオルク・ト
ーマスが指摘していた鉄・石油・弾性ゴム（BA KobLenz R72/2317: 90）
〔以下、コブレンツ連邦文書館と表示〕及び、卑金属（ペトツィーナ 1968:
34）が挙げられる。前述したドイツによる東南欧・中南米産品の再輸出は、
外国為替獲得のために行なわれた。

　ドイツは輸出促進のための政策誘導を図り、1934 年 12 月以来、清算協
定をドイツと締結していない国々との貿易にアスキを用い、その他に、外
資引き揚げ防止のために登場した封鎖マルクも貿易政策の手段として利用
され、一種のダンピングが行なわれた。具体的には、封鎖マルクがドイツ
国内では額面平価で通用したが、外国通貨に換算される際に、約 40-60 パ
ーセントの割引を受けたこと、ドイツの輸出業者が輸出代金の支払いに封
鎖マルクを受けとり、それをライヒスバンクの換算金庫で額面平価で換算
してもらい、実質的に補助金を受けとっていたことが指摘されている（楊
井 1961: 369. フライッヒ 1941: 61）。さらに、外債償還も貿易促進に連
結・利用された。具体的には、対外債務償還はライヒスバンクの換算金庫
に払い込まれ、外国債権者は仮証券を受けとり、ドイツ商品を購入するか、
ドイツで休暇をすごすか以外の選択を許されなかった（Schweitzer 1958:
601-602）〔以下、シュヴァイツァーと表示〕。

　ドイツはこのようにして、清算協定を締結しなかった国々との貿易に、為
替ダンピングを用いて、輸出促進を図ったが、その効果はかんばしくなか
った。ドイツはそこで、1935 年 6 月に、輸出奨励金制を採用し、全産業
に課した所の「輸出振興課徴金」という特殊な税をダンピングの財源にし
た。この税は、1935 年に工業から 7 億ライヒスマルク、商業・銀行から

表3　10年間のドイツの綿輸入における個々の国々の割合

(パーセント)

	1930年	1931年	1932年	1933年	1934年	1935年	1936年	1937年
エジプト	5. 72	7. 83	8. 0	8. 41	11. 25	9. 96	9. 11	11. 68
英領インド	12. 91	9. 89	5. 5	8. 10	9. 41	8. 09	11. 94	10. 45
アメリカ	68. 37	67. 55	75. 0	72. 09	55. 12	26. 72	35. 95	33. 89
トルコ	0. 56	0. 38	0. 5	0. 01	1. 45	3. 88	5. 00	2. 41
ブラジル	0. 89	0. 66	0. 05	—	2. 07	20. 83	11. 73	20. 04
アルゼンチン	0. 79	0. 61	1. 1	1. 11	1. 42	2. 65	2. 96	1. 68
ペルー	1. 38	2. 70	2. 0	2. 05	2. 84	6. 36	5. 78	5. 31
メキシコ	0. 02	—	—	—	—	0. 89	2. 72	2. 25

出典　Howard E Ellis, *Exchange Control in Central Europe* (Cambridge, Mass, 1941), p. 248 より作成。

表4　10年間のドイツの綿輸入国各国の価額

(百万 RM)

	1930年	1931年	1932年	1933年	1934年	1935年	1936年	1937年
エジプト	46. 00	37. 63	31. 88	36. 58	39. 19	39. 53	32. 7	43. 1
英領インド	55. 26	26. 13	13. 74	20. 44	17. 90	20. 59	25. 9	23. 6
アメリカ	427. 62	235. 78	219. 72	233. 14	146. 09	71. 13	77. 8	78. 4
トルコ	3. 21	1. 29	1. 75	0. 47	4. 91	15. 49	14. 9	8. 3
ブラジル	5. 92	2. 50	0. 10	—	9. 24	92. 08	38. 4	65. 0
アルゼンチン	5. 21	2. 17	3. 23	3. 97	4. 17	13. 71	8. 0	5. 9
ペルー	9. 43	11. 03	6. 87	7. 70	9. 14	25. 89	20. 2	20. 8
メキシコ	0. 10	—	—	—	0. 21	3. 92	8. 0	7. 1
合計	580. 53	336. 64	291. 27	306. 99	260. 24	329. 72	257. 0	275. 1

出典　*Ibid.,* p. 390. より作成。

3億ライヒスマルク、1936年に工業から6億ライヒスマルク、商業・銀行から3億ライヒスマルク徴収されたという（エリス1941: 240）。

　以上、「新計画」下のドイツの貿易を大ざっぱに概観してきた。「新計画」の成果について、ここで総括してみようと思う。

　表3、4は、ドイツの綿輸入における国々の割合を表わしたものである。ドイツは消費財工業の原料である綿の購入先を出来るだけ、外国為替を媒介とするアメリカ合衆国、イギリス領インドから、清算協定やバーター・アスキで取引出来るエジプト、ブラジル、トルコ、アルゼンチンなどに転換しようと図った。表3、4から、「新計画」期の1934-1936年にかけて、ドイツと後者の国々との取引が上昇傾向にある一方、ドイツと前者の国々との取引に関しては、アメリカ合衆国の比重が大幅に低下したが、イギリ

表5　ドイツの輸入

(工・農業の価額・百万 RM)

	1929 年	1933 年	1934 年	1935 年	1936 年	1937 年
食糧品総額	5380. 6	1629. 7	1543. 2	1435. 2	1499. 2	2045. 2
工業製品 原料	3927. 4	1367. 6	1540. 7	1567. 9	1571. 1	1996. 2
半製品	2374. 0	701. 4	791. 5	747. 5	750. 0	980. 3
完製品	1764. 8	504. 9	575. 6	408. 1	397. 4	396. 6
工業製品総額	8066. 2	2573. 6	2907. 8	2723. 5	2718. 5	3373. 1
合計	13446. 8	4203. 6	4451. 0	4158. 7	4217. 9	5468. 4

出典 Landesamt des Amerikanischen Besatzungsgebietes (Hrsg.)，*Statistisches Handbuch von Deutschland 1928-1944* (München, 1949)，S. 392. より作成。

表6　ドイツの輸出

(工・農業の価額・百万 RM)

	1929 年	1933 年	1934 年	1935 年	1936 年	1937 年
食糧品総額	869. 9	222. 3	150. 3	95. 7	87. 6	88. 8
工業製品 原料	1582. 0	515. 9	463. 5	446. 7	419. 2	577. 6
半製品	1596. 3	473. 7	404. 7	415. 7	459. 1	543. 2
完製品	9434. 5	3659. 5	3148. 5	3311. 6	3802. 3	4700. 0
工業製品総額	12612. 8	4469. 1	4016. 6	4174. 0	4680. 6	5820. 8
合計	13482. 7	4871. 4	4166. 9	4269. 7	4768. 2	5911. 0

出典 *Ebenda*, S. 394. より作成。

ス領インドとの取引は若干増加しており、前者の国々との貿易が少なからぬ比重を占めていることが、読みとれるであろう。こうした非清算協定諸国から清算協定諸国への市場転換は、ドイツの繊維工業に悪影響を及ぼしたと言われる。具体的には、エジプト綿がアメリカの綿よりも高すぎたこと（価格問題）（ベニンク 1935: 58）、ブラジル綿は品質が悪く、ドイツの繊維機械に利用出来ず、こうしたことが、ドイツの繊維工業に耐えられない程のコスト上昇をもたらしたことが挙げられる（エリス 1941: 249）。

　表5、6から、1934-1936 年の期間にかけて、輸入面では、食糧品輸入減少、原料輸入増大、半製品輸入減少、完製品輸入減少、輸出面は、食糧品輸出減少、原料輸出減少、半製品・完製品輸出増大といった動向が見てとれる。表7、8は、輸出・輸入の両面で、消費財工業が減少していること、生産財工業が増大していることを示している。また、表7から、再軍備用原料の輸入が増大していることも、読みとれよう。

　シャハトの「新計画」の目標は、貿易―特に輸出を牽引力にしたドイツ

68　第 2 部　シャハトの経済政策

表7　ドイツの原料輸入

（量は千トン，価額は百万 RM）

	1928 年		1932 年		1936 年	
	量	価額	量	価額	量	価額
〈消費財工業〉						
羊毛	207. 6	764. 2	180. 1	236. 4	125. 4	229. 4
綿花	463. 0	795. 0	427. 7	291. 3	325. 0	257. 7
アマ、タイマ、ジュート	245. 3	186. 3	166. 1	57. 0	197. 8	81. 1
〈生産財工業〉						
鉄鉱石	13794. 4	245. 9	3451. 6	54. 2	18469. 3	168. 3
銅	364. 2	22. 6	237. 9	6. 5	482. 5	9. 6
ゴム	51. 3	112. 9	50. 2	20. 4	82. 7	66. 2
鉱物油	2001. 3	247. 1	2452. 9	143. 6	4203. 1	193. 0
木材（建築用）	6700. 6	528. 9	1219. 1	69. 8	2576. 2	156. 8
亜鉛	162. 6	27. 7	59. 5	3. 1	120. 6	5. 3
石炭	7408. 1	148. 3	4203. 6	61. 3	4289. 0	55. 5
褐炭	2767. 6	31. 9	1458. 4	16. 1	1644. 1	15. 2
マンガン鉱	284. 2	17. 6	106. 8	4. 4	229. 6	7. 4

出典 *Ebenda*, S. 398. より作成。

表8　ドイツの完製品輸出

（量は千トン，価額は百万 RM）

	1928 年		1932 年		1936 年	
	量	価額	量	価額	量	価額
〈消費財工業〉						
衣服	5. 2	154. 2	5. 3	107. 3	3. 1	54. 3
皮製品	14. 5	258. 7	9. 7	96. 5	6. 4	58. 5
紙製品	513. 2	366. 4	402. 6	199. 6	458. 2	168. 4
毛皮製品	3. 4	305. 3	2. 1	91. 9	1. 2	42. 4
〈生産財工業〉						
工作機械	88. 2	164. 5	124. 2	214. 1	81. 8	135. 3
電機機械	33. 4	90. 7	27. 3	71. 7	20. 1	36. 4
電機製品	111. 8	398. 0	64. 2	250. 6	77. 7	198. 2
自動車	12. 8	51. 9	12. 7	30. 1	41. 5	75. 9
自転車	24. 6	62. 4	10. 3	18. 9	18. 2	25. 9
紡績機械	72. 9	203. 4	32. 6	78. 3	50. 7	98. 4
農業機械	34. 9	34. 4	10. 9	9. 9	17. 6	12. 3
蒸気機関車・炭水車	17. 1	22. 8	3. 1	3. 4	9. 4	8. 7

出典 *Ebenda*, S. 401. より作成。

第 3 章　シャハトの「新計画」　69

表9　ドイツ国民所得における輸出の比重

（パーセント）

1928 年	1930 年	1932 年	1933 年	1934 年	1935 年	1936 年	1937 年	1938 年
16. 7	17. 6	12. 7	10. 5	7. 9	7. 2	7. 2	8. 0	6. 8

出典 Erbe, *a, a, O.*, S. 82.

表10　ドイツ国民所得における輸入の比重

（パーセント）

1928 年	1930 年	1932 年	1933 年	1934 年	1935 年	1936 年	1937 年	1938 年
18. 6	15. 2	10. 3	9. 0	8. 4	7. 0	6. 4	7. 4	7. 4

出典 *Ebenda*, S. 82.

経済の拡大発展にあった。だが、表9、10 は、ドイツの国民所得中の輸出輸入の比重が小さく、1934-1936 年にかけて、それ以前と比較して、低下していることを示している。ここから、「新計画」期のドイツの経済展開がシャハトの期待した輸出主導型のものでないことが、明らかにされたと言えよう。

　現実のドイツ経済は、国家の受注（主に軍需）により、牽引されていた。民間企業は、国家受注か輸出かという二者択一の前では、ためらうことなく、国家受注を選んだ。民間企業の輸出倦怠という事態に直面して、シャハトは民間企業に対して、輸出奨励のアピールを発信し、輸出に励んだ民間企業に対しては、国家受注参入を優先させ、輸出を怠った民間企業は国家受注から排除させるといった対策を唱えざるを得なかった（コブレンツ連邦文書館 R7/3402: 18-20. シャハト 1935 1): 24ff. を参照）。

　表11 により、ドイツの貿易が「新計画」期において、（それ以前の時期と比較して）シャハトの期待した程の飛躍的な上昇を実現出来ず、わずかな上昇に留まったことが読みとれる。その理由としては、国家の貿易管理が「非常に厄介で、複雑で費用がかかったので、ドイツの貿易総額を制限するのに重大な影響を与えたこと」（Guillebaud 1939: 70. 邦訳書：71）〔以下、ギルウォードと表記〕及び、再軍備用物資配分を最優先したせいで、ドイツが輸出に余り物資を回せなかったことの2点が挙げられる。前者に関しては、国家の官僚統制強化が中小企業の輸出を阻害したことが指摘さ

70　　第2部　シャハトの経済政策

表11 ドイツの貿易収支とライヒスバンクの金・外貨備蓄

(百万 RM)

	輸出	輸入	貿易収支	平均金・外貨備蓄
1928 年	12276	14001	−1725	2405. 4
1929 年	13483	13447	36	2506. 3
1930 年	12036	10393	1643	2806. 0
1931 年	9599	6727	2872	1914. 4
1932 年	5739	4667	1072	974. 6
1933 年	4871	4204	667	529. 7
1934 年	4167	4451	−284	164. 7
1935 年	4270	4159	111	91. 0
1936 年	4768	4218	550	75. 0
1937 年	5911	5468	443	70. 0
1938 年	5257	5449	−192	
1939 年	5653	5207	446	

出 典 Sören Dengg, *Deutschlands Austritt aus dem Völkerbund und Schachts Neuer Plan. Zum Verhältnis von Außenwirtschaftspolitik in der Übergangsphase von der Weimarer Republik zum Dritten Reich* (1927-1934) (Frankfurt am Main, 1986). S. 416. より作成。.

　れている（コブレンツ連邦文書館 R7 3402: 45）。後者は、ドイツの対東南欧における輸入超過—マルク清算残高累積の原因に他ならなかった。

　ドイツは「新計画」下において、完製品輸入量を 1932 年の 100 万トンから 1938 年に 50 万トンに減少させた。再軍備用原料としての鉄鉱石輸入は 1928 年の 1380 万トンから 1938 年に 2190 万トン、他の鉱石と金属灰の輸入が 1928 年の 280 万トンから 1938 年に 1600 万トンに増大した（フィッシャー 1968: 73. 邦訳書 : 108-109）。

　他方、「新計画」下で稼いだ外国為替の配分順位は、第 1 位が再軍備用物資、第 2 位が食糧で、加工貿易立国論者のシャハトにとって、「金の卵を生む鶏」とも言うべき輸出工業用原料は第 3 位にすぎなかった（シュヴァイツァー 1964: 305）。ここから、「新計画」下のドイツの貿易が再軍備に奉仕していた側面を読みとることが出来よう。

　1935 年のドイツの輸出の内、60 パーセントが清算協定を経て、20 パーセントがバーターとアスキを用いて、20 パーセントが外国為替で行なわれていた（コブレンツ連邦文書館 R7/3402: 68）。1937 年時点で、ドイツは 27 ヵ国と清算協定を締結していた（ヴェルケ 1983: 365）（なお、27 ヵ

第 3 章　シャハトの「新計画」　71

国とは、以下の国々のことである。ブルガリア、デンマーク、エストニア、フィンランド、ギリシャ、イタリア、ユーゴスラビア、ラトヴィア、リトアニア、オランダ、ノルウェー、オーストリア、ポーランド、ポルトガル、ルーマニア、スウェーデン、ソビエト連邦、スペイン、スイス、チェコスロバキア、ハンガリー（以上、ヨーロッパ）、アルゼンチン、チリ、コロンビア、ヴルグアイ（以上、中南米）、トルコ、イラン（以上、その他）。前掲書：365より作成）。その結果、表11が示しているように、ドイツの貿易収支は若干改善されたが、ドイツの金・外貨備蓄は減少しており、原料不足は克服されないままだった（前掲書：113）。ドイツに必要な原料を供給しているアメリカ、カナダ、ニュージーランドといった海外の国々は、ドイツと清算協定を締結しなかったという（ヘルブスト 1996: 161）。「新計画」期において、再軍備と食糧の需要増大のために、輸出への外国為替の配分は乏しい（コブレンツ連邦文書館　R7/3402: 21）というのが実情だった。こうした状況の中に、「新計画」の破綻の前兆を見出せるように思う。

3. 破綻―1936年外国為替危機―

　1936年に、ドイツで外国為替危機が勃発した。その原因・背景としては、ドイツの景気回復に伴なう国内需要増大―輸入増大の他に、ナチス党による外国為替需要増大、農業省による外国為替需要増大、軍部による再軍備用原料入手のための外国為替需要増大といった要素が挙げられる。そして、原料不足、食糧不足並びに、それらを購入するのに必要な外国為替不足の現象を生じさせていた。その結果、「ナチスが政権をとって以来、経済的観点から見れば、（失業克服にもかかわらず）1936年を最も困難な年にさせた」（ギルウォード 1939: 98. 邦訳書：100）のである。

　シャハトは、この外国為替危機を克服するために、(1) 国家がナチス党の財政を管理し、その規模・活動を減少させること（シュヴァイツァー 1962: 251）、(2) ナチス農政を撤廃し、農業に資本主義を復活させること（前掲論稿：258）、(3) 再軍備の速度を落とすこと（カイザー 1980: 152）を提唱する。しかし、このことにより、シャハトは、ナチス党、農業省、軍部の三者を同時に敵に回すことになる。

1936年6月に、ナチス党指導者たちは、党財政削減に反対した。この件に関して、国防大臣ヴェルナー・フォン・ブロムベルク将軍がナチス党側の支持に回ったことで、勝敗は決し、ナチス党財政削減を求めたシャハト案は、斥けられることになった（シュヴァイツァー 1962: 251-252）。

1936年に、農業大臣のヴァルター・ダレは、食糧輸入用の外国為替請求を2倍にした（カイザー 1980: 152）。シャハトは、こうした農業省の度重なる外国為替請求に対して、1936年3月24日付のダレ宛書簡で、「私は、外貨を、あばら骨から切りとることも、空中から、つかみとることも出来ない」（コブレンツ連邦文書館 R43 11/331: E649402）、「私は、金貨の王様ではない」（前掲史料: E649412. シャハト 1953: 414. 邦訳書（下巻): 117）と答えた。

このシャハト対ダレの間の紛争を調停するために、ヒトラーは1936年4月に、ヘルマン・ゲーリングを原料・外国為替委員に任命した。これは、実質的には、シャハトの権力を掘り崩すものであり、シャハト失脚の序曲に他ならなかった。

1935年12月に、軍部は外国為替請求を倍増した（ペトツィーナ 1968: 46. シュヴァイツァー 1964: 537）。再軍備の規模は、ドイツ経済の耐えられる範囲を越えていた。シャハトは、1936年4月に、輸出が回復するまで、再軍備の速度を落とすことを主張した（カイザー 1980: 152）。しかし、軍部はシャハトのこの提案を拒絶し、再軍備継続を約束するゲーリング支持に移行しつつあった。

再軍備促進により誘発された軍需による輸入需要増大と穀物需要増大との一致により、1936年外国為替危機は激化した。しかし、ナチス政権はシャハトの提案を採用して、外国為替需要の根源である軍需、穀物需要などを抑制出来なかった。それどころか、ナチス政権内部では、1936年外国為替危機は、シャハトが必要な外国為替を確保出来なかったことが原因だという声が出てくるようになった。ダレは1936年4月1日に、外国為替不足はシャハトに責任があると非難した（前掲書: 152）。ゲーリングは同年5月12日に、シャハトが輸出を効率的に行なわなかったと告発した（シュヴァイツァー 1962: 248）。これらは、実質的に、シャハトの「新計

画」への批判を意味していた。

　その上、追い打ちをかけるかのように、「新計画」の成果として、ドイツの対外貿易の地域的再編の重点だった東南欧諸国が「ドイツの軛」から離脱しつつあった。1936-1937 年の世界経済回復に伴ない、世界市場での農産物・原料価格は上昇した（バーシュ 1943: 195）。

　こうした情勢から、経済政策の転換は不可避になった。「新計画」下の官僚統制強化による輸出阻害も意識され、経済省内では、官僚統制撤廃の提案も出てくる程だった（コブレンツ連邦文書館 R7/3402: 45）。こうして、「新計画」失敗の評価が定着しつつあった。

　他方、ナチス政権内部では、乏しい外国為替の配分をめぐって、再軍備用原料最優先を要求するゲーリング、食糧優先を説くダレ、輸出工業用原料優先を主張するシャハトの三者間の対立が激化しつつあった。これは、実質的に、ドイツ経済において、どの分野・部門が優先されるべきかをめぐる争いに他ならなかった。

　「新計画」の代案として、ドイツは原料を輸入によってでなく、化学工業 I. G. ファルベンにより技術開発された代替原料〔低品質で高価な人造鉱油や合成ゴムなど〕で補うという構想が提起され、軍部と I. G. ファルベンの支持を得て、ゲーリングがその中心人物として、権力・影響力を強めた（ベルブスト 1996: 163-166 参照）。シャハトは、代替原料が大変高価で、インフレを誘発する恐れがあるとして、代替原料生産強化に反対した（前掲書: 167）。ドイツの原料獲得のために、〔第 1 次世界大戦以前の〕旧ドイツ植民地〔原料供給地域としての〕返還と自由な国際貿易への復帰をシャハトは模索することとなる（ペンツリン 1980: 220, 281）〔なお、シャハトの植民地論については、本書第 8 章のヒトラー、シャハトと「ドイツ問題」を参照〕。

　1936 年 8 月 26 日に、ヒトラーは「4 ヵ年計画のための覚え書」を書き、その中において、「(1) ドイツ軍は 4 年以内に出動可能になっていなければならない、(2) ドイツ経済は 4 年以内に戦争可能でなければならない」（トロヤ 1955: 210）という 2 つの目標を提示し、侵略戦争準備のための再軍備最優先を表明した。これは事実上、ゲーリング指導下の「第 2 次 4

ヵ年計画」開始の号砲であると同時に、シャハト失脚の告知をも意味していた（シャハトは、なお、名目的には、しばらくの間、権能を保持していたが、ゲーリングの圧力により、1937年11月に、経済大臣を辞任し、最終的には、1939年1月に、ライヒスバンク総裁を辞任した）。

こうして、1936年外国為替危機は「新計画」を葬り去り、1936年政変―経済政策の指導権のシャハトからゲーリングへの交代―に結果して、終わることとなった（1936年政変については、伊集院1967. 大野1982. を参照）。

4. むすび

以上、シャハトの「新計画」の展開・破綻の過程を概観してきた。

シャハトの「新計画」の目的は、輸出主導によるドイツの経済回復・経済発展にあり、そのために、国家の官僚統制を拡大し、国家の全面支援下での輸出ドライブ強化を図った。その具体化が「新計画」であり、その根本原理は、(1) 支払える以上に買わないこと、(2) ドイツの商品を買う国からしか買わないことの2点であった。「新計画」下で、ドイツは従来の多角的貿易と決別し、双務主義に基づいて、従来、異なっていた工業製品の輸出先と原料・食糧の輸入先を一致させようと企てて、具体的には、対外市場をこれまでの工業諸国（西欧・北米市場）から農業・原料市場（東南欧・中南米市場）に転換させることを目指した。

しかし、概観してみると、「新計画」の目的と、その実際の展開・帰結の間には、大きな乖離があったことに、気づかざるを得なかった。その特徴として、以下の3点が挙げられよう。

第1点は、独・東南欧貿易が膨大な輸入超過―マルク清算残高累積に結果したことである。これが支払える以上に買わないという「新計画」の根本原理に抵触することは、言うまでもないであろう。

このマルク清算残高累積の原因は、主として、再軍備にあるように思われる。再軍備による旺盛な国内需要がドイツの輸入需要を惹起する一方、再軍備への物資配分を最優先したせいで、ドイツは輸入に見合うだけの輸出が出来なかった訳である。これは事実上、ドイツ商品の（輸出用への）供

給の遅滞を意味していた。

　第2点は、工業諸国（西欧・北米市場）から農業・原料諸国（東南欧・中南米市場）への対外市場転換の挫折である。これは事実上、ドイツの「広域経済圏」化の失敗を意味していた。

　前述したように、ドイツは外国為替を媒介にしないで、清算協定やバーターなどを用いて、東南欧・中南米諸国との貿易促進を図った。そして、ドイツは貿易先を出来るだけ、非清算協定国から清算協定国に転換させることを目指した。これは事実上、ドイツ経済を世界経済から離脱させ、「半隔離経済」への道を歩ませることになった。

　しかし、ドイツが再軍備用原料入手のために、外国為替を必要としたこと（このことが1936年外国為替危機の大きな原因・要因だった）は、ドイツ経済が東南欧・中南米などの清算協定やバーターの締結国だけでは十分でなく、世界市場との交易を断ち切れなかったことを示している。このことは、ドイツが世界市場で再軍備用原料を購入せざるを得なかったこと及び、そのために必要な外国為替入手のために、ドイツが東南欧・中南米産品を世界市場に再輸出したことからも窺われる。

　また、前述したように、独・東南欧貿易が膨大なマルク清算残高累積に結果したことは、ドイツと東南欧諸国との関係に緊張・対立をもたらし、これらの諸国が対独離脱を図る契機になった。これらのことから、東南欧・中南米諸国をドイツの「広域経済圏」に編入しようとした「新計画」の企ての挫折を読みとることが出来るであろう。

　第3点は、ドイツの経済回復が結局、シャハトの意図したような輸出主導型のものでなく、再軍備に牽引されたものだったことである。前述したように、「新計画」下のドイツの輸入は軍拡に必要な財確保のためであり（シュヴァイツァー 1958: 629. Erbe 1958: 77）〔以下、エルベと表記〕、輸出は軍拡実施に必要な財を世界市場で購入するための外国為替稼ぎの役割を果たしていた（ヴェルケ 1983: 110）。こうした状況の内に、この時期のドイツ経済が再軍備に牽引されている側面を見てとることが出来よう。

　このように見てくると、前述の3点が密接に繋がっており、いわば三位一体だったことに、気づかざるを得ないであろう。ナチス政権の軍拡強行

が「新計画」にブレーキをかけたと言ってよいであろう。

　シャハトは、ドイツが祖国防衛のためだけでなく、大国になるためにも、軍備を必要とすると考えていた（Internationaler Militärgerichtshof Nürnberg XII 1989（1947）: 522）〔以下、ニュルンベルク国際軍事裁判文書と表示〕が、過度の軍拡がドイツ経済に与える悪影響を懸念していた（シャハトは、1936年に、トーマスに対して、軍拡の速度・規模をゆるめることを提案して、その理由として、（1）〔軍拡が〕通貨を危険にすること、（2）消費財生産の不足、（3）対外政策上の危険の3点を挙げたという。シャハト 1949: 62）。しかし、ナチスの企図は、侵略戦争準備のための軍拡であり、「新計画」はそのための手段として悪用されることとなる。

　これまでの本章での検討作業により、「新計画」の展開─破綻の過程を概観することで、「新計画」が加工貿易立国論者シャハトの想定したような工業製品輸出主導のものでなく、再軍備に奉仕するもので、軍拡強行に伴なう軍需増大に対応しきれなくなり、破綻に追い込まれたことが明らかにされたように思う。

　ナチスドイツの軍拡がシャハトの望み通り、ドイツの祖国防衛の範囲内のものであれば、「新計画」が破綻に追い込まれることなく、ドイツの貿易状況改善に貢献した可能性は否定出来ないように思われる。その意味で、ヒトラーやナチスの侵略戦争計画に基づく軍拡─戦争準備がシャハトの「新計画」を挫折せしめたと言ってよいであろう。本章の検討により、そういったことが読みとれるように思う。

　ところで、〔シャハトの親密な友人で、彼のことを熟知している〕イングランド銀行総裁ノーマンは、〔シャハトの「新計画」を一時的な逸脱と見て〕やがて〔時期が来れば〕シャハトがドイツに正統な経済〔正常な経済〕を回復させるだろう〔「新計画」以前の国際経済秩序あるいは、「新計画」以前の貿易政策に戻るだろう〕と固く信じていたが、それは幻想にすぎなかったと言われた（Polanyi, 2001（1957）: 253. 邦訳: 438-439）〔以下、ポランニーと表記〕。ポランニーの言う正統な経済〔正常な経済〕概念としては、これまでの〔現存の〕世界経済〔秩序〕ということが挙げられよう（前掲書: 253. 邦訳: 438）。別の研究により、シャハトが信奉して

いたのが西側〔欧米〕に統合された開放経済〔構想〕であることが指摘されており（Ahamed 2009: 482. 邦訳（下）: 270）〔以下、アハメドと表記〕、ポランニーの言う正統な経済〔正常な経済〕の中に、この点も含まれるように思われる。ポランニーが述べているように、ノーマンのこの見方は間違っていたのだろうか？　以下、検討してみよう。

　実は、シャハトは、1938 年に行なった講演で、「新計画」による官僚統制〔規制〕がひどいもので、貿易商人に重い負担を押しつけたことを指摘し、「新計画」を非常事態に対応したものだと述べている（シャハト 1938: 28, 26）。また、第 2 次世界大戦後に出版した回顧録でも、「新計画」は止むを得ぬもので、〔後日の〕世界貿易の正常な回復を期待していた旨、述べている（シャハト 1953: 415. 邦訳書（下巻）: 118）。彼は、1933 年の時期に既に、各国が自国経済を正常化させれば、その後、国際経済協力〔世界経済・世界貿易の活性化・振興〕への展望が開ける旨、示唆していた（前掲書: 395. 邦訳書（下巻）: 90）。「新計画」はシャハト本来の構想ではなく、状況に強いられたものだという指摘もある（ペンツリン 1980: 279, 281）。1934 年の外国為替危機に接して、シャハトは、国家の強力な貿易支援を提案し、それが「新計画」として実現したが、このシャハト案—「新計画」はシャハト固有の構想の実現ではなく、外国為替危機に対する対応策として、提起されたものにすぎなかったように思える（その意味で、「新計画」を、シャハトの長期的経済政策視するトロヤの見方は、誤りだと筆者は考える）。シャハト本来の理想は、経済については、官僚による指導〔国家による規制・統制〕よりも、民間企業経営者の自由なイニシアチブに任せることにあったのではないか（シャハト 1932: 21-28. 邦訳: 35-44）というふうに考えられる。こうしたシャハトの言動などから、シャハトが「新計画」を非常時の非常手段として、実行し、後日、正常な世界貿易への復帰を構想していたが、実現出来なかったことを、読みとることが出来るように思う。その意味で、ポランニーの見解とは異なり、ノーマンの見通しは半分、正しかったと言ってよいであろう。ノーマンが間違った点は、むしろ、シャハトが時期が来たら、正常な世界貿易に戻すつもりだったが、それを実現出来なかったことを見通せなかったことにある。しかし、シャハ

トの親友・同志とも言うべきノーマンだけあって、シャハトの腹の内を見事に見抜いていたと言えるのではないかと思う。

　本章での検討により、テクノクラート（政策技術の担い手で、実際の政策を実施する技術者・官僚）として、シャハトは、自らの意に反して、国家の官僚統制強化を伴う「新計画」を実行し、しばらく時間が経過した後に、正常な世界貿易への復帰を計画していたが、ついにその機会が訪れることなく、「新計画」が破綻し、彼自身が経済大臣を辞任する羽目に陥ったことが、明らかにされたように思う。

第4章
シャハトのユダヤ人保護政策

1. はじめに

　ナチス第3帝国の経済史は、ナチス体制によるユダヤ人の権利剥奪の歴史と分離出来ないと言われる（Evans 2005: 460）〔以下、エバンスと表示〕。ヒトラーが公式に神聖不可侵と宣言した1920年に制定したナチス党の25ヵ条の党綱領の第4条は、「民族同胞だけが国家公民になれる。宗派に関係なく、ドイツ人の血を引く者だけが民族同胞になれる。だから、ユダヤ人は民族同胞・国家公民になれない」と規定している（Adam 2003（1972）: 22）〔以下、アダムと表示〕。1920年代、1930年代初頭のドイツの経済的困窮はユダヤ人により引き起こされたとナチスは主張し、ユダヤ人を完全にドイツ経済から排除しようとナチスは企てた（エバンス 2005: 465）。

　シャハトは、ナチス初期に、中央銀行たるライヒスバンクのトップ、ライヒスバンク総裁を1933-1939年にかけて勤めただけでなく、1934-1937年にかけて、経済大臣として、強大な権能を持ち、金融政策だけでなく、経済政策にも手腕を振るった。ドイツ経済が恐慌を克服し、失業を除去したのは、第一にシャハトの功績だと言われる（ヴェルケ 1983: IX）。ナチス初期のドイツ経済において、シャハトが大きな影響力・権限を有していたことは、誰も否定出来ないであろう。

　アダムは、シャハトが経済大臣在職中に、ナチス党の反ユダヤ主義政策に抵抗したので、ユダヤ人は経済分野で、〔シャハトにより〕その職業活

動を妨げられないことを保証されており、シャハトの経済大臣辞任が重要な転機になったと評価している（アダム 2003（1972）: 121ff）。これに対して、フィッシャーは、シャハトの経済大臣在任中も、経済の「アーリア化」（「アーリア化」とは、経済・職業生活からのユダヤ人の追放、アーリア人に有利な形でのユダヤ人の財産・資産の没収を意味した。Benz/Graml/Weiß1997: 374.〔以下、ベンツ／グラムル／ヴァイスと表示〕。この問題については、山本達夫氏の一連の研究を参照）は進展したし、経済からユダヤ人の全面追放の立法化への転換が起こったと論じて、シャハトの経済大臣辞任が経済からのユダヤ人の全面追放の原因であるというテーゼは誤りであると断じている（フィッシャー 1995: 224）。また、バルカイは、「シャハトの保護の手」への疑問を表明している（バルカイ 1988 1): 69ff）。

　シャハトは、ドイツの文化がキリスト教を土台にしており、ドイツ民族はそれ故に、キリスト教を文化的基盤として守り、ドイツの文化生活から異質の要素を排除するように日頃から注意するだろうと述べて、ユダヤ人が弁護士・医師の間で異常に高い比率を占めて、劇場・新聞・音楽などの文化分野で支配的地位を占めることをドイツ民族の精神へのユダヤ人の精神の侵入と位置づけて反対したが、ユダヤ人が商工業で自由に活動することは是認した（シャハト 1953: 450. 邦訳書（下巻）: 170）。彼は、さらに、経済分野ではユダヤ人が〔アーリア人と〕同権であることを認めていたし（フィッシャー 1995: 163）、ユダヤ人を経済的に差別する政策に対して、営業の自由や経済の優位の立場から反対していた（コッパー 1995: 225）。シャハトのこうした姿勢に対しては、「人種主義と無縁であった」という評価（アダム 2003（1972）: 121）に加えて、「穏健な反ユダヤ主義者」という見方（フィッシャー 1995: 223）がある。

　研究史の上では、このように、ナチスドイツのユダヤ人政策でのシャハトの役割について、全く相反する見解が対立する形になっている。そこで、本章の課題は、ナチス初期におけるシャハトのユダヤ人保護政策の実態、成果について、検討することにある。「シャハトの保護の手」がどこまで、作用し、成果を上げたのか、見てみようと思う。以下、ナチス初期のシャハトがナチス政府内で要職にあった時期に限定して、ライヒスバンク総裁復

帰時から経済大臣就任時までのシャハトのユダヤ人保護政策—1933年3月-1934年7月まで—、経済大臣就任時から経済大臣辞任時まで—1934年8月-1937年11月まで–、経済大臣辞任時からライヒスバンク総裁辞任時まで–1937年11月-1939年1月まで–の3つの時期に区分して、シャハトのユダヤ人保護政策に迫っていくことにする。

2. ライヒスバンク総裁復帰時から経済大臣就任時までのシャハトのユダヤ人保護政策 —1933年3月から1934年7月まで—

1933年3月17日に、シャハトはライヒスバンク総裁に復帰した（シャハト 1953: 383. 邦訳書（下巻）: 74）。以下、本節では、1933年3月から1934年7月までの期間、シャハトがライヒスバンク総裁に復帰してから経済大臣に就任するまでの期間におけるシャハトのユダヤ人保護政策について、見ていこうと思う。

ハンブルクのユダヤ人銀行家ヴァルブルク（ヴァルブルクの経歴については、コッパー 2005. を参照）は、ナチス期以前には、証券取引所に現われると、自分に近づいてきた人々が、ナチス期になると、自分を避けるようになったのに対して、シャハトは相変わらず、自分と会って、談笑していたと述べているし（Warburg 1952: 153）〔以下、ヴァルブルクと表示〕、フランクフルトのユダヤ人の金属会社経営者メルトンも、シャハトがナチス期になってから知り合ったのに、ベルリンに来たら会おうと誘ってくれて、自分との会見を重視していたと証言している（Merton 1955: 90）〔以下、メルトンと表示〕。ユダヤ人の銀行家たちは、シャハトのライヒスバンク総裁就任を目して、ライヒスバンクがナチスの政策と関係なく、ワイマール共和国時代の政策を継続する兆候と見ていた（コッパー 1995: 223-224）。

1933年3月に、ドイツ各地で、ナチス突撃隊とナチス親衛隊によるユダヤ人へのテロが起こった（アダム 2003（1972）: 37ff. バルカイ 1988 1）: 24ff）。これが、ナチスによるユダヤ人への迫害の始まりだった。

1933年3月末に、ライヒスバンクのヴァイデン支店に対して、ナチス党の地域のガウライター（ガウライターとは、ドイツ全土を分割したナチ

ス党の地域単位ガウの指導者のことで、ナチス党の古参闘士ないし、ヒトラーの腹心が任命され、ヒトラーに直属し、ナチス政権成立後、国家あるいは、州の官職も兼任して、影響力・権力を振るったという。ベンツ／グラムル／ヴァイス 1997: 478）が、ユダヤ人の口座封鎖と、口座残高についての情報提供を要求した。3 月 31 日に、ライヒスバンク役員会は首相府長官ラマース宛に、こうした不当な介入を止めさせることを求めたし、4月 7 日に、シャハト自身、首相府に対して、改めて、銀行へのナチス党組織の介入について、苦情を述べた。シャハトの抗議は成功を収め、4 月末に、ナチス党本部はその下部機関に対して、あらゆる介入を禁止する命令を公布した（フィッシャー 1995: 131ff）。

　1933 年 4 月 1 日にナチス党によるユダヤ人商店へのボイコット行動が起こったが、ナチス党の宣伝で「国際金融資本の中心」とされる国際的な取引関係を有しているユダヤ系の民間の大銀行はライヒスバンク総裁シャハトと内務省の警告・庇護のおかげで、ナチス党員によるテロやボイコットから守られ、ナチス党の活動家の攻撃はユダヤ人の自由業〔医師・弁護士〕・デパート・小売商店に向けられたという（コッパー 1995: 228）。これは、「シャハトの保護の手」のおかげと言ってよいであろう。

　1933 年 5 月 26 日の閣議で、公益法人の監査役会からユダヤ人を追放する法案が提出され、その際に、郵政大臣のエルツーリューベナッハから、ドイツ・大西洋電信会社の 2 人のユダヤ人監査役、ユダヤ人銀行家のゾルムセンと前述のハンブルクのユダヤ系銀行家のヴァルブルクに対する解任の申請が出された。ドイツの輸出への悪影響、それに伴う（ライヒスバンク総裁としてのシャハトの管轄の）外貨状況悪化への懸念から、シャハトは郵政大臣の提案に抗議し、反対した。その結果、ナチス政権は法案そのものは承認したが、郵政大臣の申請は却下し、2 人のユダヤ人は監査役として留まることになったという（フィッシャー 1995: 139-141）。ここからも、「シャハトの保護の手」の一端を、見出し得よう。

　本節の対象である 1933 年 3 月から 1934 年 7 月までの時期において、ユダヤ系の民間の大銀行が「アーリア化」の脅威から守られ、国債引受にも参加出来たのはシャハトの尽力の成果だという（バルカイ 1988 1): 70. コ

ッパー 1995: 254ff. Mönninghoff 2001: 69ff)〔以下、メニングホフと表示〕。
ユダヤ系の大銀行が国債引受に加わり、利益を得ていることの内に、シャ
ハトの庇護の下、ユダヤ系大銀行が繁栄を享受している様が窺える。

　フィッシャーは、本節の対象であるこの時期において、シャハトがナチ
ス政権の反ユダヤ主義政策に関与したと批判している。以下、その具体例
を見てみよう。

　1933 年 10 月に、ハンブルクのユダヤ人銀行家ヴァルブルクがライヒス
バンクの総評議会から解任され、その 1 ヵ月後、エッセンのユダヤ人銀行
家ヒルシュラントがライヒスバンク中央委員会から解任された。シャハト
の圧力により、銀行中央連盟会長ゾルムセンと事務局長ベルンシュタイン
の 2 人のユダヤ人銀行家が辞任した。フィッシャーはこうした事実を列挙
して、経済の重要な地位からのユダヤ人の追放をシャハトが承認したと非
難している（フィッシャー 1995: 142）。

　しかし、シャハトがヴァルブルクと親交のあった事実や、シャハトが一
方で、文化・マスコミ・自由業からのユダヤ人の追放を容認しつつ、他方
で、ユダヤ人の自由な経済活動を擁護していたことを考慮すれば、フィッ
シャーが指摘した事柄はシャハトの本意ではなかったように思われる。ま
た、ユダヤ人銀行家が追放された地位は名誉職的なものだったように思う。

　ライヒスバンク総裁として、シャハトが問題にしたのは、自分の管轄の
金融部門へのナチス党組織の攻撃だけであり、管轄外の他の経済部門につ
いて、シャハトは関知しようとしなかったとフィッシャーは批判している
（前掲書: 142）。しかし、この時期、1934 年に、シャハトはヴァルブル
クに対して、自分は既に、随分痛い目にあっているので、あまり多くのこ
とを約束出来ないと述べている（ヴァルブルク 1952: 154. メニングホフ
2001: 131）。

　1933 年 4 月 7 日以後、ナチス政府は一連の反ユダヤ主義立法を決定した
（4 月 7 日の「官吏再建法」で官僚からのユダヤ人の追放、同じ日の「弁護
士認可法」は弁護士からのユダヤ人の追放、15 日後の「弁護士・特許弁理
士認可法」は特許弁理士からのユダヤ人の追放、4 月 25 日の「生徒・高校
生の超満員対策法」は生徒・高校生の内のユダヤ人の比率制限を目指して

いた。さらに、労働大臣の行政命令により、ユダヤ人医師は健康保険での活動を禁止された）（フィッシャー 1995: 134-135）（山本達夫氏の 2004年論文を参照）。ライヒスバンク総裁復帰後、ヒトラー内閣の閣議に出席して、発言権を行使していたシャハトは、これらの立法に異議を唱えなかったという（フィッシャー 1995: 134）。さらに、1933 年 9 月 26 日に、ナチス政府はユダヤ人の農場所有を禁止する法案を決定したが、彼はこれにも異議を唱えなかったという（前掲書: 143）。シャハトはこれらの反ユダヤ主義立法に責任があるとフィッシャーは非難している（前掲書: 134）。

　フィッシャーがここで挙げた事例は、弁護士・特許弁理士・学校の生徒・医師・農場主といったシャハトの管轄外の事柄だった。シャハトは、こうした管轄外の事柄に関して、慎重な姿勢を示さざるを得なかったように思われる。

　シャハトが署名した 1933 年 6 月 20 日付の行政命令により、ライヒスバンクのユダヤ人行員が解雇され、同年 8 月 28 日付の行政命令により、ユダヤ人女性を妻にしているアーリア系男性行員が解雇された。ライヒスバンク役員会は、ユダヤ人行員の解雇を、民間銀行で代わりの職を得られる見込みのある者に限定したという。第 2 次世界大戦後に、シャハトは、全部で 7 人のユダヤ人行員が解雇されたと証言している（前掲書: 134ff）。シャハトは、一方で、マスコミ関係や自由業（医師・弁護士）からのユダヤ人追放だけでなく、「官吏再建法」によるユダヤ人官吏の追放をも是認しつつ、他方で、民間企業でのユダヤ人従業員制限〔追放〕には反対だったという（コッパー 1995: 223）。

　シャハトの根城であるライヒスバンクにおけるユダヤ人行員の追放は、ナチス党からの強い圧力の結果だったように思われる。ライヒスバンク役員会の配慮で、解雇されるユダヤ人行員が民間銀行ですぐに職が見つけられる見込みのある者に限定されたという事実（その意味で、ライヒスバンクにおけるユダヤ人解雇は全面的なものではなく、部分的なものに留まったということ）は、改めて、この解雇がシャハトの本意でなかったことを表わしていると言ってよいであろう。

　以上、簡潔に、1933 年 3 月から 1934 年 7 月までの期間、シャハトが

ライヒスバンク総裁に復帰し、経済大臣に就任するまでの期間におけるシャハトのユダヤ人保護政策について、見てきた。ここから、一方で、シャハトがユダヤ人の友人との交友を継続し、ライヒスバンク総裁としての自分の管轄内の金融部門に関しては、出来るだけ、ナチス党の攻撃から庇護し、ユダヤ系の大銀行に自由な経済活動を保証し、国債の引き受けにまで関与させて優遇していたこと、他方で、シャハトがライヒスバンク内部のユダヤ人行員の部分的追放を行なったり、ユダヤ人銀行家を名誉職的地位から追放したり、ナチス政府の反ユダヤ主義立法に署名・関与せざるを得なかったことを、読みとり得よう。

　フィッシャーがシャハト非難の際に挙げた反ユダヤ主義立法は、弁護士・特許弁理士・医師・農場主といった分野からのユダヤ人追放で、シャハトの管轄外の分野の事柄と言えよう。ナチス党側が望んだライヒスバンクからのユダヤ人行員の全面的追放にシャハトは抵抗し、退職するユダヤ人行員は民間銀行で代わりの職が見つかる者に限定したという事実は、シャハトがユダヤ人のために尽力した側面を示しているように思われる。シャハトがこの時期の自分の管轄内の金融分野においては、名誉職からのユダヤ人の追放を例外として、ユダヤ人を出来るだけ保護しようと企てて、ある程度成功したことが、本節での検討により、明らかにされたように思う。

3. 経済大臣就任時から経済大臣辞任時までのシャハトのユダヤ人保護政策 —1934 年 8 月から 1937 年 11 月まで—

　1934 年 7 月 27 日に、ヒトラーはバイロイト滞在中にシャハトを招き、経済大臣就任を要請したが、シャハトはその際に、ユダヤ人問題について尋ね、ユダヤ人はこれまで通り、経済に従事してよい、ナチス政府はユダヤ人の経済活動を制限しないという約束をヒトラーから取りつけた上で、8 月 2 日に経済大臣に就任したという（シャハト 1953: 403-404. 邦訳書（下巻）: 101-103. アダム 2003（1972）: 65）。シャハトは、1945 年 7 月に、アメリカ軍将校による尋問に対して、自分の経済大臣在職中は、ユダヤ人は経済分野で、不当な扱いを一つも受けなかったと主張しているし（コッパー 2006: 276）、第 2 次世界大戦後に執筆・出版した回顧録においても、

自分の経済大臣在任中は、ユダヤ人がナチス党により経済的損害を受けないように、ユダヤ人を守ったと述べている（シャハト 1953: 404. 邦訳書（下巻）: 103）。

　本節では、1934 年 8 月から 1937 年 11 月までの期間、シャハトがライヒスバンク総裁兼経済大臣として、経済政策の主導権を掌握していた時期におけるシャハトのユダヤ人保護政策について、見ていくことにする。

　シャハトの経済大臣就任後、経済省内に、「経済への不当介入予防課」、すなわち、「ユダヤ人保護課」が設立され、省参事官の指揮下で、シャハトの経済大臣在任中、活動していた。1934 年 12 月 12 日に、シャハトは、内務大臣宛書簡で、「商工業における非アーリア人企業の扱いについての中央政府の見解に反する」という理由で、ユダヤ人商店ボイコット反対を表明している（ヴェルケ 1983: 125）。

　1935 年 3 月 4 日にライプツィッヒで行なった講演で、シャハトは、ナチズムを革命として捉える文脈の中で、ナチズムが国家・文化分野にはびこっているユダヤ性を除去することは、例外なく、全てのユダヤ人を絶滅することを意味しないと述べている（シャハト 1935 1): 4-5）。このことの内に、ナチスの反ユダヤ主義政策は公職・大学の教職・文化・マスコミに限定されるというシャハトの展望（コッパー 1995: 224）を見出し得るように思う。

　1935 年半ばまでに、ユダヤ企業の 4 分の 1 が清算されるか、「アーリア化」され、同年 3 月末／ 4 月初めに、ドイツの様々の地域で再び、ユダヤ人へのテロ・ボイコット活動が活発化した。その結果、外国でのドイツ商品ボイコット運動が起こり、ライヒスバンクの金・外貨備蓄が 1 億ライヒスマルクの限界に近づいたので、シャハトはヒトラーへの働きかけを決断した（フィッシャー 1995: 153-154）。

　1935 年 5 月 3 日に、シャハトはヒトラーに覚え書を提出した。彼は、この覚え書の中で、キリスト教会、ゲシュタポ〔国家秘密警察〕の問題と並んで、ユダヤ人問題を取り上げている。その際、ナチス党員によるユダヤ人への迫害を非難し、こうしたことが外国でのドイツ商品ボイコットに結果していると指摘し、ドイツの輸出への悪影響に対する懸念を表明してい

る（ナチス党員によるキリスト教会迫害も、ドイツと外国との商業取引停止を招いていると述べて、ドイツの輸出への悪影響という観点から、論じている）（シャハト 1953: 437-438. 邦訳書（下巻）: 150-152）。

　シャハトは、ナチス党の経済への反ユダヤ主義的介入が経済大臣兼ライヒスバンク総裁としての自分の威信、特に信用機関や自分の部下に対して向けられた場合に、厳しく対応した。そうした事例としては、1935 年 7 月に、ライヒスバンクのアルンスワルト支店長夫人がユダヤ人商店で買い物をしたことが〔ナチス党の現地組織により〕非難された時に、ライヒスバンクの現地支店を〔11 日間〕シャハトが閉店させたことや、1936 年初めに、ブラウンシュパイクの商業会議所がユダヤ人商店の顧客リストを作成して、ナチス党がそのリストを公表した後、商業会議所会頭を辞任させたことが挙げられる（コッパー 1995: 227）。

　1935 年 8 月 18 日に、シャハトは、東プロイセンのケーニヒスベルクの見本市の開会式の際に、「ケーニヒスベルク演説」と呼ばれる演説を行なった。彼は、この演説の中で、名指しを避けつつ、「経済に対する技術の優位」、「旗は銀行口座以上のものである」とか、「経済でなく、民族が第一である」といったナチス党機関紙の掲げたスローガンを批判し、「経済の優位」という自己の信条を示唆している。また、夜、英雄気取りで、〔ユダヤ人の家の〕窓ガラスに落書きしたり、ユダヤ人商店で買い物するドイツ人に民族の裏切り者のレッテルを張ったり、キリスト教会を無差別に攻撃するナチス党活動家を、批判している。彼は、さらに、ユダヤ人問題に触れて、一方で、「ユダヤ人は我が国での影響力がなくなることを覚悟せねばならない」、「我が民族・文化が純粋で、独自のものとして維持されることを望む」と述べつつ、他方で、ユダヤ人問題は国家の指導下で解決されねばならず、経済の不穏化を招く違法な個別活動に委ねてはならないと論じている。また、ユダヤ人商店の営業の制限は中央政府の決定事項であると指摘し、ナチス党によるユダヤ人商店ボイコットが総統により自分に与えられた金融・経済政策実施の任務を不可能にする旨、批判している。ナチス党の党綱領第 4 条はユダヤ人に国家公民・民族同胞たることを禁じているが、第 5 条がユダヤ人に法的保護を保証している旨、指摘し、ユダヤ人問

題よりもより重要なキリスト教会問題にも、同じことがあてはまるとシャハトは断言している（シャハト 1935 2): 6, 9, 10, 11)。

　シャハトは後年、この演説を目して、ナチス党の政策に対して、自分が初めて、公然と批判したものであると述べている（シャハト 1953: 440. 邦訳書（下巻): 155)。これに対して、フィッシャーは、シャハトは［この演説で］ユダヤ人問題について、ナチス党全体とでなく、ナチス党の過激分子と対決しただけであり、ヒトラーとの衝突の危険を冒す用意がなかったと批判している（フィッシャー 1995: 164, 166)。確かに、シャハトは、この演説の中で、慎重に、ヒトラー・ナチス国家と、ナチス党を区別して、前者への批判を避けて、後者にのみ、非難を集中するよう努めていた。だが、この当時、これだけでも、勇気ある行動だったと言えよう。

　1935 年 12 月 28 日に、シャハトは、警察当局に対して、ユダヤ人に身分証明書と行商許可書を発行するように強く要求した。ユダヤ人に行商を任せることは望ましくないが、大変危険なユダヤ人プロレタリアートの出現を防ぐことが重要であり、ユダヤ人にある一定程度の〔経済的〕活動可能性を与えるべきだと彼は論じた。多くの都市では、ユダヤ人は身分証明書・行商許可書を受理出来なかったが、幾つかの都市では、この省令は尊重され、ニュルンベルクでは、シャハトが経済大臣を辞任した 1937 年までは、ユダヤ人商人は許可書を入手出来たという（前掲書: 190, 191)。

　シャハト指導下の経済省がユダヤ人の経済的権利擁護に動いたさらなる事例としては、ユダヤ系企業の徒弟問題が挙げられる。既に 1935 年 3 月にユダヤ系企業でのアーリア人の徒弟雇用への異議が（ハンブルクの小売業者会議所から）提起されたことに対して、経済省は熟練工不足を理由に反論したが、1936 年夏にエッセンの工業・商業会議所がユダヤ人親方によるユダヤ人徒弟の職業訓練を禁止しようと企てたことに対して、同年 7 月 24 日に経済省側はユダヤ人親方によるユダヤ人徒弟の職業訓練は何の問題もない旨、伝達し、8 月 7 日付の省令で全ての工業・商業会議所や州政府に対して、ユダヤ人にも商業従事者の徒弟試験を実施するよう求め、1937 年 3 月にフランクフルト・オーデルの工業・商業会議所会頭に対して、ユダヤ人親方とアーリア人徒弟の間の徒弟契約登録への反対の態度を

撤回するように、経済省は要求している（ヴェルケ 1983: 125, 127）。

　「ユダヤ人問題」でシャハトに対抗したのは、〔内務省管轄下の警察やゲシュタポとは別に〕独自の警察を持っていたナチス党の地方幹部たちだった（シャハト 1953: 446, 447. 邦訳書（下巻）: 165, 167）。クールマルクのガウライターが 1935 年 11 月初めにブランデンブルクの貯蓄銀行・振替銀行協会会長の辞任を要求した（その妻がユダヤ人だという理由で）ことに対して、同年 12 月にシャハトは国家公民法を根拠にこの要求に反対し、1936 年 1 月にブランデンブルク州のナチス党側はこの解任を強行したが、最終的に、ガウライターはこの解任決定を撤回し、シャハトへの謝罪を余儀なくされた（シャハトの経済大臣辞任後、この貯蓄銀行・振替銀行協会会長は辞任に追い込まれた）（コッパー 1995: 241-242）。1936 年末にユダヤ系の既製服の企業ケーニヒスフェルト社がザクセンのガウライターの嫌がらせを受けたことに対して、シャハトは、州行政に対する〔中央政府の〕経済省の命令権に基づき、ユダヤ人オーナー〔アーリア人の妻を有する混血ユダヤ人男性〕を守ることに成功した（前掲書: 241. シャハト 1953: 446-447. 邦訳書（下巻）: 165-166. フィッシャー 1995: 201-202）し、ヘッセン・ナッサウのガウライターがあるアーリア系企業によるユダヤ系企業の買収を禁止した（そのアーリア系企業が別のユダヤ系企業と取引関係にあるという理由から）ことに対して、シャハトの経済省はこの買収の承認〔実現〕に向けて動き、成功した（前掲書: 202）。しかし、ザクセンのガウライターがユダヤ系銀行アルンホールドやボンディ／マロンの資産略奪に成功した事例も見出されるという（コッパー 1995: 240-242）。

　シャハトが経済大臣兼ライヒスバンク総裁として君臨していた時期に、（前述のザクセンのアルンホールド銀行を例外として）ユダヤ系銀行の中の大銀行は「アーリア化」されず、中小のユダヤ系銀行が「アーリア化」されたにすぎなかった（前掲書: 254ff）。また、この時期に、ユダヤ系銀行は、国債引受に参加出来たという（前掲書: 239. バルカイ 1988 1): 70. シャハト 1953: 446. 邦訳書（下巻）: 165）。1935 年 9 月に、ナチス党の地方政治家（例えば、ミュンヘン市長など）が国債引受事業からのユダヤ系銀行の排除を要求したが、〔シャハト指導下の〕ライヒスバンク・経済省に

より、この提案は斥けられたし、1935年10月14日付の経済省の行政命令にもかかわらず、〔ナチス党支配下の〕様々の商工業グループがユダヤ系企業の活動を妨害したので、シャハトは、11月4日付の経済省の省令で、商工業に対して、ユダヤ系企業への違法行為の禁止を告知させた（コッパー 1995: 238, 239）。また、彼は、1935年9月11日に、ドイツ貯蓄・振替銀行協会会長宛書簡で、貯蓄銀行へのユダヤ人の出入りが禁止されていることに対して、強く抗議している（ヴェルケ 1983: 126-127）。

　シャハトは、1936年2月に法務省がユダヤ系商工業企業に〔非アーリア系の〕標識を付けさせようとしたことに対して、経済におけるユダヤ人の経済的同権を定めた現行法規を指摘して斥けたし、1937年2月に内務省がユダヤ系企業に標識を付けさせるという行政命令の草案を提出した際には、省庁間の審議での引き延ばし戦術により妨害した（コッパー 2010: 298-299）。1936年12月4日に、経済省は、ベルリンの経済集団行商に対して、クリスマス市にユダヤ人商人の参加を禁止しないように要求したという（フィッシャー 1995: 199）。

　このように見てくると、シャハトがライヒスバンク総裁兼経済大臣として、金融のみならず、商工業においても、ユダヤ人への保護の手を差し伸べて、ユダヤ人保護政策を推進したことは明らかだった。では、この時期に、ナチスの反ユダヤ主義政策へのシャハトの加担はなかったのか、以下、見てみよう。

　1935年8月20日に、ナチス党員によるユダヤ人商店への暴行に衝撃を受けたシャハトのイニシアチブにより、内務省、外務省、法務省、財務省などの関係閣僚・次官などが招かれ、プロイセン州財務相及び、ナチス党側からは、オーバーバイエルンのガウライター兼バイエルン州の内相ヴァーグナーが加わり、経済省内で、ユダヤ人政策の経済問題についての協議が行なわれた（コッパー 1995: 234. バルカイ 1988 1): 71）。その際に、シャハトは、「反ユダヤ主義による暴行の結果、ドイツ経済に重大な損害が生じている」と述べて、軍拡の経済的基盤が浸食され、ユダヤ人の原料販売人のボイコットにより、ドイツは生活に必要な原料獲得が危うくなっているし、〔在外ユダヤ人による〕輸出受注のキャンセルのせいで、〔輸出収

益という〕生存に必要な原料を輸入する上での財源も危うくなっていると指摘している（コッパー 1995: 235）。彼は、さらに、詳細に、ユダヤ人の対外代表への暴行、ライプツィッヒ見本市でのユダヤ人の温泉施設利用の禁止に言及し、彼自身を含む非ナチス党員に対するユダヤ人商店での買い物の禁止が違法であるという認識を示した（バルカイ 1988 1): 72）。

　これに対して、内務大臣のフリックは、「ユダヤ人に対する違法な暴行」に反対する行動を警察に指示する内務省令の草案を提示したが、〔ナチス党の古参闘士のフリックは〕商店・飲食店・町村の入り口へのユダヤ人の入場禁止の標識の問題を、ナチス党代表のヴァーグナーとの了解の下に、解決しようとしていた（コッパー 1995: 235-236）。この協議の結論としては、一方で、経済への違法な干渉の拒否（前掲書 : 236）、他方で、ユダヤ系企業の新規開業の禁止、公共事業のユダヤ系企業への受注の禁止（前掲書 : 236. バルカイ 1988 1): 72）ということが挙げられよう。この協議において、最終的に、ヴァーグナーに、経済面での「ユダヤ性克服」を可能にする新法案作成が委託された（アダム 2003 (1972): 89）。

　シャハトは、これまで、ユダヤ人の経済的同権に反する法的イニシアチブを阻止してきた。しかし、この協議において、ユダヤ系企業の新規開業の禁止・公共事業からのユダヤ系企業の排除に同意することで、外見上、シャハトが屈伏したように見えたが、ナチス党側が法案作成の上で何もしないとシャハトは予想していたという（コッパー 1995: 236）。この協議の席で、ユダヤ人の市民権制限にシャハトが同意し（前掲書 : 235）、営業の自由・ユダヤ人とアーリア人の経済的同権の原則にシャハトが訣別した（前掲書 : 236）という見方があるが、いずれもシャハトの本意でなく、口先だけの譲歩にすぎなかったように思われる。

　フィッシャーは、この協議はユダヤ人政策において、シャハトとナチス党指導部が経済におけるユダヤ人排除を法的手段により実現することで一致したことを示していると評価している（フィッシャー 1995: 172）。だが、シャハトがこの協議を招集した狙いはそもそも、ナチス党員によるユダヤ人商店へのテロの停止に他ならなかった。ナチス党員によるユダヤ人商店への違法なテロを減少・終焉させるという目的のために、シャハトがある

92　第 2 部　シャハトの経済政策

程度、ナチス党側に譲歩を余儀なくされた側面があることは否定出来ないが、シャハトの本意がそこになかったことは明白と言ってよいであろう。この協議の数日後、〔ナチス党員によるユダヤ人商店への〕野蛮な行為に対して、警察が介入したことから、シャハトの本来の目的〔ナチス党員によるユダヤ人商店へのテロの終焉〕が達成されたという評価もある（メニングホフ 2001: 133）。しかし、この協議はシャハトの意図に反して、反ユダヤ主義立法制定への道を開いたと言ってよいであろう。この協議の1ヵ月後、1935年9月15日に、ヒトラーは、〔ニュルンベルクで開催した〕ナチス党大会で、「ニュルンベルク」法を宣言する（フィッシャー 1995: 174）が、これは8月20日の協議の結果に他ならなかった（Conze/Frei/Hayes/Zimmermann2010: 101）〔以下、コンツェ／フライ／ハイエス／ツィマーマンと表示〕。これは、アーリア人を政治的権利を持つ国家公民、ユダヤ人を政治的権利のない国籍保持者として区別し、アーリア人とユダヤ人の間の結婚を禁止し、アーリア人とユダヤ人の間の性的交渉を「人種の恥辱」として厳罰の対象にしようとするものだった（ベンツ 2006: 32-33. 邦訳: 45-46. なお、山本達夫氏の 2005年の諸論文を参照）。シャハトは、この法律制定に大変ショックを受けたという（フィッシャー 1995: 174）。

　ニュルンベルク法は、〔ナチスの反ユダヤ主義政策の上で〕転換点を画するものだった（前掲書: 175）。シャハトは、以後、ユダヤ人への経済立法計画に参与し、1935年9月23日のフリック内務大臣との協議で、〔ユダヤ系〕小売店への標識〔の義務〕、ユダヤ系企業の新規開業の禁止、〔ユダヤ人への〕飲食店や興信所・警備会社の許認可の停止、ユダヤ人の監査役任命やユダヤ系企業への公共事業受注の際の事前承認の義務といった事柄を取り上げて、合意している（コッパー 1995: 237）。

　シャハトは、1935年11月4日に、宣伝大臣のゲッベルスに書簡を送り、ゲッベルスが美術商からユダヤ人を追放しようとしていることに対して、美術品の取引が外貨調達の上で重要なことを指摘し、再考を促したし、同年12月11日に、全ての工業・商業会議所に対して、関連法律の施行までは、アーリア系企業に「アーリア」、ユダヤ系企業に「非アーリア」と標識を付けることを禁止する命令を発したが、どちらも無駄だったという

（フィッシャー 1995: 182ff）。〔首都ベルリンのガウライターである〕ゲッベルスは、ベルリンからのユダヤ人追放を目指していたという（Longerich 2010: 304）〔以下、ロンゲリッヒと表示〕。

　シャハトは、一方で、雇用と輸出市場への懸念から、外貨配分の際に、ユダヤ系企業を〔アーリア系企業と〕同等に扱うことに固執したが、他方で、1935年12月13日に、〔弁護士業から排除された〕元ユダヤ人弁護士が法律顧問として活動することを禁止する「法律相談の誤用防止法」に署名している（フィッシャー 1995: 188-189）。なお、1934年10月にシャハトが署名した法案により、ユダヤ人は税務署の顧問から排除され、その結果、ユダヤ人は税制上の優遇措置を受けられなくなったという（前掲書: 149）。

　1935年6月に、経済省は、ユダヤ人商人が勲章・名誉章を掲げることを禁止させようという内務省の要求を拒否したが、1936年1月に、シャハトは、ユダヤ人商人が勲章・名誉章を掲げることを禁止する省令を公布した（前掲書: 194, 193）。1936年6月29日に、彼は、（ユダヤ人の移住の場合を除いて）ユダヤ人が外貨関連の補助業務を行なうこと〔外貨専門のコンサルタントになること〕を禁止し（コッパー 1995: 250）、その8日後、7月7日に、ユダヤ人が協同組合の公認会計士になることを禁止する行政命令を公布し、その結果、外貨関連での補助の場合、ユダヤ人の専門家・税理士がいなくなったという（フィッシャー 1995: 195）。経済省は、1935年1月22日にはユダヤ人の外貨専門のコンサルタント禁止の地方官庁の要求を斥けたが、その後、ユダヤ人が外貨の不正取引に関与しているとのナチス党側の非難に接して、1936年6月29日付の行政命令公布の譲歩を余儀なくされたようである（ヴェルケ 1983: 125）。

　シャハトは、1935年11月26日に、ユダヤ人が相場仲買人になることを禁止する省令に署名した（フィッシャー 1995: 187）が、後年、ユダヤ人の相場仲買人の地位を守ることが自分には出来なかったが、自分の経済大臣在任中はユダヤ人がベルリン証券取引所に出入り出来るよう配慮した旨、述べている（シャハト 1953: 446. 邦訳書（下巻）: 165）。ここから、シャハトの反ユダヤ主義的立法への署名がシャハトの本意でなく、ナチス党側からの圧力の結果だったことが、窺われよう。

1936年12月15日に、ライヒスバンク役員会は、初めて、全国規模の大企業、輸出企業の所有者をアーリア系、ユダヤ系に区別することを宣言したが、ユダヤ人にある一定程度の〔経済的〕活動可能性を残すように配慮していた（フィッシャー 1995: 199）。ライヒスバンク側がユダヤ人への配慮を示したことは、このことがシャハトの本意でないことを表わしていると言ってよいであろう。

1937年8月11日に、シャハトは、ゲーリングとの権力抗争に敗れて、経済大臣辞任を申し出た。9月5日に、シャハトは休職扱いになり、11月26日に、正式に経済大臣を辞職した（前掲書: 205-206. シャハト 1953: 473. 邦訳書（下巻）: 203, 204）。シャハトは、経済において、ユダヤ人に「保護の手」を差し伸べる権能を失なったと言ってよいであろう。

以上、簡潔に、1934年8月から1937年11月までの期間、シャハトが経済大臣に就任し、経済大臣を辞任するまでの期間におけるシャハトのユダヤ人保護政策を見てきた。ここから、一方で、シャハトがライヒスバンク総裁兼経済大臣としての権能に基づいて、ナチス党のユダヤ人商店へのテロを終焉させ、金融部門だけでなく、商工業部門におけるユダヤ系企業に「保護の手」を差し伸べて、ユダヤ人の経済的同権を守ろうと最大限努力し、ある程度の成果を上げたが、ニュルンベルク法の制定を契機に、以後、ナチス党側の求める反ユダヤ主義立法に署名し、譲歩を余儀なくされたことが、読みとれよう。

シャハトは、この期間中、演説・講演などで、ヒトラーやナチス国家への直接的な批判は避けつつ、ナチス党の反ユダヤ主義政策がドイツの輸出・雇用や再軍備に悪影響を与えるという論法を用いて、ユダヤ人商店へのナチス党のテロを非難し、その終焉を呼びかけた。この当時、これだけでも相当勇気のある行為だったと言ってよいであろう。シャハトの本意が、営業の自由という観点から、ユダヤ人の経済的同権を守ることにあり、ナチス党側の求める経済・職業からのユダヤ人追放に反対だったことは、明白であろう。ただ、シャハトの戦術が正面からの直接的批判・反対でなく、ナチス党の反ユダヤ主義政策（ナチス党側はその根拠をナチス党綱領の実現に求めていた）の是認を前提にして、間接的な批判や省庁間審議での引き

延ばし戦術といった回りくどいものだったために、シャハトの真意が見えにくいことは、否定出来ないであろう。また、ナチス党活動家のユダヤ人へのテロの違法性を批判するというシャハトの論法は、ニュルンベルク法という反ユダヤ主義立法の成立により、揺らぐことになった。しかし、シャハトの経済大臣時代に、経済省内に「ユダヤ人保護課」が設立され、活動していたこと、ユダヤ系銀行が国債引受に参加出来たことは、極めて象徴的な事柄のように思われる。こうしたことから、シャハトがこの時期の自分の管轄内の金融・商工業でユダヤ人を保護しようと企て、（ニュルンベルク法制定後、反ユダヤ主義の経済立法への関与・協力を余儀なくされるとはいえ）ある一定程度、成功を収めたことが明らかにされたと思う。

4. 経済大臣辞任時からライヒスバンク総裁辞任時までのシャハトのユダヤ人保護政策　―1937年11月から1939年1月まで―

　シャハトは、再び、「単なる」ライヒスバンク総裁にすぎなかった（フィッシャー 1995: 209）。以下、本節では、1937年11月から1939年1月までの期間、シャハトが経済大臣を辞任し、ライヒスバンク総裁としての権能の下でのみ活動し、最終的にライヒスバンク総裁辞任に追い込まれるまでの期間におけるシャハトのユダヤ人保護政策について、見てみようと思う。

　1937年11月26日、つまり、シャハトの経済大臣辞任の日に、ヒトラーはゲーリングを暫定的に経済大臣に指名したが（ヴェルケ 1983: 178. ヘルブスト 1993: 96）、1938年2月に、ナチス党員の経済ジャーナリストで、それまで宣伝省次官だったフンクを正式の経済大臣に任命した（ヴェルケ 1983: 185. ヘルブスト 1993: 97）。シャハトの経済大臣時代に経済省内に設置された「ユダヤ人保護課」は、まず、「ユダヤ人課」に変わり、その後、「ユダヤ人問題課」に再編され、ナチス突撃隊幹部のクリューガーの指揮下に入り、経済の「アーリア化」をその任務とした（Bajohr 1998（1997）: 217-218. ヘルブスト 1993: 97. 同 1996: 204. ヴェルケ 1983: 211）〔以下、バヨルと表示〕。ナチスのユダヤ人政策の上で、シャハトからフンクへの経済大臣交代は重大な転機を意味しており（ヘルブスト 1993: 97）、シ

96　第2部　シャハトの経済政策

ャハトが経済からのユダヤ人追放を引き延ばし、抑止しようとしたのに対して、フンクは経済からのユダヤ人追放に対して、全く何の抵抗も示さなかったという（前掲論稿：97）。

　経済大臣を辞任したシャハトにとって、経済省の管轄下の商工業において、自己の権能・影響力を振るう余地は全くなかった。前述したように、シャハトの経済大臣時代に設立された経済省の「ユダヤ人保護課」が「ユダヤ人問題課」に変わり、ユダヤ人保護からユダヤ人追放へと、その目的・役割を180度転換させたことは、その意味で、象徴的と言ってよいであろう。では、ライヒスバンク総裁として、なおシャハトの権能・管轄の下にある金融分野では、状況はどうだったのか。以下、見てみよう。

　1937年11月にシャハトが経済大臣を辞任するまでは、ユダヤ系の大手の民間銀行はなお存続していたのに対して、シャハトの経済大臣辞任以後、〔金融面での〕「アーリア化」実施が進んだことを示す（シャハトの経済大臣辞任と「アーリア化」実施の因果関連についての）状況証拠があったという（コッパー 1995：259）。

　1937年9月10日、経済大臣として休暇に入って5日後に、シャハトはハンブルクのユダヤ人銀行家ヴァルブルクに対して、〔今後〕国債引受事業にヴァルブルク家の銀行を参入させられないと伝えた（ヴァルブルク 1952: 154. コッパー 1995: 261. バヨル 1998（1997）: 254. Köhler 2005: 330）〔以下、ケーラーと表示〕（なお、ヴァルブルクは、その回顧録で、シャハトの通告の時期を1938年初めと記述したが、コッパーやケーラーの研究はその期日を1937年9月10日と訂正している）。ヴァルブルクは、シャハトのこの発言を、ヴァルブルク家の銀行の廃業を強いる存亡の危機への前兆と看做した（コッパー 1995: 261）。シャハトは、経済大臣辞任により、国債引受事業の指導権を失ない、ユダヤ系銀行に〔経済的〕同権を保証出来なくなった（前掲書：264）。シャハトの権力地位はライヒスバンク総裁職に縮小され、政敵のゲーリングやフンクに対して、国債引受借款団へのユダヤ系銀行の残留を、押し通すことが出来なかった訳である（前掲書：261）。ヴァルブルク家の銀行は、国債借款団からの追放により、「保護されない」二流の地位に転落しつつあった（前掲書：261）。

第4章　シャハトのユダヤ人保護政策　　97

1938 年 6 月 14 日に、内務大臣フリックはユダヤ人の全財産を〔新設立の〕信託会社に移して、アーリア人に売却するという提案を提起したが、保守派の財務大臣シュヴェリーン・クロージックと並んで、シャハトはこの案への反対を表明した（ヘルブスト 1996: 204）。シャハトは、その際に、一方で、ユダヤ人に 5 ～ 10 年の時間を与えて、客観的にまともで満足すべき評価をする買い手を見つけて、自社を売却させるべきと提案しつつ（前掲書：204）、外国からの制裁に警告を発した（コッパー 1995: 276）。彼は、ユダヤ人の経済からの追放は是認したが、ユダヤ人の財産没収には反対だったし、人種主義政策のために私有財産権を犠牲にするつもりはなかった（前掲書：276）。フリック案とシャハトの対案の違いは、前者が直ちにユダヤ人の全財産の賠償なしの没収―ナチス国家による「強制アーリア化」（前掲書：290. ヘルブスト 1996: 205）を目指したのに対して、後者がユダヤ人側にある程度の時間的余裕を与えて、自主的に〔アーリア人の〕買い手を見つけさせようとした「友好的アーリア化」（コッパー 1995: 275）を奨励した点にあった。シャハトは、この時、シュヴェリーン・クロージック財務大臣の支援で、フリックのこの「強制アーリア化」計画を阻止することが出来たという（前掲書：290）。

　〔シャハトの経済大臣辞任後〕ゲーリングが全ての経済政策の指導権を掌握し（前掲書：261）、彼はユダヤ人の全財産を〔没収して〕軍拡―戦争の財源に利用することを計画していた（ヘルブスト 1996: 205）。ゲーリングの臨時経済大臣就任はナチス国家の銀行政策の転換を意味しており（コッパー 1995: 263）、彼の指導下の経済省はハンブルクのユダヤ人銀行家ヴァルブルクに対して、その銀行をアーリア人に引き渡すことを要求した（前掲書：261. ケーラー 2005: 330）。

　ヴァルブルクは、「要塞」のように、ヴァルブルク家の銀行を守りきることを望み、廃業や売却には抵抗した（コッパー 1995: 261）。140 年の銀行の伝統、ユダヤ人行員の雇用・多数のユダヤ人顧客の口座への配慮などが、ヴァルブルク家の銀行の存続に固執する理由だった（前掲書：262. ケーラー 2005: 330）。「アーリア化」への対抗策は、同族会社から合資会社への転換だった（前掲書：331. コッパー 1995: 262）。

1937 年秋に、ヴァルブルク一家は、51 パーセントの株を放棄し、拒否権行使の最低限の株式を保持したままで、合資会社社員として、銀行に残留することを計画したが、1938 年 1 月 4 日付のゲーリングの〔経済省〕省令により、25 パーセントのユダヤ人の株式所有の企業が「アーリア化」の対象として規定されたので、この目論見は駄目になった（前掲書：263. ケーラー 2005: 331）。

　ナチス党組織は、筋金入りのナチス党員をヴァルブルクの銀行に配属させることを目指したが、失敗した（前掲書：333）。ヴァルブルク一家は、長年に渡って、ヴァルブルク家の銀行の取締役を勤めたアーリア人で、「民主主義的・自由主義的人物」のブリックマン及び、ハンブルクの貿易商人で、「信仰深いカトリック」のヴィルツという 2 人の反ナチスの人物を無限責任社員として、受け入れることを決断した（前掲書：333. コッパー 1995: 263）。この 2 人はハンブルクの経済界や国際金融界で高く評価されていたので、経済省はこの 2 人が無限責任社員になることを承認した（前掲書：266）。この 2 人がヴァルブルク家の銀行の新経営者・所有者になった訳である。

　ヴァルブルク一家と新所有者は銀行の売却交渉を行ない（前掲書：266）、新しい無限責任社員のブリックマンとヴィルツは、ナチス政府の大きな圧力にもかかわらず、ヴァルブルク一家やユダヤ人行員に対して、「公平」であるべく、最善を尽くしたという（前掲書：267）。1938 年 8 月に、ヴァルブルク一家はドイツを離れ、ニューヨークに移住した（前掲書：267）。ナチス党側は、ユダヤ人行員（約 200 人の全従業員の内、30 人）の解雇を要求し、1938 年 11 月以後、ブリックマンとヴィルツは、この要求を受け入れざるを得なかった（前掲書：267ff）。

　このヴァルブルクの事例は、「友好的アーリア化」の典型と言えよう。無論、ヴァルブルク一家は、ナチス国家・党の圧力により、かなりの額の資産の譲渡を余儀なくされた（前掲書：266ff）が、賠償なしで無一文で出国するのに比べれば、不十分ながら、わずかでも資産を持ち出して、脱出に成功出来ただけましだったと言えるのではないだろうかと思う。このヴァルブルク家の銀行の「友好的アーリア化」に、ヴァルブルクと親交のあっ

たシャハトは全く関与しなかったという（前掲書：264-265）。

　1938年初め以来、ライヒスバンク役員会はユダヤ人銀行家に「アーリア化」を勧告した（フィッシャー1995: 212）。シャハトは、国家による強制的な賠償なしの「アーリア化」に反対し、非国家的な「アーリア化」を推薦した（前掲書：213）。これは、「強制アーリア化」に反対し、「友好的アーリア化」を擁護・支持することを意味した。ドイツの〔アーリア系〕銀行の関与した「アーリア化」は大部分、ユダヤ系銀行からの申し出のあった取引〔「友好的アーリア化」〕だったという（コッパー1995: 291）。

　1938年11月初めにパリで17歳のユダヤ系ポーランド人少年がドイツ大使館員を射殺した事件を口実に、11月9日から10日にかけて、ドイツ全土で、ゲッベルスの指導下で、ナチス党員がユダヤ系商店やユダヤ教シナゴークを襲撃・放火し、ユダヤ人をテロの標的にした暴動に発展した「水晶の夜」の事件が起こった（ベンツ1997: 97ff. 邦訳書：136以下。ヘルブスト1996: 206ff. Fröhlich 1989: 64. ロンゲリッヒ2010: 393ff）〔以下、フレーリッヒと表示〕（なお、山本達夫氏の2002年論文を参照）。シャハトはこの事件に対して憤慨し、個人的な会話の中で、このことを大変激しく非難した（フィッシャー1995: 214）。12月のライヒスバンク行員によるクリスマスのお祝いの席の演説で、彼は、「ユダヤ教のシナゴークへの放火、ユダヤ人の商店への破壊・略奪、ユダヤ系市民への暴行」を「冒涜的な行為」と非難し、ライヒスバンク行員に対して、「諸君の中に、これに参加した者はいないと思うが、もしいたら、ただちに、ライヒスバンクを去るように勧める。ライヒスバンクには、他の人の生命・財産・信念を尊重しない人の席はない。ライヒスバンクは、誠実と信頼に立脚している」と述べている（シャハト1953: 493-494. 邦訳書（下巻）：228-229）。

　この「水晶の夜」事件の後、シャハトは、自分は何事かをしなければならないと思ったという（Jansen 1997: 268）〔以下、ヤンセンと表示〕。もはやドイツのユダヤ人に未来はない（フィッシャー1995: 180, 218）という認識が、シャハトのそうした思いの背後にあった。1938年12月初めに、彼は、オーバーバイエルンのヒトラーの元を訪れて、ヒトラーと会談し、ユダヤ人を厄介払いしたいのならば、理性的・秩序だったやり方〔国

100　　第2部　シャハトの経済政策

外移住〕の可能性を与えるべきだと助言した（ヤンセン 1997:269）。

　シャハトは、ヒトラーに、以下のように、自分のユダヤ人移住案を説明した。ドイツのユダヤ人（60万人）が国外退去を迫られる。3年から5年の間に、15歳から45歳までの3万人のユダヤ人男性が年間、国外移住するし、その直後、その家族が後を追っていくことになる。そのように展開すると、（高齢者・病人を除いて）全てのユダヤ人住民が5年以内に、ドイツを退去することとなる。20万人の高齢者・病人は生涯、ドイツに留まってもかまわない。この事業は、15億マルクの借款を財源にする。この借款は、ユダヤ人の国際的な団体により、ドイツのユダヤ人に供与される。1人のユダヤ人移民は、ヨーロッパ外のどこかで定住するのに必要な1万マルクの対価を受け取る。ドイツのユダヤ人は15億マルク（シャハトの評価では、ドイツのユダヤ人資産の25パーセント）を基金に払い込まねばならない。〔ユダヤ人の国際団体からの借款15億マルクとドイツのユダヤ人の資産15億マルクの合計30億マルクから成る〕この基金は、ドイツの〔工業製品の〕輸出助成に役立てる手筈になっていた。〔ドイツの輸出工業の〕製造業者は、この基金から、〔ドイツの工業製品輸出のダンピングの財源として〕資金を受け取った。これに対して、ユダヤ人移民は、1銭もお金を持って行けなかった。ユダヤ人移民は、その資産の残りの75パーセントで、〔ドイツ工業の〕輸出用の工業製品を買い取り、外国で販売しなければならなかった〔ドイツの工業製品の現物給付〕。このようにして、ドイツは、この大規模な40万人のユダヤ人の「退去」により、乏しい外貨を失なわずにすんだ。彼は、この関連で、ユダヤ人の移住に伴う追加的なドイツの輸出増大についても、ヒトラーに話した（前掲書：269-270）。

　シャハトが詳しく、自分のユダヤ人移住案を説明した後、ヒトラーはこの案に同意した。シャハトは、ドイツのユダヤ人の移住先として、マダガスカル島を想定していた。この案は、シャハトのマダガスカル島案と言われる（前掲書：270）。

　1938年12月16日に、シャハトは、ユダヤ系イギリス人の銀行家たちと、ヒトラーが同意した自分のユダヤ人移住計画を協議するために、ロンドンを訪問した。彼は、親友のイングランド銀行総裁ノーマンの仲介によ

り、イギリスのユダヤ団体の指導者と会談し、自分のユダヤ人移住計画を説明した。シャハトと会ったイギリスのユダヤ人団体の指導者たちはシャハトのマダガスカル島案に好意的反応を示したが、シオニスト運動指導者はシャハトの構想を拒否したし、イギリス政府もシャハト案への反対の意向を示したという（前掲書：272-273, 274）。

　シャハトのユダヤ人移住構想の中に、ドイツのユダヤ人を人質にして身代金を脅し取ろうとする企てを見出したが故に、アメリカのユダヤ人団体もこの構想を拒否した（前掲書：275-276）。シャハトのこの構想に従えば、ドイツの40万人のユダヤ人は自身の資産から15億マルク、国際的なユダヤ人団体からの借款で15億マルク〔合計30億マルク〕を支払って自由に向けて解放されることになり、残りの資産（75パーセント）で〔ドイツの工業製品を移住先に持参して〕海外での新生活を築くことになっていた（前掲書：276）。

　シャハトは、第2次世界大戦後、自分の構想が実現していれば、1人のユダヤ人も死なずにすんだ筈だと述べている（フィッシャー1995: 220）。彼は、また、ユダヤ人のために、何かをしなければならないという自分の思いが、理想的な提案でないことを認識しながら、この案を打ち出した動機だったことを示唆している（シャハト1953: 482. 邦訳書（下巻）: 215）。シャハトは〔この構想により〕、一方で、人道主義的なユダヤ人の救済者を演じつつ、他方で、金融の魔術師として国庫を充たそうとしたという見方（ヤンセン1997: 276）もあるし、当時の状況下で、シャハトのこの企てはユダヤ人移住から経済的利益を引出そうとしたものだという旨の評価（フィッシャー1995: 220）もある。

　シャハトのこのユダヤ人移住構想—マダガスカル島案の特色は、ユダヤ人の海外移住に絡めて、ユダヤ人の資産をドイツの工業製品輸出増大——ドイツの国富増大（ドイツの経済繁栄）に連結させようとした点にあると言えよう。ここに、シャハトのプラグマティスト（実用主義者）としての側面が見出せよう。この構想を提起したシャハトの動機にはユダヤ人を助けたいというシャハトの純粋な思いがあるとしても、あざとい策略という印象は免れず、それ故に、この構想は国際的なユダヤ人団体やイギリス政

府に拒否され、挫折したように思われる。しかし、それでも、当時の状況下で、シャハトがこの構想を提起した勇気に、なお一定の評価を与えるべきだと筆者は考える。

　フィッシャーは、この時期に、シャハト指導下のライヒスバンクがナチス国家の反ユダヤ主義政策に加担した事例を、以下のように列挙している。シャハト指導下のライヒスバンクは、ユダヤ系銀行を 1937 年に手形割引取引から排除し、1938 年に国債引受の借款団から追放した（前掲書：210）。シャハトは、こうしたユダヤ系銀行の排除に抵抗したが、反対論を押し通すことが出来なかったという（前掲書：210）。ライヒスバンク役員会は、1938 年 5 月 4 日に外貨の獲得・販売という外国為替銀行としての資格をユダヤ系銀行から剥奪するという〔ナチス親衛隊の〕外貨捜査局の提案に同意したし（前掲書：210-211）、同年 7 月 11 日にライヒスバンク支店長に対して、ユダヤ系企業への信用供与を抑え、ユダヤ系企業との商取引を原則的かつ可能な限り減少させ、ユダヤ人との新規の取引を行なわないように指令を出した（前掲書：211）。ユダヤ人の経済エリートは、ライヒスバンクによるユダヤ系企業への信用制限、資本移転の妨害を「静かな抑圧措置」と呼んでいたという（前掲書：211-212）。さらに、1938 年 11 月から 12 月にかけて、ライヒスバンク役員会は、ユダヤ人の所有する有価証券の没収に向けて動いていた（前掲書：216）。

　フィッシャーがここで挙げた事例は、いずれもシャハトの本意でなく、ナチス党側の圧力にシャハトやライヒスバンクが屈伏せざるを得なかった事例だったように思われる。その意味では、落日のシャハトには、ナチス党に反対・抵抗する余力は全くなかったと言ってよいであろう。

　1939 年 1 月 20 日に、シャハトは、ヒトラーにより、ライヒスバンク総裁を解任された（シャハト 1953: 459. 邦訳書（下巻）: 184）。この解任とユダヤ人政策との関連はなく（フィッシャー 1995: 221）、1939 年 1 月 7 日付のライヒスバンク役員会の覚え書が過大な軍事支出の停止を要求したことにヒトラーが激怒したことが解任の理由だった（シャハト 1953: 494-495. 邦訳書（下巻）: 230）。

　以上、1937 年 11 月から 1939 年 1 月までの期間、シャハトが経済大臣

第 4 章　シャハトのユダヤ人保護政策　　103

を辞任し、ライヒスバンク総裁としての権能の下でのみ活動し、最終的にラ
イヒスバンク総裁辞任に追い込まれるまでの期間におけるシャハトのユダ
ヤ人保護政策について、見てきた。シャハトが経済政策上の主導権を失な
い、ゲーリング指導下のナチス国家・党による「アーリア化」が（経済省
管轄下の）商工業で強行されただけでなく、シャハトのライヒスバンク管
轄である金融面にまで浸透するのを、なすすべもなく、シャハトが傍観し
ているだけだったように見える。経済省内の「ユダヤ人保護課」が「ユダ
ヤ人問題課」に再編されて、ユダヤ人保護から「アーリア化」実施に180
度、任務・役割を変えたこと、国債借款団からユダヤ系銀行が追放された
ことといった事柄は、ユダヤ人にもはや全くシャハトの「保護の手」が差
し伸べられなかったことを表わしているように思える。また、フィッシャ
ーが指摘したように、（例え、ナチス党側の圧力に屈したからとはいえ）シ
ャハト指導下のライヒスバンクがユダヤ系銀行・企業の排除に動いた側面
があることは否定出来ないであろう。

　しかし、シャハトは、ゲーリング指導下のナチス国家・党がユダヤ人へ
の賠償なしの「強制アーリア化」を強行しようとしたのに対して、ユダヤ
人が自主的に〔アーリア人の〕買い手を見つけて交渉する「友好的アーリ
ア化」を推薦・擁護した。シャハトは、また、「水晶の夜」事件の後、ユダ
ヤ人がある程度の財産を持参して、海外に移住出来るようにするユダヤ人
移住計画—マダガスカル島案を提唱した。これらの事柄は、ユダヤ人の生
命・財産を守るという観点から見て、必ずしも理想的・最善の解決策では
なかったが、当時の状況下では、評価すべき側面を有していたように思わ
れる。

　この時期のシャハトが経済政策上の権力を喪失したことは、国債借款団
からのユダヤ系銀行の追放をシャハトが黙認せざるを得なかったこと、シ
ャハトが親交のあったユダヤ人銀行家ヴァルブルクの危機に対して、何の
手助けも出来なかったことといった事柄に象徴的に表われている。しかし、
そうした状況下にあっても、シャハトがユダヤ人のために心を砕き、尽力
したことは、内務大臣フリックの「強制アーリア化」計画をシャハトが阻
止したこと、「友好的アーリア化」をシャハトが勧告したこと、生存の危機

にあるユダヤ人のためにシャハトがユダヤ人の移住計画―マダガスカル島案を提唱したことといった事柄が表わしているように思われる。この時期に、ユダヤ人に対する「シャハトの保護の手」及び、シャハトのユダヤ人保護政策は皆無に近い状況だったが、そうした状況下にあっても、シャハトが自分なりに、ユダヤ人のために尽力しようと努力していたことが、本節での分析により、明らかにされたように思う。

5. むすび

　以上、ナチス初期におけるシャハトのユダヤ人保護政策の実態、成果について、シャハトが要職に就いていた間に限定して、3つの時期に区分して、概観、検討してきた。以下、おおまかに総括してみよう。

　シャハトがライヒスバンク総裁に復帰し、経済大臣に就任するまでの期間、1933年3月から1934年7月までの期間には、シャハトは自分の管轄分野である金融面では、ユダヤ系の大銀行に国債借款団への参加や自由な経済活動を保証した反面、ナチス党側の圧力に屈して、ライヒスバンク内部のユダヤ人行員の部分的追放・ユダヤ人銀行家の名誉職からの追放・ナチス政府の反ユダヤ主義立法への署名を強いられたことが、ここでの検討から、明らかにされた。しかし、後者の面がシャハトの本意でないことは、ライヒスバンクからのユダヤ人行員の全面的追放にシャハトが抵抗し、退職するユダヤ人行員は民間で代わりの職を見つけられた者に限定したという事実からも、読みとれるように思われる。この時期に、シャハトが、自分の管轄内の金融分野では、ライヒスバンクからのユダヤ人行員の部分的追放、名誉職からのユダヤ人銀行家の追放を例外として、ユダヤ人を出来るだけ保護しようと企てて、ある程度の成果を上げたことが、浮き彫りにされたように思う。

　シャハトが経済大臣に就任し、ライヒスバンク総裁を兼務して活動し、経済大臣を辞任するまでの期間、1934年8月から1937年11月までの期間、シャハトは、従来の管轄の金融部門だけでなく、経済省の管轄である商工業分野でのユダヤ系企業に「保護の手」を差し伸べて、ユダヤ人の経済的同権のために最大限努力したが、1935年9月のニュルンベルク法の制定

後、反ユダヤ主義立法への関与の譲歩を余儀なくされたことが、明らかにされた。シャハトの経済大臣時代に、経済省内に「ユダヤ人保護課」が設立され、商工業でのユダヤ人保護のために活動していたこと、ユダヤ系銀行が国債借款団に参加出来たことといった事柄は極めて象徴的で、シャハトの真意がユダヤ人の経済活動の維持・継続にあったことを示していると言えよう。シャハトがこの時期に、自分の管轄分野である金融・商工業で、ユダヤ人を保護しようと企てて、ある一定程度の成果を収めたことが浮き彫りにされたと思う。

　シャハトが経済大臣を辞任し、ライヒスバンク総裁としての権能でのみ活動し、最終的にライヒスバンク総裁辞任に追い込まれるまでの期間、1937 年 11 月から 1939 年 1 月までの期間、シャハトは経済政策における主導権を失ない、その政敵ゲーリングのイニシアチブの下、シャハトの本来の管轄である金融分野でも「アーリア化」が進展し、ユダヤ人保護政策に値するものは見られなかったことが明らかにされた。シャハトの経済大臣辞任後、経済省内の「ユダヤ人保護課」が「ユダヤ人問題課」に再編されて、ユダヤ人保護から「アーリア化」推進にその役割を 180 度転換したこと、ユダヤ系銀行が国債借款団から追放されたこと、シャハトと親交のあったユダヤ人銀行家ヴァルブルクが自家の銀行の「アーリア化」と海外移住を強いられたことをシャハトが傍観せざるを得なかったことといった事柄は、その意味で、シャハトの無力さを表わしていて、象徴的に思われる。そうした状況下にあっても、シャハトが内務大臣フリックの「強制アーリア化」計画を阻止し、ユダヤ系銀行にアーリア系の買い手を自主的に見つける「友好的アーリア化」を勧告したこと、「水晶の夜」事件の後にユダヤ人に海外移住の機会を与えるマダガスカル島案を提唱したことといった事柄は、シャハトが自分なりにユダヤ人のために尽力したことを浮き彫りにしたように思う。

　シャハトがドイツ経済からのユダヤ人の全面的追放や、ユダヤ系企業の「アーリア化」に反対し、（経済分野での）ユダヤ人保護政策を実施した理由としては、シャハトが公式の演説などで強調したように、（ナチス党のそうした反ユダヤ主義政策が）ドイツ経済の上で雇用や輸出に悪影響を及ぼ

すことへの懸念・配慮と同時に、私有財産制尊重や「営業の自由」擁護といったシャハトの基本的信条、「政治に対する経済の優位」、「イデオロギーに対する経済の優位」というシャハトの確信に反するということが挙げられよう。その意味で、シャハトは、自分の信念から、ナチス党の反ユダヤ主義政策に反対・抵抗し、ユダヤ人保護政策を行なったと言ってよいであろう。

シャハトは、〔人種差別的な〕ニュルンベルク法の制定以前には、ユダヤ人の友人・知人に対して、頑張れと励ましたが、ニュルンベルク法の制定以後、ニュルンベルクのユダヤ人の銀行家コーンを含むユダヤ人の親友・〔世話になった〕恩人に対して、国外移住を勧告したり（フィッシャー1995: 174ff）、〔ライヒスバンク総裁を解任された〕1939年1月20日以後も、ユダヤ人の友人を助け、〔アーリア人の〕死亡した友人のユダヤ人の妻をゲシュタポの逮捕から守ったりして（前掲書: 221ff）、ユダヤ人のために尽力した。しかし、シャハトは、ハンブルクのユダヤ人銀行家ヴァルブルクやフランクフルトのユダヤ人金属会社経営者メルトンに対して、ニュルンベルク法制定以後も、ドイツに留まり、頑張るように勧めている（前掲書: 180）。シャハトは、当時、全てのユダヤ人を助けることは出来ないと述べている（クノップ 2004: 380）。メルトンは、1938年に〔シャハトが去った後の〕経済省の圧力で金属会社経営者の地位を追われ、1939年にイギリスへの亡命を強いられることになる（メルトン 1955: 91ff, 135）。シャハトがユダヤ人の銀行家・経済人に対して、ドイツ国内に留まるよう勧めたのは、これらのユダヤ系経済人が国外に移住して、ドイツが外貨不足に陥るのを阻止するためだったという批判・非難がある（シュミット／シュテルン 2010: 54）。だが、当時の状況下で、シャハトが慎重に行動せざるを得なかった事情も考慮すべきだと筆者は考える。

ナチス体制下では、ユダヤ人だけでなく、アーリア人も、極めて危険な状況下に置かれていたということも、明記すべきであろう。1936年に「アーリア化」の脅威にさらされたユダヤ系デパートのオーナーがシャハトに苦情を告げた際に、シャハトは、「あなた方は、狼の群れの中で、狼と一緒に吠えるしかない」と述べている（エバンス 2005: 463-464）。この発言

は大変示唆的であり、狼の群れの中にいて、狼と一緒に吠えているのはユダヤ人だけでなく、シャハト自身をも表わしているように思える。シャハトと親交のあったフランクフルトのユダヤ人経営者メルトンは、ヒトラーが自分で大臣を任命し、〔その大臣が逆らったら〕射殺すると語ったという当時広まっていた噂話〔作り話〕を紹介し、ナチスに嫌われていたシャハトが自分や家族にも害を及ぼすような危険を回避したことに理解を示している（メルトン 1955: 91）。自分自身のみならず、家族の生命・安全が脅かされるという大変危険なかつ、過酷な状況下にシャハトが身を置いていたことを考慮する必要があると筆者は思う。

　研究史の上では、シャハトが経済大臣在任中に、ユダヤ人に「保護の手」を差し伸べ、ユダヤ人の経済活動を保証したので、シャハトの経済大臣辞任が重要な転機になったという評価と、シャハトの「保護の手」への疑問を表明し、シャハトがナチスの反ユダヤ主義政策に加担したと論じる見解が存在した。本章での検討により、ナチス初期に、シャハトが一貫して、私有財産制維持、「営業の自由」擁護の見地から、ユダヤ人の経済的同権のために尽力したこと、本章で見てきた第 1 期のライヒスバンク総裁時代（1933 年 3 月から 1934 年 7 月まで）に既にユダヤ系銀行を国債借款団に参加させていたこと、第 2 期のライヒスバンク総裁兼経済大臣時代（1934 年 8 月から 1937 年 11 月まで）に経済省内に「ユダヤ人保護課」を設立して、商工業でのユダヤ人保護に努めたこと、金融面でのユダヤ系銀行優遇（国債借款団への参加）を継続したこと、第 3 期のライヒスバンク総裁時代（1937 年 11 月から 1939 年 1 月まで）に経済政策の主導権を失ない、国債借款団からのユダヤ系銀行の追放を阻止出来なかったこと、金融分野での「アーリア化」そのものは防止出来なかったが、ナチス国家による賠償なしの「強制アーリア化」でなく、アーリア人の買い手を見つける「友好的アーリア化」の普及を図ったことが、明らかにされた。シャハトはユダヤ人との交友関係を継続し、言われるような反ユダヤ主義者でなく、ユダヤ人保護政策を実施しようと努力した側面も、浮き彫りにされた。第 3 期の時期に、問題はあるにしても、シャハトがマダガスカル島案を提唱し、彼なりに、ユダヤ人救済に尽力しようとしたことは、無視出来

ないように思われる。

　しかし、問題にされた第2期の期間、1934年8月から1937年11月までの期間、ライヒスバンク総裁兼経済大臣として、シャハトが経済政策の主導権を掌握していた時期に、シャハトがナチス党の地方幹部たちの反ユダヤ主義政策に対抗して、金融分野での「アーリア化」を阻止して、ユダヤ系銀行を国債借款団に加えて、大きな成果を上げたとはいえ、経済省内の「ユダヤ人保護課」により商工業でのユダヤ人保護に努めたにもかかわらず、商工業分野での「アーリア化」やユダヤ系企業の差別化といった事態（バルカイ 1988 1): 117ff）をシャハトは抑止出来なかったことは否定出来ないであろう。その意味で、この時期におけるシャハトの「保護の手」は「半分の真実」にすぎないという評価（ヘルブスト 1996: 200）は妥当と言わざるを得ないように思われる。

　だが、この第2期に既に、「（シャハトには）極めて限定的な可能性しかなかった」（フランクフルトのユダヤ人金属会社経営者メルトンの言）（メルトン 1955: 90. フィッシャー 1995: 207）にもかかわらず、ここで取り上げた時期、1933年3月から1939年1月までの要職に就いていた時期に、シャハトが一貫して経済面でのユダヤ人保護に邁進したこと、経済政策上の主導権を失なった第3期にさえも、「友好的アーリア化」の勧告などでユダヤ人のために尽力したことはシャハトの本意を表わしており、1人の人間としてのシャハトの経済的自由への信条が見出されよう。シャハトに対しては、その行為の倫理的道徳的意味を問うことなく、ナチス体制に奉仕した現代のエリートとして、非難する見解もある（Herzig/Lorenz 1992: 68）〔以下、ヘルツィッヒ／ロレンツと表示〕。しかし、シャハトと親交のあったユダヤ人経営者ヴァルブルクとメルトンがシャハトに対して、「シャハトはユダヤ人への扱いを人道的にするように尽力したし、〔ユダヤ人の〕海外移住を容易にすべきと勧告した」（ヴァルブルク）（ヴァルブルク 1952: 154）、「シャハトはユダヤ人を助けるために、最大限努力した」（メルトン）（メルトン 1955: 90）と肯定的・好意的な評価を下しているということの意義も大きいように思われる。

　（シャハトが経済大臣を去った後の）1938年はユダヤ人の運命の上で歴

史的転機となり、立法・行政による「アーリア化」過程が促進されたと言われる（バルカイ 1988 1): 122）。このことは、逆に、シャハトが経済大臣兼ライヒスバンク総裁として、経済政策の主導権を掌握していた時期に、ナチス党側の目指した反ユダヤ主義政策の実現（「アーリア化」やドイツ経済からのユダヤ人の全面追放）（これらの問題については、山本達夫氏の 2006 年の研究成果報告書及び、山本氏の一連の研究を参照）にとって、シャハトが大きな障害物、邪魔者であったことを物語っている。シャハトの「保護の手」、あるいは、シャハトのユダヤ人保護政策は不十分ながらも、存続し、ユダヤ人がドイツで経済生活を営む上で、楯として、少なからぬ役割を果たしたと言ってよいであろう。本章での検討により、そうしたことが明らかにされたと思う。

　ところで、シャハトが 1939 年に、ライヒスバンク総裁を辞任した後に、知り合いのミュンヘンの美術商ツイックグラットがユダヤ人の美術商の未亡人ハイネマン夫人の画廊買い取りを行なう際に、財政支援（貸し付け）を行ない、「アーリア化」に加担して大もうけしたこと及び、彼がナチス期にも戦後期にも、ユダヤ人に対して、偏見を持っていたことが、最近の研究により、指摘されている（コッパー 2014: 261-263, 258-259）。これらの事例は、シャハトの人間性の問題—エゴイズムの側面を明らかにしており、正当な批判・非難に値すると言ってよいように思う。しかし、筆者は、これらの事柄にもかかわらず、シャハトが彼なりに、不十分ながらも、ユダヤ人保護に尽力・努力したことが、本章での検討により、明らかにされたと思う。

第 3 部
シャハトの金融政策

第5章
シャハトのインフレ収束政策

1. はじめに

　第1次世界大戦中に発生・進行した（Stolper 1964: 76. 邦訳 : 65）〔以下、シュトルパーと表示〕ドイツのインフレは、第1次世界大戦後にハイパーインフレ（物価が年に数百倍、数千倍あるいは、それ以上に上昇する悪性インフレのことを指す。金森・荒・森口 2009（1971）: 1009）に発展して、1923年11月に通貨価値が1兆分の1に下落するに至った（ファーガソン 2010（1975）: 1. 邦訳 : 1）。このインフレの進行の過程で、第1次世界大戦後のワイマール共和国下のドイツ社会は、一方で「インフレの利得者」、他方で「インフレの犠牲者」の両極端に分裂することとなった（シュトルパー 1964: 102-105. 邦訳 : 96-99）。〔インフレにより〕ドイツの全経済生活は停滞し、ドイツ全土で、食料難や混乱及び、内戦の危険が迫りつつあった（シュタイン 1946: 19. 邦訳 : 43）。

　こうした状況下で、このインフレ収束をめぐって、ドイツの各方面から、提案・構想が提示された（ペンツリン 1980: 31ff）。その中で、傑出したインフレ収束の構想としては、次の3人の人物の提案が注目に値した。

　第1は、〔極右の〕ドイツ国家国民党の国会議員ヘルフェリッヒ（ヘルフェリッヒについては、Wixforth 2008. を参照）〔以下、ウィクスフォースと表示〕の唱えたライ麦マルク案である。このヘルフェリッヒ案とは、〔ドイツ人の主食ライ麦パンの元である〕ライ麦と通貨価値を結びつけるという考えだった（コッパー 2006: 60）。具体的には、中央銀行であるライヒ

112　　第3部　シャハトの金融政策

スバンクや中央政府から独立した新しい発券銀行を設立して、農業・商工業の土地債務証書を基に、新通貨「ライ麦マルク」を発行して、法貨にするという構想だった（ペンツリン 1980: 39-40）。

　第2は、『金融資本論』の著者として高名で、〔中道左翼の〕ドイツ社会民主党の経済政策担当者・経済学者で、当時の財務大臣のヒルファディングの構想で、中央銀行であるライヒスバンクに1億ライヒスマルク、民間経済界に8000万ライヒスマルクを用意させて、合計1億8000万ライヒスマルクの資本金で新しい金発券銀行の創立を提案していた（前掲書: 41）。ヒルファディングは、安定通貨として、金と結びついた新通貨導入を計画していた（Smaldone 2000: 161. シュタイン 1946: 19. 邦訳: 44）〔以下、スマルダウンと表記〕。

　第3は、〔リベラル左派の〕ドイツ民主党党員で、ダナート銀行頭取のシャハトの構想である。シャハトは、外資の支援で十分な金備蓄を持った新たな金発券銀行の設立を提案した（コッパー 2006: 69）。この新金発券銀行は5億ライヒスマルクの資本金に支えられ、半分を金・外貨、半分を商業手形で補填して、紙幣を発行させることになっており、シャハトはこの新金発券銀行により、金本位制への復帰を目指していた（ペンツリン 1980: 42）。

　この3つの構想の内、第2のヒルファディング案と第3のシャハト案は、金本位制への復帰を目指している点で、共通性があった。さらに、この当時の政治状況では、極右のヘルフェリッヒがワイマール共和国打倒を目標とする側だったのに対して、ヒルファディングとシャハトはワイマール共和国擁護の同じ陣営に属していたことは、看過出来ないであろう。

　この3人の中で、シャハトがハイパーインフレを終焉させる政策の担い手としての歴史的役割を果たすこととなる。本章の課題は、シャハトのインフレ収束政策を概観・検討することにある。シャハトのインフレ収束政策を追跡しつつ、このインフレ収束政策構想に関わった他の2人、特に同じような構想を持っており、当初は同じ陣営に属していたヒルファディングとシャハトの関係の推移についても、見ていきたいと思う。

2.「レンテンマルクの奇蹟」

　表 12 は、ドイツの当時のインフレの進展を表わしている。ここから、ドイツのインフレが加速度的に高まり、ドイツのインフレが天文学的数字の規模のものであることが窺える（岩田 2012: 25-26）。

　大多数の国民は、1 時間ごとに価値を失なうマルクを無視し〔支払いの代価として、通貨マルクの受け取りを拒否し〕、一方で物々交換が繁盛し、他方で地方自治体〔市町村〕当局や民間企業や銀行は独自の通貨、「緊急通貨」を発行して、給料・賃金支払いに使うという事態に発展していった（ペンツリン 1980: 36-37）。これは事実上、通貨マルクが無価値になったことを意味していた。

　インフレ収束が緊急の課題として、最優先事項になった。前述したように、ヘルフェリッヒ、ヒルファディング、シャハトの 3 人が各々、独自のインフレ収束策を提案していた。〔この 3 人の内で〕当時のドイツで、通貨・金融問題の専門家として、最も権威・声望があったのは、ヘルフェリッヒだった（前掲書: 40）。ヘルフェリッヒは、第 1 次世界大戦以前には、ドイツ外務省植民地局でドイツ海外植民地へのドイツ通貨導入を成功させ、その後、ドイツ銀行の海外業務担当役員を勤め、第 1 次世界大戦前期には財務次官、後期には副総理兼内務大臣としてドイツの戦争財政に尽力したという輝かしい経歴を持っていた（前掲書: 40）。それ故に、ヘルフェリッヒのライ麦マルク案が他の提案よりも注目され、最終的に通貨政策論争や通貨政策構想の中心点になっていったという（前掲書: 40）。

　農業団体とドイツ国家国民党はヘルフェリッヒ案を支持したが、経済界や経済学会はヘルフェリッヒ案に疑念を表明し、ライ麦価格が有効な価値尺度でなく、ライ麦マルクが国際的な支払い手段として不適切だということを多くの人々が指摘した（前掲書: 40, 41）。シャハトは、ライ麦マルクは通貨理論的に不可能だと述べているし、ヒルファディングもヘルフェリッヒ案に反対していた（前掲書: 41）。しかし、〔中道右派の〕ドイツ国民党に近い立場で、食糧・農業大臣の無党派の政治家ルター（ルターについては、フィッシャー 2008. を参照）は、農場主に農業生産物を販売させ、国民に食糧を供給するという観点から、ヘルフェリッヒ案を強く推薦した

表 12　ドイツのハイパーインフレ

月	通貨 (比率)	物価 (比率)	物価の対前月比 (%)
1922-1	1	1	5. 2
1923-1	17. 2	75. 9	88. 8
3	47. 8	133	-16. 9
5	74. 2	233	56. 8
7	378	2, 038	285. 8
8	5, 748	25, 723	1, 162. 3
9	244, 679	652, 558	2, 436. 8
10	21, 640, 935	193, 318, 801	29, 524. 8
11	3, 469, 275, 320	19, 773, 841, 962	10, 128. 6
12	4, 303, 422, 960	34, 376, 021, 798	73. 8

（注）通貨は現金（通貨）。物価は卸売物価。
岩田規久男『インフレとデフレ』（講談社学術文庫．2012 年），26 頁より構成。

（ペンツリン 1980: 43-44）。

　1923 年 9 月 10 日に、ヒルファディングは財務大臣として、金発券銀行設立の草案をドイツ国民党出身の首相のシュトレーゼマン（シュトレーゼマンについては, Kolb2003. を参照）〔以下、コルブと表記〕に対して、提出した（ペンツリン 1980: 44）。しかし、1923 年 9 月 13 日にシュトレーゼマン内閣は、ルターの主張するライ麦に基づく新通貨導入を決定したので、ヒルファディングは〔通貨改革を扱う新設の〕委員会の委員長として、ルターと協力しながら〔ルターの意見を取り入れて〕新たな通貨改革案を作成し、同年 9 月 29 日に立法機関に法案として提出したという（スマルダウン 2000: 166-167. Greitens 2012: 256）〔以下、グライテンスと表記〕。

　だが、1923 年 10 月 4 日に、〔1923 年 8 月 13 日以来の〕第 1 次シュトレーゼマン内閣は連立与党間の対立のために瓦解し、その余波を受けて、ヒルファディングは財務大臣を辞任する結果になった（ペンツリン 1980: 44-45）。シュトレーゼマンは第 2 次シュトレーゼマン内閣の組閣に取り組み、ヒルファディングの後任の財務大臣に、親交のあったシャハト起用の腹を固めたが、財務次官が 1915 年のブリュッセル事件（シャハトが第 1 次世界大戦中、1914-1915 年にかけて、ベルギー占領ドイツ軍の銀行部門で文民官吏として勤務中に、ベルギーの新発行の銀行券の配分・ドイツマルクとの交換に際して、古巣のドレスデン銀行に便宜を図ったことを不

正と非難されて、上司に解任された事件を指す。シャハト 1953: 176. 邦訳書（上巻）: 283-284. コッパー 2006: 45-46）を理由に反対したため、シャハト起用を断念し、代わりにルターを財務大臣に任命した（ペンツリン 1980: 45, 48）。

　ルターは最終的に、ヘルフェリッヒ案を大幅に修正して、新通貨の提案を作成したが、ルターのこの最終案では、ライ麦マルクはレンテンマルク、つまり地代マルクに変わることになった（前掲書: 45）。レンテンマルクを発行する発券銀行として、土地債務証書を資本金にしたレンテンバンクが設立された（シュトルパー 1964: 107ff. 邦訳: 102 以下）。ルターの作成した最終案は法案として、1923 年 10 月 9 日に国会に提出され、10 月 15 日に「ドイツレンテンバンク設立についての行政命令」、いわゆる「レンテンマルク行政命令」が交付され、11 月 15 日に最初のレンテンマルク〔紙幣〕が発行された（ペンツリン 1980: 45）。

　ヘルフェリッヒ案と異なり、レンテンバンクの独立性は形式的なものに留まったし、レンテンマルクは法貨でなく、（なお、法貨に留まった）〔旧〕紙幣マルクとの間に固定的な換算率を設定しないことになった（シャハト 1927: 58. 邦訳: 73）。さらに、レンテンマルクは、国際的な支払い取引には使用されないことになった（前掲書: 59. 邦訳: 73）。ヘルフェリッヒは、1923 年 10 月 9 日の国会演説で、政府の提案が基本構成で自分の案に依拠しているが、大幅に変更させられているので、成功するかどうか、大変心配だと述べている（前掲書: 59. 邦訳: 73. ペンツリン 1980: 46）。

　1923 年 11 月 12 日午前に、財務大臣ルターはシャハトを招き、レンテンマルク導入やその安定化を担当する〔新設の〕通貨委員就任を要請した（シャハト 1927: 64ff. 邦訳: 78 以下。ペンツリン 1980: 51）。ルターの意中の候補者は別にいたが、本命の銀行家に断わられ、シャハトは 3 番目に打診を受けたことになり、シャハトもそのことを知っていた（前掲書: 51. シャハト 1953: 226. 邦訳書（上巻）: 357-358）。シャハトは決断するのに数日の猶予を請うたが、ルターは今日中に返事をするように迫り、シャハトは午後返答すると答え、ルターは承知した（ペンツリン 1980: 51. シャハト 1953: 227. 邦訳書（上巻）: 359）。シャハトはダナート銀行に戻り、

116　　第 3 部　シャハトの金融政策

同僚たち〔銀行の役員たち〕の了承を得てから、ルターに通貨委員就任を承諾すると返答した（前掲書：227. 邦訳書（上巻）：360. ペンツリン 1980：51-52）。翌日の 1923 年 11 月 13 日朝に、シャハトは、財務省内に設けられた通貨委員専用の事務所、以前は掃除婦の掃除道具が置いてあった部屋に、ダナート銀行からついてきた女性秘書のシュテフィック嬢と共に入り、職務を開始した（シャハト 1953：228, 229, 230. 邦訳書（上巻）：361, 362, 363. コッパー 2006：73）。シャハトは、通貨委員として、財務大臣と同格で、閣議に出席し、助言する権限が付与され、通貨問題についての全権が与えられたという（シャハト 1927：65-66. 邦訳：79-80）。

　レンテンマルクの印刷には、数日かかった（シャハト 1953：231. 邦訳書（上巻）：364）。1923 年 11 月 15 日以後、レンテンマルクと〔旧〕紙幣マルクが並行して、流通していた（ペンツリン 1980：45）。法律上、〔旧〕紙幣マルクが相変わらず法貨であり、レンテンマルクは補助貨幣にすぎなかった（Pfleiderer 1976：187, 189. 邦訳（上）：222, 224）〔以下、プフライデラーと表示〕。レンテンマルクと〔旧〕紙幣マルクの間の交換比率は、1923 年 11 月 15 日には 1 対 6000 億だったが、11 月 20 日以降、1 対 1 兆に固定された（前掲書：187, 189. 邦訳（上）：226-227）。

　シャハトが通貨委員として、最初に実施したことは、1923 年 11 月 22 日以降、中央銀行であるライヒスバンクが地方自治体・民間企業・銀行の発行した緊急通貨を受け入れることを禁止したことだった（シャハト 1949：16. 同 1927：77. 邦訳：90-91）。この措置により、〔旧〕紙幣マルクと等価の緊急通貨は無価値になり、消滅することになった（シャハト 1953：232. 邦訳書（上巻）：365, 366）。シャハトが通貨委員として、次に実施したことは、投機・闇市場への対策であり、1923 年 11 月 20 日以降、〔公式の相場として〕ベルリン取引所でドルと〔旧〕紙幣マルクの間の交換比率を 1 対 4 兆 2000 億に固定することだった（シャハト 1949：16. 同 1927：80. 邦訳：93, 94）。

　1923 年 1 月以来、ケルン市を中心とした西南ドイツのルール・ライン地域は、第 1 次世界大戦勝利の代償としての賠償を求めるフランス軍の占領・管理下にあった。1923 年 11 月 25 日に、シャハトは、ケルン市の市

第 5 章　シャハトのインフレ収束政策　　117

議会議事堂で、ラインウェストファーレン地域の地方自治体〔市町村〕や経済界の代表と会談し、緊急通貨をライヒスバンクがこれまで通りに受け取ることを求めるこれらの人々の要求を断わった（前掲書：78-79. 邦訳：91-92. シャハト 1953: 232-234. 邦訳書（上巻）：366-368）。

　当時のケルン取引所は、占領軍〔フランス軍〕の管理下にあり、ドイツの外国為替管理法の及ばぬ地域であり、それ故に、ケルン取引所のドルと〔旧〕紙幣マルクの交換比率は、ベルリン取引所の公式のドルと〔旧〕紙幣マルクの間の交換比率との間に大きな開き・格差が生じることとなった（シャハト 1927: 72. 邦訳：85）。前述したように、シャハト指導下で、中央銀行のライヒスバンクはドルと〔旧〕紙幣マルクの交換比率を 1 対 4 兆2000 億に固定化することに全力を注いだ（前掲書：74ff. 邦訳：88 以下）。

　表 13 は、1923 年 11 月から 12 月にかけてのケルン取引所のドルと〔旧〕紙幣マルクの交換比率の推移を表わしたものである。ここから、ケルンでの相場が最終的にベルリンの公式相場に適合していったことが、窺われる。これは、事実上、外国為替投機の終焉を意味していた（前掲書：81ff. 邦訳：94 以下）。

　1923 年 11 月半ば、ドイツでは、食料品が市場に出回らないか、高値過ぎる〔消費者が手が出ない〕状況だったが、12 月には食料品が市場に出回り（ファーガソン 2010（1975）: 211, 216. 邦訳：257, 262）、レンテンマルクという一般に受け入れられる通貨を作り、農産物を分配するという目的は達成された（前掲書：215-216. 邦訳：261）。これは、いわゆる「レンテンマルクの奇蹟」（シュトルパー 1964: 106. 邦訳：101）と言われた。「レンテンマルクの奇蹟」の原因・背景としては、前述したように、通貨委員シャハトが実施した様々の措置の効果・結果と言ってよいように思う。

3. レンテンマルクから金マルクへの通貨改革

　シャハトは、レンテンマルクを暫定的なものと看做し（ペンツリン 1980: 52）、金本位制への復帰を計画していた（前掲書：62. シャハト 1953: 239-240. 邦訳書（上巻）：376）。これは、金マルクの実現を目指すことだった。

　1923 年 11 月 20 日、ベルリン取引所で、ドルと〔旧〕紙幣マルクの交

表13 ケルン取引所におけるドルと〔旧〕紙幣マルクの交換比率
1923年11月-12月

1923年11月13日	1ドル最高	3兆9000億マルク
1923年11月14日	1ドル最高	6兆8500億マルク
1923年11月15日	1ドル最高	5兆8000億マルク
1923年11月16日	1ドル最高	6兆5000億マルク
1923年11月17日	1ドル最高	6兆7000億マルク
1923年11月19日	1ドル最高	9兆8500億マルク
1923年11月20日	1ドル最高	11兆7000億マルク
1923年11月22日	1ドル最高	10兆2000億マルク
1923年11月23日	1ドル最高	10兆5000億マルク
1923年11月24日	1ドル最高	10兆2500億マルク
1923年11月26日	1ドル最高	11兆マルク
1923年11月27日	1ドル最高	10兆2000億マルク
1923年11月28日	1ドル最高	9兆4000億マルク
1923年11月29日	1ドル最高	8兆5000億マルク
1923年11月30日	1ドル最高	7兆8000億マルク
1923年12月6日	1ドル最高	4兆9000億マルク
1923年12月10日	1ドル最高	4兆2000億マルク

Hjalmar Schacht, *Die Stabilisierung der Mark* (Stuttgart, 1927), S. 80, 81.
日本銀行調査局訳『マルクの安定』(日本銀行 . 1947年), 93, 94頁より構成。

換比率が1対4兆2000億に固定化された日に、中央銀行であるライヒス
バンク総裁ハーヘンシュタインが急死し、後任の総裁候補として、ヘルフ
ェリッヒ、シャハトの2人の名前が挙げられた(前掲書: 236. 邦訳書(上
巻): 371-372)。ライヒスバンク役員会は全員一致で、ライヒスバンク管
理委員会は過半数以上が、ヘルフェリッヒをハーヘンシュタインの後継者
に推薦した(コッパー 2006: 76)。前述したように、ヘルフェリッヒは通
貨問題の専門家として声望があったが、政治家としては「恐るべきデマゴ
ーグ(煽動政治家)」だった(有澤上巻 1994: 363)。1919年11月18日
の国会での調査委員会〔第1次世界大戦の戦争原因・敗因についての〕の
席上、元ドイツ陸軍最高司令官ヒンデンブルクは、〔実際には、第1次世
界大戦末期、敗戦に直面して、ヒンデンブルク自身が即時休戦を強く求め
たにもかかわらず〕ドイツ軍は〔戦争で負けておらず〕国内革命という匕
首で背後から刺殺されたと述べたが、この匕首伝説〔という大ウソ〕はヘ

第5章 シャハトのインフレ収束政策 119

ルフェリッヒがヒンデンブルクに吹き込んだと言われている（前掲書上巻：
56-57, 194-195）。ワイマール共和国打倒を目指すヘルフェリッヒは、国
会演説で、ワイマール共和国政府の代表的政治家、カトリックの中道政党
の中央党出身の財務大臣エルツベルガーやリベラル左派の民主党出身の外
務大臣のラーテナウを祖国の裏切り者、反逆者と非難し、そうした攻撃の
対象になったエルツベルガーとラーテナウの両者が共に、その後、極右の
テロリストの凶弾に倒れたことから、暗殺の原因を作り出したとして、ヘ
ルフェリッヒは糾弾されていた（前掲書上巻：196-200, 260-262. ペンツ
リン 1980: 40）。

　ライヒスバンク役員会は、ブリュッセル事件を理由に、シャハトがライ
ヒスバンク総裁になることに反対した（コッパー2006: 76-77. ペンツリン
1980: 60）。前述したように、シュトレーゼマンは一時、シャハトの財務
大臣起用を希望したが、財務次官がブリュッセル事件を口実に反対したた
め、シャハトの財務大臣起用を断念した経緯があった。その直後に、シュ
トレーゼマンは他日に備え、ブリュッセル事件について、徹底的に調査さ
せて、シャハトが無実だという調査報告書を作成させていた（前掲書：49.
コッパー 2006: 71）。

　1922 年のライヒスバンク法により、ライヒスバンク総裁は州政府代表
により構成される連邦参議院の提案に基づき、大統領により任命され、終
身勤めると定められていた（前掲書：74）。つまり、鍵を握るのは、州政
府であり、州政府の与党として、州首相を出している中道左翼の社会民主
党だった（前掲書：74）。シュトレーゼマンの仲介工作により、シャハト
と社会民主党出身のプロイセン州首相ブラウンの会談が実現し、その結
果、1923 年 12 月 18 日にプロイセン州主導下で連邦参議院は圧倒的多数
でシャハトをライヒスバンク総裁に決定し、12 月 22 日に大統領エーベル
トはシャハトを終身のライヒスバンク総裁に任命した（前掲書：77）。シ
ャハトがこの時に、ライヒスバンク総裁になれたのは、当時の政界の実力
者、中道右翼の国民党出身のシュトレーゼマン外相の後ろ楯があったとは
いえ（1923 年 11 月 23 日にシュトレーゼマン内閣は倒れ、11 月 31 日に
発足した新内閣でシュトレーゼマンは外相として入閣した）、基本的には

120　　第 3 部　シャハトの金融政策

中道左翼の社会民主党の支持のおかげだった（有澤上巻 1994: 347, 348）。シャハトは、この時期以降、社会民主党出身のエーベルト大統領との間に（1925 年 2 月 28 日のエーベルト死去まで）、夫婦ぐるみでつきあい、親密な関係を築いていった（シャハト 1953: 237-238, 241-242, 284. 邦訳書（上巻）: 373-374, 379, 444-445）。

　シャハトは、1923 年 12 月 31 日夜にロンドンに到着し、それから数日間、ロンドンに滞在して、イギリスの中央銀行イングランド銀行総裁のノーマンとの間で会談を重ねた（前掲書: 243ff. 邦訳書（上巻）: 385 以下。ペンツリン 1980: 63. コッパー 2006: 80ff）。シャハトは、ノーマンに対して、自分の構想を次のように、説明した。ライヒスバンク以外の第 2 の発券銀行として、金割引銀行を作り、その資本金 2 億マルクは外貨─〔イギリスの〕ポンド・スターリングにすることにして、その半分の 1 億マルク分はドイツ国内で調達し、残り半分の 1 億マルク分はイングランド銀行から借り入れることで集めることにする。金割引銀行はライヒスバンクの指導下に入る。金割引銀行はドイツの輸出工業の手形信用を引き受けて、この手形はロンドン金融市場で、適切な投資手形として、受け入れられる（シャハト 1953: 246ff. 邦訳書（上巻）: 385 以下。ペンツリン 1980: 63-64. コッパー 2006: 82）。ノーマンは、イングランド銀行からの 1 億マルクの信用の期限は 3 年にし、その金利は 5 パーセントにすると述べた（シャハト 1953: 251. 邦訳書（上巻）: 393-394）。ノーマンは、さらに、フランスの銀行団と〔フランス軍占領下にある〕ラインの銀行団が独自のライン発券銀行設立を計画しているという情報〔フランス側が、その軍隊の占領下のラインラントをドイツから分離独立させようという計画の一端〕を伝え、この問題についてのシャハトの意見を問うたのに対して、シャハトは、ライヒスバンクはそうした計画に反対だと明言した（前掲書: 248-249. 邦訳書（上巻）: 388-390. ペンツリン 1980: 64. コッパー 2006: 81）。

　シャハトがノーマンに対して、金割引銀行の資本金をイギリスのポンド・スターリング通貨建てにしようと提案したのは、自己の金割引銀行構想にイングランド銀行の支持を取りつけるための方策だったことは、言うまでもなかった（前掲書: 82. ペンツリン 1980: 64）。ノーマンは、イングラ

ンド銀行が金割引銀行に1億マルク分融資することに同意しただけでなく、〔ロンドンの銀行に働きかけて〕金割引銀行の裏書きした手形をロンドンの銀行が引き受けることを保証し、シャハトの意見を受けて、ライン発券銀行設立計画にイングランド銀行が反対な旨を〔その情報を伝え、イングランド銀行及び、ロンドンの銀行団の協力を打診してきた〕パリの銀行家に伝えたという（シャハト 1953: 251-252. 邦訳書（上巻）: 393-395）。

　シャハトとノーマンの最初の会談は、この2人の生涯に渡る友情の始まりになり、ノーマンが〔イングランド銀行総裁として〕ベルリンを公式訪問した時には、いつもシャハト家の客として、ライヒスバンク総裁の官舎に泊まった（コッパー 2006: 82, 83）。ノーマンは、その後（1938年）、シャハトの孫〔男子〕の名づけ親になり、〔ベルリンで行なわれた〕その命名式に出席したという（シャハト 1953: 250. 邦訳書（上巻）: 392. ペンツリン 1980: 65）。この2人の友情の原因・背景としては、ノーマンがシャハト〔の中央銀行総裁としての能力〕を高く評価したこと及び、この2人が通貨政策の問題について見解が一致していたこと（2人とも、保守主義的な金本位制論者だったこと）が挙げられる（コッパー 2006: 83）。

　シャハトは、帰国直後、1924年1月8日の閣議で、ラインラントでの〔分離主義的な〕発券銀行設立を中央政府は承認しても、支援してもいけないと発言している（前掲書: 85）。彼は、その2日後の1月10日に行なわれた中央政府代表とライン経済界代表との間のライン発券銀行設立の交渉に参加し（前掲書: 85）、ライン工業界は〔ライン発券銀行の代わりに、自分の考案した〕金割引銀行により必要な信用を得られると指摘した（ペンツリン 1980: 65）。カトリックの中道政党の中央党出身の首相マルクスは最終的に、中央銀行であるライヒスバンク総裁〔つまり、シャハト〕の反対を理由に、ライン発券銀行設立を許可しないと決定した（シャハト 1953: 255. 邦訳書（上巻）: 399）。ライン経済界はその通貨政策をライヒスバンク〔の指導〕に従うと約束せざるを得なかった（コッパー 2006: 85）。こうして、フランスの後援下で独自の発券銀行を設立しようとしたライン経済界のライン発券銀行計画〔ラインラントのドイツからの分離独立に結果したであろうが〕は挫折したが、これはシャハトの勝利・功績と言ってよ

いであろう。シャハトがこのライン発券銀行設立計画に反対したのは、ライン発券銀行が設立され、ライヒスバンクとは別に、独自に銀行券を発行することを許したら、インフレ収束—安定通貨創出という彼の目標に支障をきたすからであった。

　シャハトの仇敵ヘルフェリッヒは国会でシャハトの金割引銀行案を取り上げて、ポンド・スターリングとの繋がりを批判し、これにより〔ライヒスバンクが〕イングランド銀行に従属することになるという懸念を述べた（ペンツリン 1980: 65）。これに対して、シャハトは、〔ライン銀行計画におけるフランスの銀行の場合と異なり〕イングランド銀行は〔ライヒスバンクの〕業務指導に何の影響力も持たず、単なる信用供与者にすぎないこと、（通常の利率が 10 パーセントなのに対して）イングランド銀行の金割引銀行への信用供与の利率は 5 パーセント〔と有利〕なことを指摘し、ヘルフェリッヒを沈黙に追い込んだ（前掲書: 65-66）。ヘルフェリッヒはたびたび、スイスに療養に出かけ、例のライ麦マルク案もスイスの山の上で構想を練ったと言われるが（有澤上巻 1994: 324）、1924 年 4 月 23 日にスイスの保養先からの帰途に鉄道事故に遭って、死亡した（前掲書上巻: 200-201）。前述したように、ワイマール共和国の代表的政治家の非業の最期について、ヘルフェリッヒにも責任があることを考慮すれば、「天はその存続を許さなかった」と言ってよいであろう（前掲書上巻: 201）。

　1924 年 3 月 19 日付の法律により金割引銀行は設立され、〔この法律に則って〕金割引銀行はイギリスポンドで銀行券を発行する権利を持っていたが、この権利は行使されなかったという（ペンツリン 1980: 66）。金割引銀行は民間の株式会社で、その資本金 1000 万ポンド・スターリングの内の半分はライヒスバンクと民間の出資者（外貨を調達出来る銀行）から集め、イングランド銀行は〔残りの資本金〕500 万ポンドを信用供与し、金割引銀行の手形に対して、1000 万ポンドまで再割引を保証した（前掲書: 66）。

　〔旧〕紙幣マルクが法貨で、レンテンマルクが国際的な支払い流通で使用出来ない時期に、金割引銀行は重要な役割を果たした（前掲書: 66）。ドイツ工業の輸出能力の再建のため、つまり、〔輸出用の工業製品生産に必要

な〕原料輸入に対して、金割引銀行は信用を供与した（前掲書：66）。シャハトは、金割引銀行がポンド貨表示で銀行券を〔新通貨として〕発行・流通させることを計画していたが、結局、印刷されていた金割引銀行の銀行券は流通されず、金割引銀行はライヒスバンクの補助機関として、ドイツの輸出促進を支援する役割を果たした（シャハト 1953: 256-257. 邦訳書（上巻）: 401）。

　国家統計局の卸売物価指数は（1913/14 年を 100 として）、1923 年 11 月の 137. 4 から同年 12 月 27 日に 112. 5 に減少していたが、1924 年 1 月に 117. 3、同年 3 月に 120. 7、同年 4 月に 124. 1 に上昇し（シャハト 1927: 113. 邦訳: 123。ペンツリン 1980: 68）、その原因としては、1924 年初頭の大幅な輸入増大と外貨投機の再燃（前掲書：68）及び、レンテンバンクによる民間企業への信用拡大（シャハト 1927: 113. 邦訳: 123）が挙げられた。シャハトは、この状況に対して、断固たる措置が取られねばならないと考えた（ペンツリン 1980: 68）。彼は、1924 年 4 月 7 日以後、新規貸出を行なわないこと、あらゆる手形割引を停止すること、ライヒスバンクが以前に供与した信用返済により、資金の余裕がある限度内でのみ手形割引を行なうことを、ライヒスバンクの全ての店舗に命令した（シャハト 1927: 117. 邦訳: 127）。この信用停止の結果、外貨投機は停止され、工業・商業は在庫品を市場に投げ入れ、卸売物価指数は 1924 年 5 月に 122. 5、7 月に 115. 0 に低下した（ペンツリン 1980: 68）。この信用停止の措置はあらゆる状況下で通貨の安定をライヒスバンクが守る決意であることを表わしたと言われたし（前掲書：68）、シャハト自身は、〔この措置で〕全ての他の経済政策上の要求に対して、通貨〔安定〕の〔絶対的〕優位が確立されたと述べている（シャハト 1927: 117. 邦訳: 127）。彼は、さらに、ライヒスバンクによる信用停止で物価安定が達成され、金割引銀行の業務が開始された期日である 1924 年 4 月 7 日を、インフレ終焉の日と名づけている（ペンツリン 1980: 69）。

　1924 年 8 月 30 日に、銀行法、民間発券銀行法、レンテンマルク紙幣流通清算法、鋳貨法といった一連の新たな法律の公布により、ドイツの通貨改革は完了したと言われた（前掲書：70）。この日〔1924 年 8 月 30 日〕

に、レンテンマルクの清算が開始され、レンテンマルク紙幣はもはや発行されないことになり、流通しているレンテンマルク紙幣は 3 年以内に償却されることになった（前掲書: 70）。新銀行法により、旧マルクに代わって、新マルクが法貨として登場し、紙幣マルクになった（前掲書: 70）。新マルクは金と〔直接的な〕交換は出来ないが、金の価格と結びついており、金により補填されているという点で金マルクだった（前掲書: 70）。これはまさに、シャハトがインフレ収束の上で目標としていた金マルク〔の実現〕に他ならなかった（前掲書: 71）。これは確かに、金本位制への復帰だったが、実質的には、金為替本位制（金為替本位制とは、〔銀行券発行のための〕中央銀行の法的準備として、金・外国為替の保有を認めるもので、金兌換を事実上、停止したものであった。楊井 1961: 120）を意味していた。新金マルクは、レンテンマルク導入以前にシャハトが提案していた金マルクと一致していた（ペンツリン 1980: 83）。

シャハトがインフレ収束のために構想した金割引銀行設立や新金マルク導入のために、〔ドイツの第 1 次世界大戦敗北に伴なう〕ドイツの賠償問題を扱う〔第 1 次世界大戦の戦勝国〕連合国側の専門家委員会（これは、1923 年 11 月に、アメリカ人企業家ドーズ委員長の指導下で、イギリス人、フランス人、イタリア人、アメリカ人の銀行家・工業企業家で構成され、ドイツの賠償問題について協議するために作られた専門家委員会のことを指す。コッパー 2006: 91）の承認が必要とされた（シャハト 1953: 256ff. 邦訳書（上巻）: 400 以下。ペンツリン 1980: 71）。シャハトは、1924 年 1 月半ば以降、断続的にパリ、あるいはロンドンを訪ねて、専門家委員会のメンバーと会合を重ね、粘り強い交渉を行ない、最終的に、金割引銀行設立や、新金マルク導入及びその前提となる新銀行法成立を達成した（シャハト 1927: 103ff, 141ff. 邦訳: 114 以下, 150 以下。ペンツリン 1980: 71）。これらは、「シャハトの業績」と言ってよいであろう（前掲書: 71）。

インフレ終焉の日は、レンテンマルク紙幣が初めて発行された 1923 年 11 月 15 日と言われた（前掲書: 30, 58）。前述したように、シャハト自身は、ライヒスバンクによる信用停止で物価安定を達成し、金割引銀行がその業務を開始した 1924 年 4 月 7 日をインフレ終焉の日と呼んだという。

第 5 章　シャハトのインフレ収束政策　　125

しかし、レンテンマルクが国際的な支払い流通に用いられず、旧紙幣マルクと並行して流通し、不完全だったこと及び、金割引銀行が当初の計画通りにポンド貨表示の銀行券（紙幣）を発行しなかったことや、1924 年 1 月から 4 月にかけて卸売物価指数の上昇―物価騰貴が見られたことを考慮すれば、暫定的な通貨としてのレンテンマルクの清算が開始され、シャハトの構想した新金マルク誕生が確定した 1924 年 8 月 30 日こそ、インフレ終焉の日と言ってよいであろう。あるいは、新銀行法実施により、新しい金マルクが登場した 1924 年 10 月 11 日も（シャハト 1927: 141. 邦訳: 150）、インフレ終焉の期日の候補に入るかもしれない。シャハトは、後年、自らの歴史的功績の 1 つとして、ドイツ国民に安定通貨をもたらしたことを挙げているが、これはレンテンマルクでなく、〔新しい〕ライヒスマルク〔金マルク〕のことだと明言している（シャハト 1953: 687. 邦訳書（下巻）: 515）。ここから、レンテンマルクでなく、新金マルク生誕こそが、インフレ終焉を意味していることを、読みとることが出来よう。

4. シャハトとヒルファディング　―むすびにかえて―

　ヒルファディング研究の側から、1923 年のインフレ収束―通貨改革の本来の創始者はヒルファディングであり、インフレ終焉はヒルファディングの功績であり、シャハトに通貨安定の功績があるというのは伝説〔大ウソ〕であるという議論がなされている（シュタイン 1946: 19-21. 邦訳: 44-46）。その論拠としては、シャハトが中央銀行であるライヒスバンク総裁に任命されたのは 1923 年 12 月であり、レンテンマルクはそれ以前に、1923 年 11 月に初めて発行されたということが挙げられていた（前掲書: 20. 邦訳: 45）。他方、ヒルファディングは「新マルクの発行を主張したことにおいては彼もその功を主張する権利がある」が、「学者としてはすぐれていても、政治家としての実行力においては欠けるところがあった」し、「旧マルクの印刷停止と新マルク発行の断行を躊躇して」いたことが指摘され（林 1963: 105）、〔ヒルファディングは〕インフレ収束という大事業を「仕上げることができなかった」と評価し（有澤上巻 1994: 332）、インフレ収束の功労者としてライヒスバンク総裁シャハトと〔ヒルファディング

の後任の〕財務大臣ルターの名前を挙げる見解（前掲書上巻：348）もあった。

　確かに、ヒルファディングは財務大臣在職中に、金本位制に基づく独自のインフレ収束案を構想し、最終的に、1923年9月29日にインフレ収束の通貨改革案の法案提出にまでこぎつけたが、この法案の内容としては、ルターの意見を取り入れて、当初はライ麦マルクを導入し、その後、中央銀行のライヒスバンクを金発券銀行に転換し、ライ麦マルクを金マルクに切り換えるということが挙げられた（スマルダウン2000: 166-167. グライテンス2012: 250）。これは、レンテンマルクから金マルクへの通貨改革を行なったシャハトのインフレ収束政策に類似的に見える。前述したように、シャハトもヒルファディングも金本位制論者だったから、そのインフレ収束の政策構想は自ずと似通ったものになったように思われる。

　これまで概観してきたように、ドイツのインフレ終焉は以下の過程を辿った。ヒルファディングの新通貨改革の法案は立法機関に提出されたが、政変により、その採決は行なわれず挫折し、後任の財務大臣ルターがレンテンバンク設立―レンテンマルク発行の法案を準備し、当初は通貨委員、その後、ライヒスバンク総裁として、シャハトがレンテンマルクの発行や、ライヒスバンクによる〔地方自治体・民間企業・銀行の発行した〕緊急通貨の受け入れ禁止の措置（これにより、緊急通貨を消滅させたこと）や、1923年11月20日にベルリン取引所でドルと〔旧〕紙幣マルクの交換比率を1対4兆2000億に固定化させたことといった措置（投機・闇市場対策）を実施し、イングランド銀行総裁のノーマンとの間に親交を結ぶことで、一方でイングランド銀行からの有利な条件での借り入れを基にして、金割引銀行設立を実現し（イングランド銀行からの借り入れはその資本金の半分にあたる）、他方でフランスの働きかけによるライン発券銀行設立を阻止（イングランド銀行に、このライン発券銀行設立を支援させないようにすることで）したりした。シャハトは、さらに、1924年4月7日にライヒスバンクによる信用停止の措置を命令し、連合国側の専門家委員会との交渉により、新金マルク導入を実現し、最終的に安定通貨を創出し、ドイツのインフレは終焉することになった。こうした経緯から、「シャハトの適切な

第5章　シャハトのインフレ収束政策　　127

通貨政策の果敢な実行」（有澤上巻 1994: 348）がドイツのインフレを終焉
させたと言ってよいであろう。無論、財務大臣として、レンテンマルクの
準備・立案を行なったヒルファディングとルターがインフレ終焉に果たし
た功績は否定出来ないが（「シャハトの適切な通貨政策の果敢な実行」に並
んで、「〔財務大臣〕ルターの死に物狂いの均衡財政の再建」も、ドイツの
インフレ終焉に寄与したという評価もある。前掲書上巻：348）、通貨委員、
ライヒスバンク総裁として、シャハトが行なった多くの措置がインフレ終
焉にとって決定的・重要な貢献だったことは明白に思われる。従来、1923
年 11 月 15 日のレンテンマルク導入により、インフレは終焉したとして、
「レンテンマルクの奇蹟」が語られてきたが（シュトルパー 1964: 106. 邦
訳：101）、本章での検討を通して、レンテンマルク導入はインフレ終焉へ
の第 1 歩にすぎず、1924 年 8 月 30 日の新金マルク誕生の確定、あるい
は、同年 10 月 11 日の新金マルクの登場による安定通貨創出（レンテンマ
ルクから金マルクへの通貨改革）の成功により、インフレ終焉という大事
業が完成したことが明らかにされたように思う。

　こうした経過から、シャハトがインフレ収束の過程で、自らの意にそわな
いレンテンマルク導入を、一時的・暫定的措置として実施し、その後、彼
にとって、正常なものである金マルク導入に道を開いたということが、浮
き彫りにされたように思われる。ここから、テクノクラート（政策技術の
担い手で、実際の政策を実施する技術者・官僚）としてのシャハトが、特
殊な状況に強いられて、固有の構想である金マルクでなく、非常手段とし
て、レンテンマルク導入を実施したが、その後、金マルク導入を実現させ、
正常な状況に復帰させたということが、明らかにされたと思う。

　前述したように、ドイツのインフレ収束の過程で、シャハトとヒルファ
ディングは直接的な接触は乏しかったように思われるが、同じような構想
―金マルク導入により、インフレ終焉を図った。最後に、シャハトとヒル
ファディングの間の経済政策観の類似点や相違点を検討し、両者のその後
の関係を概観して、本章のむすびにしようと思う。

　シャハトとヒルファディングは、通貨政策については、正統派的な立場
で一致していた〔金本位制に基づく金マルク導入〕が、財政政策上の原則

については、対立していたと言われる（コッパー 2006: 143）。シャハトと
ヒルファディングの財政政策観について、概観して、その相違点を見てみ
よう。

　1928 年 5 月に社会民主党出身のミュラーを首相とした連立内閣が成立
し、ヒルファディングは財務大臣に復帰した（スマルダウン 2000: 192.
グライテンス 2012: 258）。1929 年 3 月 14 日付の国会における財務大臣
ヒルファディングの予算演説から読みとれる彼の財政政策観は、政府の支
出削減や増税による均衡予算の達成を目指し、そのために、軍事支出の削
減、相続税・財産税・酒税の引き上げを行なう一方、労働省の社会的支出
を過去最高額に増大させ、所得税の減税を実施するというものだった（黒
滝 2009: 273, 288-289. なお、ヒルファディングの予算案について、言及
している以下の文献も参照。保住 2009 2): 133）。「社会的・福祉的支出の
増大」、「個人消費を高めて、需要側から経済の回復を図ることを目指した
もの」ということが、ヒルファディングの財政政策観の特性と言ってよい
であろう（黒滝 2009: 289）。

　シャハトは、〔名指しはしていないが〕ヒルファディングの財政政策を
目して、「素人の無責任な財政政策」と呼んで、国家予算（支出）を増大
させ、民間経済への税負担を重くしているし、〔異常な〕支出経済を生み
出していると批判し、国・州・地方自治体〔市町村〕の支出削減によって
のみ、緊急に必要とされる民間経済の負担軽減が可能になると論じている
（下線—ゲシュペルト）（シャハト 1931: 95, 86ff, 96）。また、第 1 次世界
大戦後に、ドイツの社会保険制度が拡大されたことをも批判し、「労働の義
務感や自力による自己救済の原動力、つまり、国民を偉大にし、全ての健
全な人間に潜んでいるものは、社会保険の過度の拡大や濫用により押し殺
され、節約への意志は弱められ、浪費的消費が増大した」と非難している
（下線—ゲシュペルト）（前掲書: 179ff, 184）。さらに、国家が個々の市民
の扶養を行なうべきだという考えが国家予算の異常な増大に結果したと攻
撃している（下線—ゲシュペルト）（前掲書: 87-88）。シャハトは、国家
の活動を法的軍事的側面に限定し、〔社会的〕弱者・貧者の扶養はキリス
ト教的隣人愛の自発性に委ねるべきだと論じ、19 世紀の夜警国家（夜警国

第 5 章　シャハトのインフレ収束政策　　129

家とは、国家の目的はもっぱら個人の人格的自由と所有の保護にあるとするもので、同時に、自由競争による経済の調和と発展を信じ、国家は外敵の侵入を防ぎ、国家治安を維持するに留まり、むしろ、その活動は必要最小限度に留めるべきであることを理想とした「安価な政府」と同義だった。金森・荒・森口 2009（1971）: 1220, 19）への復帰を理想視していたという（ミュラー 1973: 22-23）。

　シャハトとヒルファディングの財政政策観の共通点は、両者共に、赤字財政の是正―均衡財政の達成を目標にしている点にあったが、相違点としては、シャハトが民間経済への負担軽減、社会的支出の抑制を理想視したのに対して、ヒルファディングが富裕層への課税、社会的弱者・貧者の扶養のための社会的支出を重視していたことが挙げられる。シャハトが 19 世紀的な夜警国家―小さな政府への復帰を提起し、（中央銀行による金融政策を例外に）経済の自由放任―経済への国家介入排除を主張したのに対して、ヒルファディングは 20 世紀的な社会国家（社会的正義〔社会的不平等の是正〕及び社会的安全〔生活困窮者に対する保護と援助〕の実現に努める国家という意味。田沢 1990: 291）―大きな政府を目指して、国家による積極的な社会政策を擁護することになった点も、財政政策観としてだけでなく、経済・社会政策や国家についての見方―いわば、経済政策観に関しても、シャハトとヒルファディングの間には、深い溝が広がっていたように思われる。その背景としては、シャハトが民間経済―民間企業を擁護しているのに対して、ヒルファディングが労働者の福利を重視しているというこの両者の基本的立場の相違が挙げられよう。

　前述したように、1923-24 年当時、政治的には、リベラル左派の民主党員のシャハトと中道左翼の社会民主党員のヒルファディングは、ワイマール共和国を擁護する同じ陣営に属していた。また、前述したように、シャハトは、1923 年 12 月に、社会民主党の支援で、ライヒスバンク総裁に就任し、社会民主党出身のエーベルト大統領とは夫婦ぐるみで親密な関係を築いていたし、国民党出身のシュトレーゼマン外相とも親しかった。しかし、ヒルファディングが財務大臣として再登場した 1928-29 年当時、状況は大きく変わっていた。

シャハトは、1924年末以来、社会民主党指導下の地方自治体〔市町村〕が外債を受け入れて、競技場・プール・公会堂・博物館や住宅建設に使ったことを「奢侈支出」、「過度で不経済的」と非難したことを契機に社会民主党との関係が悪化していったが（ペンツリン 1980: 101）、古巣の民主党がプロイセン州などで社会民主党・中央党と連立を組んでいることにシャハトは不快感を感じて、1926年に社会民主党などが求める王侯財産の無償没収についての国民請願に民主党が賛成したことを契機に民主党を離党した（コッパー 2006: 133-134）。彼は、また、フランス軍のルール地帯からの早期撤退を実現させるために、シュトレーゼマン外交がフランスに譲歩しがちだと批判したのを契機に、シュトレーゼマン外相との関係も悪化させた（ペンツリン 1980: 94ff）（シュトレーゼマンは、1929年10月3日に心臓発作で死去したが、シュトレーゼマンにはシャハトも頭があがらなかったから、シュトレーゼマンが長生きしていたら、シャハトの右への旋回を抑えられたという評価もある。有澤下巻 1994: 471, 472-473）。シャハトは、1928年1月以来、〔極右反動派の〕ドイツ国家国民党に接近し、その財政政策担当者と会合を重ねていた（コッパー 2006: 133ff）。

　1929年10月に国庫危機が起こり、財務大臣ヒルファディングはアメリカの銀行からの短期信用借り入れを図ったが、その情報を得たシャハトはアメリカの銀行にライヒスバンクがこの信用供与に同意しない旨を伝達したため、この借款の話はダメになった（前掲書: 159-160）。1929年12月16日にミュラー首相は2億2000万マルクのタバコ税の増税と2億8000万マルクの歳出削減から成る財政改革実施を決断し（前掲書: 167）、〔12月17日に〕いわゆる「シャハト法」が議会で可決され、その結果、シャハト指導下のライヒスバンクは数億マルクのドイツの銀行借款団による〔政府への〕借り入れを手配して、国庫危機は解決された（前掲書: 167-168. シャハト 1931: 155. 同 1953: 323. 邦訳書（上巻）: 497）。12月21日に、財務大臣ヒルファディングは辞任した（コッパー 2006: 397）。ヒルファディングの財務大臣辞任の原因・理由としては、連立与党の国民党がヒルファディングの辞任を要求したこと及び、〔財政政策への〕シャハトの介入により、ヒルファディングの財務大臣としての本来の権限が揺らぎ、ヒルフ

ァディングには財務大臣辞任以外の選択の余地がなかったことが挙げられる（前掲書：168-169）。その意味で、シャハトがヒルファディングを倒したと言ってよいであろう（有澤下巻 1994: 484。林 1963: 148）。シャハトは、1930 年 3 月にライヒスバンク総裁を辞任し、1931 年 1 月以来、ナチスに接近していった（コッパー 2006: 173ff, 189ff）。

　シャハトは、後年、自分にはヒルファディングを財務大臣辞任に追い込むつもりがなかった旨、示唆している（シャハト 1953: 323. 邦訳書（上巻）: 497）。しかし、シャハトは社会民主党の財政政策担当者ヒルファディングと〔財政政策を巡り〕ライバル関係にあったと言われていた（コッパー 2006: 133）。前述したように、シャハトとヒルファディングの財政政策観が大きく隔たっていたこと、あるいは、経済・社会政策や国家についての見方の違い及び、経済界（大企業）擁護か、労働者側に立つかという基本的立場の相違が、両者の対立の背景・原因だったように思われる。

　1930 年代に、ヒルファディングはインフレへの懸念を示し（Borchardt/Schötz 1991: 277ff, 282. 保住 2009 1): 167. 倉田 2011: 46）〔以下、ボルヒャルト／シェッツと表示〕、シャハトもインフレの危険を警告していた（コッパー 2006: 308）。これはやはり、1923 年のドイツのインフレという歴史的事態を経験した 2 人の傑出した同時代人の共通点だったと言ってよいであろう。1930 年代に、シャハトは、ライヒスバンク総裁兼経済大臣として、ナチス政権の経済政策を指導する立場になり、ヒルファディングは反ナチスの立場から国外に亡命し、2 人は道を分かつことになった。しかし、シャハトは、その後、社会民主主義者の娘婿と接触する内に、〔社会民主主義についての認識を改めて〕ナチス期に自分の管轄下のライヒスバンクと経済省内の社会民主党員の官吏を〔ナチスの迫害から〕庇護したと言われる（前掲書：256-257）（シャハトの娘婿のシェルペンベルクは、シャハトの娘のインゲと知り合った学生時代—ハイデルベルク大学在学中には、社会民主党系の学生組織で活動していた法学部の学生だったが、その後、社会民主党の活動から遠ざかり、外交官として、反ナチスの抵抗運動に参加し、1944 年 2 月 1 日にゲシュタポに逮捕され、7 月 1 日に懲役 2 年の判決を受けた。前掲書：257, 351-352）。このことは、同い年の 2 人

の同時代人、シャハトとヒルファディングの２人（前者は政策技術の担い手で、実際の政策を実施する技術者・官僚としてのテクノクラート、後者は経済学者という点でも、違う側面があった）が、両者の間に、真剣な対話の機会があれば、経済政策観や基本的立場の上での互いの違いを乗り越えて、インフレ予防—通貨の安定の重要性についての共通の認識の確認などから、相互理解の可能性がなかった訳ではないことを示しているように思われる。

第6章

シャハトのメフォ手形

1. はじめに

　1933 年 1 月 30 日、ドイツにおいて、アドルフ・ヒトラーを首相とするナチス政権が成立した。このナチス政権(保守派とナチスの連立政権)の政策目標は、(a) 外国との軍備均衡、(b) 世界経済からの国の独立、(c) 経済力動員による軍事力の再構築、(d) 労働組合の抑圧、(e) 大不況で打撃を受けた資本主義制度の擁護の 5 点だった (シュヴァイツァー 1964: 51)。

　これらの諸目標の中で、いわば要の位置を占めていたのが、再軍備だった。そもそもナチス政権を構成した諸勢力は、再軍備促進に共通の利益を見出していた。軍部は「大陸軍」再建を望み、ヒトラー自身は軍拡を、帝国主義的征服・人種主義的絶滅戦争によって、調和的「民族共同体」創出と、世界市場の不確実性からドイツ国民経済を断ち切るという目標のための手段と考えていたし、寡頭制的大企業 (特に、鉄工業) は軍拡に 1920年代の過剰資本整理の機会を見ていたし、航空機・自動車・化学繊維工業は軍事受注を経済的打開の好機と看做していた (Geyer 1982: 13-14)〔以下、ガイヤーと表示〕。

　ヒトラーはそれ故に、首相就任後すぐに、中央銀行であるライヒスバンク総裁のハンス・ルターを呼んで、ライヒスバンクが軍拡のためにどの位融資出来るかと尋ねた。これに対して、ルターは 1 億ライヒスマルクと答えた。ルターのこの答えに、ヒトラーは失望したと言われる。1933 年 3月半ばに、ヒトラーは、1923-1930 年まで、ライヒスバンク総裁を勤め

134　　第 3 部　シャハトの金融政策

た当時の代表的な中央銀行家であるヤルマール・シャハトを招き、ルター
にしたのと同じ質問を行なった。これに対して、「ルターよりも、より賢明
なシャハト」は、具体的な数字を一切挙げずに、軍拡融資への協力を表明
したと言う（Schwerin von Krosigk 1974: 228-229）〔以下、シュヴェリー
ン・クロージックと表示〕。その結果、ルターは更迭され、3月17日、そ
の後任のライヒスバンク総裁にシャハトは就任した。

　1923年の大インフレーションの経験を踏まえたワイマール期のライヒ
スバンク法により、ライヒスバンクの国家への信用供与額は制限されてい
た。1924年8月30日付のドイツ銀行法により、発券銀行の国家への〔直
接的な〕信用供与は1億ライヒスマルクに制限されていたし、1926年6
月8日付の銀行法により、ライヒスバンクによる国庫手形割引は4億ラ
イヒスマルクに制限されていたので、その結果、ライヒスバンクの国家へ
の信用供与は合計5億ライヒスマルクが限度だった（ガイヤー 1982: 18.
Albert 1956: 24-25）〔以下、後者をアルベルトと表示〕。それ故に、ライ
ヒスバンクによる軍拡融資は、特殊の方策を必要とした。

　1933年8月に、ドイツの代表的な5大企業、クルップ、ジーメンス、ティッ
ッセン、ドイツ工業企業、グーテ・ホフヌングヒュッテが各々20万ライ
ヒスマルクずつ出資金を出し、合計100万ライヒスマルクで、冶金研究会
社、通称メフォが設立された。1934年5月に、メフォの出資企業がティッ
センから採鉱鉱業合同製鋼に交代した（コブレンツ連邦文書館 B239/42）
（従来の研究史の上では、メフォの設立期日が1933年5月説と8月説に、
出資企業に関しても、4つという見解と5つという見方に分かれ、出資企
業の名前についても、異同があった。これは、従来の研究がメフォの出資
企業の交代という事実関係を把握出来なかったために生じた誤解のように
思われる。筆者が、このメフォの設立期日や出資企業に関して、正確な事
実関係を把握出来たのは、1993年8月に、コブレンツ連邦文書館で、従
来未利用の国家債務管理局のメフォ手形についての報告書（コブレンツ連
邦文書館 B239/42）を閲覧出来たからに他ならない。筆者がこの報告書の
存在を知り、利用出来たのは、ひとえに、コブレンツ連邦文書館の財務省
担当の専門家ガブリエーレ・グロナウ女史の御教示による）。メフォの役員

第6章　シャハトのメフォ手形　　135

会はライヒスバンクと国防軍の代表から構成され、メフォの社員は出向し
てきたライヒスバンクの行員だった（アルベルト 1956: 30. Stuebel 1951:
4130）〔以下、シュテーベルと後者を表示〕。その意味で、メフォは実質的
には、ライヒスバンクのダミー会社だった。

　メフォの目的は、冶金研究に並行して、軍事企業の発行した手形の引き
受けだった（アルベルト 1956: 30）。このメフォの引き受けた手形、すな
わち、メフォ手形は、シャハトの考案した軍拡融資のための重要な道具に
他ならなかった。本章では、新史料を用いて、シャハトのメフォ手形の展
開の過程を概観して、メフォ手形の実態に迫ろうと思う。

2. メフォ手形の展開

　以下では、メフォ手形の実際の展開過程を概観することにする。メフォ
手形がどのように発行され、流通していったかを見てみよう。

　軍拡のための国家受注を請け負った企業家は手形を振り出し、メフォに
提出した。メフォは厳重な審査の後、提出された手形を引き受けた。その
結果、その手形は 2 つの有効な署名、当該の企業家の署名とメフォの署名
を得た（前掲論稿：32）。

　ところで、1924 年 8 月 30 日付の銀行法によって、ライヒスバンクは
2 つの署名だけの手形の受け入れの割合をその時点の全手形残高の 33 パ
ーセントに制限されていた。そこで、メフォと人的結合のある工業製品会
社、通称ハフィがメフォ手形に対して、第 3 の署名を行なった。（前掲論
稿：32-33）。

　メフォはハフィにメフォ手形を送付し、ハフィはメフォ手形に第 3 の署
名を行なった後、メフォに送り返した。メフォは 3 つの署名のそろったメ
フォ手形を発行主の企業家に戻した（前掲論稿：33）。

　メフォ手形は（法律上）、3 ヵ月満期の商業手形で、3 ヵ月期限を 19 回、
全部含めて 5 年まで延長可能の権利を与えられていた。メフォ手形は 3 ヵ
月流通した後、ライヒスバンクによって現金と交換に割り引かれてよかっ
た。ライヒスバンクは何時でも、メフォ手形を割り引く用意があると宣言
した。ライヒスバンクによるメフォ手形の割引率は 4 パーセントに固定

136　　第 3 部　シャハトの金融政策

表14 メフォ手形の現在高

(百万 RM)

3月31日	1935年	1936年	1937年	1938年
メフォ手形の現在高	2145	4860	9312	12000
全金融機関の手形残高 a)	7900	10096	12968	14528
全手形残高中のメフォ手形の割合（パーセント）	27.1	48.1	71.8	82.5

Ursula Albert, *Die deutsche Wiederaufrüstung der Dreißiger Jahre als Teil der Staatlichen Arbeitsbeschaffung und ihre Finanzierung durch das System der Mefowechsel*, Diss (Nürnberg, 1956), S. 39.
原注 a) 発券銀行・信用銀行・貯蓄銀行・商工業の信用共同組合、1936年からは、金割引銀行の手形残高をも含んでいる。

されていた。1934年4月に、最初のメフォ手形が発行された（シャハト 1968: 102-104）。

メフォ手形は工業界・銀行によって、コールマネーの対象として利用された（シュヴェリーン・クロージック 1951: 187）。これは、メフォ手形がライヒスバンクによって再割引されたからで、当時の財務大臣ルッツ・グラフ・シュヴェリーン・フォン・クロージックは、メフォ手形が当時、「銀行にとって、人気のある投資手形だった」と指摘している（シュヴェリーン・クロージック 1974: 230）。実際に、銀行は喜んで、メフォ手形を受け入れ、その結果、メフォ手形は貨幣市場で流通した。

軍拡のための国家受注を請け負った企業家は、メフォから戻されたメフォ手形を、金庫にしまって満期の期日を待つか、民間銀行かライヒスバンクに持ち込んで、現金化するかの選択があった（多くの企業は、当初、メフォ手形をライヒスバンクに持ち込んで割り引かせる代わりに、手元において、保存していたという。シュテーベル 1951: 4136）。メフォ手形の大半が短期貨幣市場に流通したという事実は、企業家が後者を選択したことを示している。

大半の企業は自己の資金を、銀行の仲介によって、短期的な投資に利用することを求め、その際に、メフォ手形は適切な投資手形だった。メフォ手形は信用銀行〔民間銀行〕で4.25パーセント、ライヒスバンクで4パーセントの利子で、現金化出来た（アルベルト 1956: 63）。

第6章　シャハトのメフォ手形　　137

民間銀行はメフォ手形受け入れによって、新貨幣発行ないし民間銀行の要求払い預金増大を惹起した。貯蓄銀行はその預金の30パーセントを、メフォ手形に投資した。民間銀行は次第に、メフォ手形への投資に重点を移していった（シュヴァイツァー 1958: 603）。

　表14は、メフォ手形の発行額及び、全金融機関（発券銀行、信用銀行〔民間銀行〕、貯蓄銀行等）の手形受け入れ額、全手形中のメフォ手形の比重を表わしている。ここから、当時のドイツ経済におけるメフォ手形の比重の大きさを読みとれよう。同時に、メフォ手形の発行増大が、当時のドイツ経済にとって、流動性増大に結果したことをも、見てとることが出来よう。

　メフォ手形が普通の商業手形と異なる点は、その満期になっても償還されず、さらに支払い手段として、その機能が継続した点にあったのだが、軍事企業は新たな投資の財源として、銀行貸付を必要とせず、メフォ手形を利用した（前掲論稿: 603）。

　前述したように、メフォ手形は法律上・形式上、商業手形と定義されていたが、実際にそう言い切れるかどうか疑問視される（当事者の1人であるシュヴェリーン・クロージック財務大臣でさえ、メフォ手形を目して、「形式上、商業手形、実質的には、融通手形」と述べている。シュヴェリーン・クロージック 1953: 316）。その意味で、研究史の上では、メフォ手形は融通手形ないし、疑似商業手形と位置づけられている（メフォ手形が商業手形でない論拠としては、メフォ手形が商品取引と関連がないこと及び、企業がメフォ手形の代価に供給する商品が軍事資材で、他に販売出来ないことが挙げられている〔アルベルト 1956: 35. シュテーベル 1951: 4130〕）。シャハト自身は後に、メフォ手形が「よい商業手形でなかった」と述べている（シャハト 1949: 40）が、メフォ手形を目して「利子つき資金」と評してもいる（シャハト 1968: 103）（シャハトは、ニュルンベルク国際軍事裁判の法廷で、ライヒスバンクが事前に、メフォ手形が銀行法上、合法かどうか、〔ライヒスバンク直属の〕法律家によって審査させ、合法との判定を得たと証言している〔ニュルンベルク国際軍事裁判文書 XII 1989 (1947): 654〕）。

メフォ手形は〔当時のドイツの〕軍拡の「核心」と言われた（シュテーベル 1951: 4130）。表 15、16、17、18 は、1933-1939 年までのドイツの軍事費とこの間のメフォ手形の発行額を表わしている。ヒトラーは〔第2次世界大戦開始時の〕1939 年 9 月 1 日の国会演説で、ナチス政権成立以降のドイツの軍事費の総額を 900 億ライヒスマルクと豪語した（Hitler Band 3 1988（1973）: 1315）〔以下、ヒトラーと表示〕が、これはヒトラー得意の「『大風呂敷』の戦争宣伝」に他ならず、実際には 600 億ライヒスマルク程度だった（シュヴェリーン・クロージック 1974: 228. ガイヤー 1982: 14-15）。

　これらの表 15、16、17 から、メフォ手形の発行額が年々増大しつつあり、莫大な額にのぼること、当該期間において、メフォ手形が各年度のドイツの軍事費の約半分を負担し、1933 年から 1939 年 8 月までの期間、つまり、ナチス政権成立から第 2 次世界大戦勃発までの期間のドイツの軍事費の約 20 パーセントを占めていたことを確認出来よう。その意味で、メフォ手形が軍拡融資に果たした重要性を見出し得よう。

　ところで、1936 年のメフォの手形業務実施についての行政命令によって、メフォ手形の法的要件が確定された。メフォ手形 1 枚分の額は本来、軍事受注請負の企業家の受理すべき額だが、この行政命令によると、メフォ手形 1 枚分の額は 200 万ライヒスマルクに制限されているので、企業家が国家への〔兵器〕供給の代価として、より多くの金額を要求しなければならないなら、それだけより多くの手形を発行しなければならなかった（アルベルト 1956: 30）。また、1936 年以降に発行されるメフォ手形は、それ以前の時期（1934-35 年）のメフォ手形（3 ヵ月）期限と異なり、6 ヵ月期限で、5 年延長ということに改定された（コブレンツ連邦文書館 B239/42. 大島 1986: 78）（なお、従来の研究では、メフォ手形の流通期間をめぐり、3 ヵ月説と 6 ヵ月説に分かれていたが、これは、1934-1935 年にかけて発行されたメフォ手形が 3 ヵ月期限で、1936-1938 年にかけて発行されたメフォ手形が 6 ヵ月期限であることが把握出来なかったことによる誤りのように思われる。筆者は、国家債務管理局のメフォ手形についての史料と大島氏の研究のおかげで、この誤りから免れることが出来た）。これらは、

表15 軍事支出 1933-1939年

(百万 RM)

	1933年	1934年	1935年	1936年	1937年	1938年	1939年a)	1934/39年 (総額)b)
国防軍及びOKW1)		3	5	128	346	452	258	1192
陸軍	478	1010	1392	3020	3990	9137	5611	24160
海軍	192	297	339	448	679	1632	2095	5491
空軍	76	642	1036	2225	3258	6026	3942	17128
軍の全支出	746	1952	2772	5821	8273	17247	11906	47971
メフォ手形		2145	2715	4452	2688			12000
総支出	746	4197	5487	10273	10961	17247	11906	59971

Heinrich Stuebel, Die Finanzierung der Aufrüstung im Dritten Reich,
in; *Europa Archiv* 6 (1951), S. 4129. より作成。
訳注 1) OKW は、国防軍最高司令部を表わす。
原注 a) 1939 年 4 月 1 日から同年 8 月 31 日までの国家予算
　　 b) 1934 年 4 月 1 日から 1939 年 8 月 31 日までの国家予算

表16 軍事支出とメフォ手形

	軍事費 (十億 RM)	メフォ手形の補填 (十億 RM)	パーセント
1934/35 年	4. 1	2. 1	51. 2
1935/36 年	5. 5	2. 7	49. 0
1936/37 年	10. 3	4. 4	42. 7
1937/38 年	11. 0	2. 7	24. 6
1938/39 年	17. 2		
1939 年 4. 1-8. 30	11. 9		
合計	60. 0	12. 0	20. 0

出典 *Ebenda*, S. 4131.

表17 国家予算と軍事費

(十億 RM)

	国家予算	軍事費 a)	国家予算中の 軍事費の割合
1932/33 年	7. 9	0. 6	7. 6
1933/34 年	6. 3	0. 7	11. 1
1934/35 年	10. 3	4. 1	39. 8
1935/36 年	12. 8	5. 5	43. 0
1936/37 年	17. 7	10. 3	58. 2
1937/38 年	20. 0	11. 0	55. 0
1938/39 年	28. 7	17. 2	60. 0
1934/38 年	89. 5	48. 1	53. 7

出典 *Ebenda*, S. 4132.
原注 a) 国家予算の軍事費に、メフォ手形支出額も、加算した。

表18 軍事費と国民所得

(十億 RM)

	軍事費 a)	国民所得	国民所得中の軍事費の割合
1932/33 年	0. 6	45. 2	1. 3
1933/34 年	0. 7	46. 5	1. 5
1934/35 年	4. 1	52. 8	7. 8
1935/36 年	5. 5	59. 1	9. 3
1936/37 年	10. 3	65. 8	15. 7
1937/38 年	11. 0	73. 8	15. 0
1938/39 年	17. 2	82. 1	21. 0
1934/38 年	48. 1	333. 6	14. 4

Ebenda, S. 4129.
原注 a) 国家予算の軍事費に、メフォ手形支出額を、加算した。

メフォ手形の発行額が増大したことへの対応のように思われる。メフォ手形の期限が3ヵ月から6ヵ月に延長されたのは、後述するように、ライヒスバンクに持ち込まれるメフォ手形の額が増えたことへの対応に他ならず、メフォ手形をなるべくライヒスバンクに持ち込ませまいとするライヒスバンク当局の意図を、読みとれるであろう。

　表15、16、17、18が示しているように、ナチスドイツの軍事費は増大する一方だった。シャハトは、ナチス政権下の再軍備を、ドイツが他の列強に伍するための必要措置と看做し、積極的に軍拡を支持していたが、同時に、ドイツの軍備を防衛的なものと位置づけており、それ故に、限定的な再軍備を想定していた（ニュルンベルク国際軍事裁判所文書 XII 1989 (1947): 521-522. XIII: 61. XLX: 295）。

　ところが、ヒトラーや国防軍の推進している軍拡は、シャハトの想像をはるかに越えた征服戦争ないし、究極的には、絶滅戦争をも企図したものだった。「シャハトは、海賊船に乗っていて、商船に乗っていると信じていた」（前掲書 XVIII: 334）。

　シャハトは、また、経済学者として、ドイツの再軍備を経済的理性・可能性の枠内に抑えようとしたが、ヒトラーや軍部には、シャハトの言に耳を傾ける余地はなく、特に、1936年からの第2次4ヵ年計画の推進者、ヘルマン・ゲーリングは、シャハトとは逆に、ドイツの軍拡を経済的理性・

可能性を無視して、経済的理性・可能性の枠を越えて、促進しようとした（前掲書 XII: 657-658）。

シャハトが過度の軍拡の危険性に警告を発し始めたのは、1936 年頃からだった。国防省国防経済兵器局局長のゲオルク・トーマスの証言によると、シャハトは、1936 年以降、トーマス及び、国防大臣ヴェルナー・フォン・ブロムベルクに対して、軍拡の規模・速度を制限すべきだと述べたという。シャハトが過度の軍拡に反対した論拠としては、(1)〔過度の軍拡が〕通貨を危険にすること、(2) 消費財生産の不足、(3) 対外政策上の危険の 3 点が挙げられるが、シャハトはこの内の (3) を強調し、トーマスやブロムベルクに対して、再三再四、軍拡が新たな戦争を誘発してはいけないと説いた。シャハトは、また、国防大学での講演でも、ドイツは経済的理由から、新たな戦争を起こしてはいけないし、必要な限度内に、軍拡を抑えなければならないと主張したという（前掲書 XIII: 87. XLX: 297）。

シャハトが軍拡融資の切り札として、メフォ手形を考案したのも、通貨を危険にしない（インフレに結果しない）、戦争を引き起こさないという前提に基づいてのことだった。シャハトはその意味で、次第に、メフォ手形の発行額が膨脹しつつあること及び、過度の軍拡に対して、深刻な懸念を抱き始めた。

表 15、16、17、18 が示しているように、ナチス政権下で、ドイツの軍事費は年々増大し、1937 年度だけで約 110 億ライヒスマルク、1938 年度には約 170 億ライヒスマルクで、その頂点に達した。その内訳は、陸軍に約半分（50.4 パーセント）、空軍に約 3 分の 1（35.7 パーセント）、海軍に約 10 分の 1（11.4 パーセント）、残余（2.5 パーセント）が国防省及び、国防軍最高司令部に配分されていた（シュテーベル 1951: 4129）。特に、表 17 から全国家支出中の軍事支出の比重、表 18 から国民所得中の軍事支出の比重が飛躍的に増大していることは、看過出来ないであろう。1938 年の軍事費増大の背景として、対オーストリア、チェコスロバキアへの軍事作戦と西部要塞建設が挙げられる。この時（1938 年）の西部要塞建設だけで、20 億ライヒスマルクが支出されたという（シュヴェリーン・クロージック 1951: 189）。メフォ手形を含む全国家支出の 51.9 パーセン

142　　第 3 部　シャハトの金融政策

トが国防軍に供与されたと言われている（ヴェルケ 1992: 103）。

　表 15 から、各年度の国家予算からの陸・海・空の三軍への支出額が把握出来るが、「メフォ手形からの支出が三軍にどのような割合でわたったかが明らかでない」ままに終わり、「ただ、1935 年までの秘密再軍備の時期に、おそらくメフォ手形支出の相対的に多くの部分は空軍にまわされたと考えられる」と言われている（栗原 1994: 515）。空軍がそもそも零から出発して、急成長したこと（シュテーベル 1951: 4129）及び、メフォの役員の中に、空軍元帥のエアハルト・ミルヒが名前を連ねていること（シュヴェリーン・クロージック 1951: 284）から、そう根拠づけられているように思われる。

　メフォ手形の発行は、ナチスドイツが秘密裏に再軍備を行なうことに貢献した。財務省は会計検査院にメフォ手形のことを全く報告せず（Hansmeier/Caesar 1976: 391. 邦訳（上）: 516）〔以下、ハンスマイヤー／ツェーザーと表示〕、シャハトが 1934-1937 年まで経済大臣だったにもかかわらず、経済省の役人たちは 1936 年まで、メフォ手形のことを知らなかったという（ニュルンベルク国際軍事裁判文書 XLI 1989（1947）: 269）。名目的には、メフォ手形は国家債務ではなく、民間の会社の債務であり、それ故に、メフォ手形には国の署名はなかったが、国によって支払いを保証されていた（Statistisches Handbuch von Deutschland 1949: 555）〔以下、ドイツ統計便覧と表示〕。国は財務省の公開書簡で、メフォ手形の償還を保証していた（アルベルト 1956: 32）。

　当初、メフォ手形の発行額に制限枠が設定されていなかったため、軍需に伴なって、メフォ手形の発行額は膨らむ一方だった。シャハトは、こうした軍事費及び、メフォ手形の発行額増大に対して、危機感をつのらせ始めた。ライヒスバンク総裁の任期は 4 年であり、それ故に、1937 年 3 月に、シャハトのライヒスバンク総裁の任期更新の時期が訪れた。この時期までに、メフォ手形の発行額は約 90 億ライヒスマルクに達していた。

　シャハトはわざと、通常通りに、ライヒスバンク総裁の再任を 4 年としないで、1 年だけの更新にした。シャハトは、ヒトラーに対して、メフォ手形の全発行額を 120 億ライヒスマルクに制限すべきこと（つまり、メ

第 6 章　シャハトのメフォ手形　　143

フォ手形の発行額はあと30億ライヒスマルクまでしか認められないこと）、翌年（1938年）の3月31日をもって、メフォ手形の発行を停止することを要求した。シャハトは、この要求が認められなければ、1年後にライヒスバンク総裁を辞任すると述べた。ヒトラーは、これに対して、シャハトの要求を認め、1年後のメフォ手形の発行停止及び、メフォ手形の発行額制限に同意した（シャハト 1949: 72. 同 1968: 107. 同 1953: 457-458. 邦訳書（下）: 181-182）。

シャハトのこの強硬な態度（ライヒスバンク総裁辞任をさえ、ちらつかせた）の結果、1938年3月31日をもって、メフォ手形の発行は停止され、メフォ手形の発行額も、シャハトの要求通り、120億ライヒスマルクに抑えられた。その当然の結果として、シャハトは1938年3月17日に、ライヒスバンク総裁に再任され、さらにあと4年の任期を得ることになる。

確かに、シャハトの強いイニシアチブの結果、メフォ手形の発行は停止され、その膨脹に歯止めがかけられた。しかし、120億ライヒスマルクにものぼるメフォ手形の後始末、償還の問題が、シャハト及び、ライヒスバンク当局の頭を悩ますことになる。

表19は、国家債務局の1936年3月31日から1938年12月31日までのメフォ手形の流通に関する史料を、筆者が再構成したものである。ここから、メフォ手形のかなりの部分がライヒスバンクに持ち込まれたこと及び、ライヒスバンクが持ち込まれたメフォ手形を財務省や他の機関に売却していたことが見てとれよう。また、1938年3月31日に120億ライヒスマルクの頂点に達したメフォ手形の総額が、同年6月30日に119億6680万ライヒスマルク、同年9月30日に119億3560万ライヒスマルク、同年12月31日に119億3340万ライヒスマルクに減少していることから、微小とはいえ、期限満期前に、メフォ手形の早期償還が行なわれたことを、確認出来よう。

この表19から、1936年3月31日から1938年6月30日にかけて、若干のメフォ手形がライヒスバンクに持ち込まれることなく、経済界に流通していたことが窺われる。しかし、また、1938年6月30日から同年9月30日の間に、これらの経済界に流通していた全てのメフォ手形が割引のた

表19　メフォ手形の流通　1936-1938年

(百万 RM)

期日	メフォ手形	2の額中、ライヒスバンクに達していない額	2の額中、ライヒスバンクに割引かれた額	4の額中、財務省に販売された額	4の額中、他の機関に販売された額	4の額中、ライヒスバンクに残った額
1	2	3	4	4a	4b	4c
1936年3/31	4860. 3	188. 3	4672. 0	626. 9	1623. 1	2422. 0
1937年3/31	9312. 3	2773. 8	6538. 5	1017. 5	1685. 5	3835. 5
1938年3/31	12000. 0	3263. 1	8736. 9	1045. 2	3047. 8	4643. 9
1938年6/30	11966. 8	1569. 5	10397. 3	1389. 5	4014. 5	4993. 3
1938年9/30	11935. 6		11935. 6	200. 9	4825. 1	
1938年12/31	11933. 4		11933. 4	10. 5	4828. 5	

出典　BA KobLenz B 239/42. より作成。

めに、ライヒスバンクに持ち込まれたのである。これは、1938年半ばから夏にかけてのことと思われる。

　これには、3つの理由が挙げられる。第1は、1938年半ばに、財務省がライヒスバンクに特別信用供与を求めて断わられたので、代わりに、民間銀行に短期信用供与を強いたので、その結果、民間銀行が自行の所有しているメフォ手形をライヒスバンクに持ち込んで現金化しようとしたことである（ニュルンベルク国際軍事裁判文書 I 1989（1947）: 348. XXII: 631. アルベルト 1956: 66. シュテーベル 1951: 4130）。第2は、シャハトの要求が実現して、1938年3月31日にメフォ手形が発行停止されたことに伴ない、新たな軍拡のための融資手段として、納入者国庫証券が登場したことによる影響である。これまでのメフォ手形の代わりに、納入者国庫証券を受領した軍事企業は即座に、民間銀行にこれを持ち込んだ。民間銀行は、〔納入者国庫証券持ち込みに伴なう〕現金不足に対処するために、自行の所有しているメフォ手形をライヒスバンクに持って行った訳である（加藤 1979: 74。塚本 1964: 258-259）。第3は、1938年のズデーデンランド危機の影響である（フィッシャー 1968: 69. 邦訳書: 101）。ズデーデンランド危機によって、これまでメフォ手形を所有していた企業・銀行の国

への信頼が揺らぎ、企業・銀行はメフォ手形をライヒスバンクに持って行ったという訳である。

国家債務管理局の史料には、1 から 4b までが記され、ライヒスバンクがどれ位の額のメフォ手形を所有していたかは記入されてなかった。筆者は、1938 年 6 月 30 日時点までは、ライヒスバンク所有のメフォ手形の額を計算出来たが（その結果が、4 から、4a と 4b の合計を引いた 4c である）、それ以後の時点でのライヒスバンク所有のメフォ手形の額は不明のままである。研究史の上では、1938 年半ばから夏にかけて、ライヒスバンク所有のメフォ手形の額は約 60 億ライヒスマルクから 80 億ライヒスマルクに増大した（アルベルト 1956: 66. シュテーベル 1951: 4130）と言われているが、その実態は不明と言わざるを得ないであろう。財務省所有のメフォ手形の額が、1938 年 6 月 30 日から同年 9 月 30 日、同年 12 月 31 日にかけて、徐々に減少しているが、これは、財務省がその所有するメフォ手形を早期に償還したか、他の機関に売却したせいだと思われる。

ところで、1924 年 8 月 30 日付のライヒスバンク法第 28 条の規定により、紙幣発行は、40 パーセント金・外貨、60 パーセント商業手形で補填するように、定められていた（アルベルト 1956: 37）。つまり、ライヒスバンクが〔形式上、商業手形である〕メフォ手形を多数、かかえこめば、それだけより多くの紙幣が増発され、インフレの危険が高まることになる訳である。シャハトやライヒスバンク当局は、それ故に、出来るだけ、ライヒスバンクの在庫から、メフォ手形を減らそうと企てた。

ライヒスバンクの子会社である金割引銀行は、単名手形を発行して、民間銀行から信用を吸収した。単名手形の利子は約 3. 75 パーセントないし、3. 85 パーセントで（通常、銀行の割引率は約 2. 85 パーセントなので）、民間銀行は喜んで、単名手形を受け入れた（民間銀行は、単名手形によって、高利益を得た）。金割引銀行は、単名手形によって得た資金で、ライヒスバンク所有のメフォ手形を購入した（前掲論稿: 69. 加藤 1979: 70 以下 . シュヴァイツァー 1958: 606）。1937 年に、金割引銀行は、17 億 9500 万ライヒスマルクのメフォ手形を所有していたと言われている（アルベルト 1956: 60）。表 19 では、金割引銀行所有のメフォ手形に関しては、4b の

146　　第 3 部　シャハトの金融政策

中に一括して、括られているように思われる。

　徐々に、メフォ手形の償還期限が近づきつつあった。1939 年春に、最初に発行された約 20 億ライヒスマルクのメフォ手形の償還が行なわれねばならなかった。1938 年に、シャハトとライヒスバンクは、財務省に対して、メフォ手形の期限通りの償還を、財源を国家歳入（税収）から確保して行なうことを、強く要求した（シャハト 1949: 89. 同 1968: 108-109）。これに対して、財務省側は逆に、メフォ手形の財務省証券への借換—事実上のメフォ手形の償還延期を主張した（シャハト 1949: 86）。

　前述したように、シャハトは、ナチス政権下の軍拡に対して、深刻な懸念を抱き、軍拡の速度・規模を緩めることを説いていた。シャハトは、このことに関連して、軍拡を停止し、その分浮いた資金をメフォ手形の償還に利用すべしと論じていた。こうしたことは、当然、征服戦争準備のために、軍拡を最優先していたヒトラーの逆鱗に触れることになった。

　このように、シャハトは、メフォ手形の償還問題を契機に、一方で、財務大臣シュヴェリーン・クロージック率いる財務省、他方で、ヒトラーや軍部との間で、対立を深めて、孤立化の道を歩むことになった。

3. 1939 年 1 月 7 日付シャハト覚え書

　1938 年 3 月 31 日をもって、メフォ手形の発行は停止された。シャハトとライヒスバンクは、それ以上の軍拡融資を拒否した。その結果、メフォ手形に代わる軍拡の融資手段として、納入者国庫証券と NS 租税証券が、財務省主導下で、発行された（納入者国庫証券は無利子の財務省証券の一種で、6 ヵ月期限で、軍事企業がライヒスバンクにこれを持ち込んでも、メフォ手形の時のように再割引されず、これを担保にライヒスバンクから貸し付けを受けられるだけであった。この納入者国庫証券は、1938-1939 年にかけて、全部で 60 億ライヒスマルク発行された。NF 租税証券は、I と II の 2 種類に分かれ、前者は無利子で期限 6 ヵ月で、24 億 1100 万ライヒスマルク発行され、後者は金利 4 パーセントで期限 3 年で、24 億 8000 万ライヒスマルク発行された。軍事企業は国家受注の代価として、その請求額の 40 パーセントをこの NF 租税証券で受理し、国家への租税支払い

にこれを用いた訳である。フィッシャー 1968: 70. 邦訳: 102. ハンスマイヤー／ツェーザー 1976: 393-394. 邦訳（上）: 479. 原 1993: 364. シュヴェリーン・クロージック 1953: 316. シュテーベル 1951: 4131. ペトツィーナ 1977: 119. Kroll 1958: 603）〔以下、クロールと表示〕。ヒトラーは、シャハトのこうした態度を、軍拡をサボタージュするものと看做し、シャハトへの敵意・憎悪をつのらせた（ニュルンベルク国際軍事裁判文書 XVIII 1989（1947）: 339）（ニュルンベルク国際軍事裁判の席上、ヒトラーの側近だった軍需大臣のシュペーアは、1937 年夏に、オーバーザルツブルクの山荘で、ヒトラーとシャハトが言い争いを行ない、その後、ヒトラーが彼に対して、シャハトとはもう協力出来ない、シャハトは自分の財政計画を攪乱したと述べたと証言している（前掲書 XII: 571-572））。

1939 年 1 月 2 日に、シャハトは、オーバーザルツブルクのヒトラーの山荘を訪ねて、ヒトラーと会談を行なった。この会談は、軍事支出削減のために、シャハトがヒトラーに緊急に要請した結果、実現したものだった（前掲書 I: 348. XXII: 631）。シャハトは、この席上、ヒトラーに対して、改めて、厳しい財政状況及び、ライヒスバンクが国への信用供与を拒絶せざるを得ないこと、国家支出制限や軍事支出制限を必要とせざるを得ないことを話した（前掲書 XII: 573）（シャハトは、以前にも、ヒトラーに対して、戦争とインフレを阻止すべきと説いたことがあり、インフレがまもなく起こると見ていたが、戦争はまだ避けられると考えていた〔シャハト 1953: 458. 邦訳書（下巻）: 183〕）。

ヒトラーは、これに対して、財政支出（軍事支出）を紙幣印刷で賄うつもりだと答えた（ニュルンベルク国際軍事裁判文書 XII 1989（1947）: 574. Marsh 1992: 159. 邦訳書: 141）〔以下、マーシュと表示〕。シャハトは、ヒトラーのこうした姿勢がインフレを生むとの危惧を抱き、1938 年の内から準備中の覚え書を、ヒトラーに提出する腹を決めた（前掲書: 158-159. 邦訳書: 141）。

ライヒスバンク役員会は、ヒトラー宛に、1939 年 1 月 7 日付の覚え書きを提出した。以下、煩を厭わず、全文を引用してみよう。
「ライヒスバンクは以前から、公共支出と短期信用が過度に拡大されたこと

による、通貨にとっての危険性を指摘してきた。1938 年末には、ドイツのインフレの危険を抑え得る決定を請うことを我々の義務とするような<u>危険点</u>に、<u>通貨財政状況</u>が達した。

ライヒスバンクは最初から、ドイツ国防軍再建に基づいてのみ、対外政策上の成功が達成可能であることを知っていた。ライヒスバンクはそれ故に、その通貨政策上の危険にもかかわらず、広範な軍拡融資を引き受けた。このことを正当化する根拠としては、全ての他の考慮を抑えて、即座に零から始め、当初は偽装された、威厳ある外交政策を可能にする軍拡を行なう必要性にあった。

この計画実現の際に、<u>インフレ現象回避</u>が決定的に重要だった。何故なら、インフレはナチス指導部への信頼を掘り崩すだけでなく、インフレによって、物的に何も獲得出来ないからである。広範な未経験の大衆は、よくても、せいぜい、インフレによって、貨幣の購買力減少と錯覚し、結果的に、即座に、より強い失望を感じさせられることになるのである。経済では、インフレによって、流動資本が根絶され、租税収入や全国家予算が攪乱され、貯蓄本能が掘り崩され、それと共に、国債売却が不可能になったし、インフレのせいで、生存に必要な商品〔食糧〕が高価になったり、清算取引制度が行き詰まり、その結果、結局、対外貿易が停止するに至る。

インフレ現象回避のために、ライヒスバンクは最初から、2 つの基本的な要求、つまり、第 1 に、貨幣・資本市場統制、第 2 に、<u>価格・賃金統制</u>を提起した。第 2 点に関しては、ゲルデラー博士の指導した価格検査局の廃止の後、第 1 署名者〔この覚え書の第 1 署名者、つまり、シャハト〕が経済大臣として、その後、ガウライターのヨゼフ・ヴァグナーが新たに任命されることになる価格委員の再導入を行なった。第 1 の要求は、ライヒスバンク総裁〔シャハト〕を委員長とする統制委員会の企図した、1933 年 3 月の閣議決定の中で、考慮に入れられている。

<u>貨幣・資本市場の統制</u>は、二重の目的、第 1 は<u>資本市場</u>での短期の国債整理、第 2 は<u>貨幣市場</u>での短期の国家の有価証券（メフォ手形等）の投資に貢献すべきだった。貨幣市場の利用は、ライヒスバンクが自行に納入出来た約 60 億ライヒスマルクのメフォ手形に並行して、さらに約 60 億ライ

ヒスマルクのメフォ手形をライヒスバンクの外、つまり、紙幣流通の負担なしで、投資することを可能にした。このことは、ライヒスバンクが何時でも、メフォ手形を現金と交換すると表明したことによって、達成された。その結果、ドイツ経済の流動資金は、この手形〔メフォ手形〕の中に、確かに一時的な、しかし、いつも新たな投資対象を見出し得た。

　ドイツ経済がまだ、完全雇用の段階に入っていない限り、一方で貨幣・資本市場、他方で賃金・価格への２つの統制は、ある程度、十分に機能した。経営の生産費は生産能力をより大規模に利用した結果、低いままだったし、工業企業は資本市場をより大規模に利用せずに、その投資需要を、経営余剰利益増大から補填出来た。しかし、ドイツ経済が完全雇用・過剰雇用の段階に近づけば近づく程、それだけ、統制の有効性は低下せねばならなかった。労働時間延長の結果、投資の拡大・不熟練労働力の雇用・労働能率の低下は、生産費を上昇させ、経営余剰利益を消費し、その結果、工業企業は、それまで、基本的に、国の貨幣需要を十分充たせる余裕のあった公的貨幣市場で、その貨幣需要を充たすことを余儀なくされた。資本市場は、それと共に、需要増大に対して、機能不全に陥らねばならなかった。

　資材・労働力の不足及び、品質の悪化が、経済の過剰雇用と共に、現われた。同時に、日々需要のある消費財生産は減少し、その結果、賃金額増大と消費財の品質低下が並立していた。賃金・価格の大規模な増大は、この展開の結果だった。確かに、価格・賃金増大の規模は、一様でなかった。価格が維持され、それどころか、価格が少し低下した商品もあったし、例えば、繊維工業のあるグループのように、賃金上昇の恩恵にあずかれなかった労働者群もいた。しかし、これに対して、特に最近、異常な規模と看做された他の労働者・商品群での賃金・価格上昇が並立していた。この増大は特に、1938 年の最近 10 ヵ月で明らかになった。［1938 年］3 月から、対オーストリア・ズデーデンラント作戦とそれに関連した措置の終わる時期まで、賃金・価格は完全に分離してしまった。対外作戦終了後も、残念ながら、以前の基盤の遺物ないし、以前の基盤への復帰は認められない。

　軍拡もその中に数えられるべき投資財分野で、価格上昇は、過度の受注と、速く製造することを求める圧力に由来する。これらの請求の結果、注文主

の官庁でも、製造元の企業でも、あらゆる計画が失敗した。資材・労働力不足の際に、最も強い価格・賃金上昇に関して、発注者は企業に、相互の資材・労働力を奪うように強いる。消費財分野では、価格上昇に結果した位の、十分な商品量の不足、よい品質の商品の不足があった。日常消費財、家で使用するもの、衣服では、まさに、商品不足と、特に、品質悪化は不利に感じられた。以前には、十分な耐久性のあった子供用下着・労働者用の洋服は、数ヵ月分の耐久性しかなかったが、しかし、その値段は、以前の品質のよい商品と同じ値段か、それ以上の値段だった。その結果、沢山給料をもらった労働者は、あまり幸せではない労働者同胞から、商品を奪い取ることになり、特に食糧分野で、多くのごたごたを起こした。

　しかし、決定的に、通貨は、公共体の抑制のない支出経済に脅かされた。国家支出の際限のない膨脹は、予算を均衡化させようとするあらゆる企てを挫折させ、厳しい租税徴収にもかかわらず、国家財政を崩壊の瀬戸際にまで追い込み、発券銀行と通貨をがたがたにした。はてしない支出経済の通貨への破壊的作用を抑止するに足るだけの独創的な、かつ綿密に考案された構想や、財政・貨幣技術上の制度はもとより、組織や統制措置もなかった。いかなる発券銀行も、国家のインフレ的な支出政策に対抗して、通貨を維持出来ない。

　財務省は最近、数十億ライヒスマルクもの現金不足の結果、破産するか、国家財政の赤字を紙幣印刷というインフレ的手段で補填するかの二者択一を迫られた。ライヒスバンクは残念ながら、次の分野では、このことを阻止出来ない。ライヒスバンクは、何時でも、メフォ手形を現金と交換するという約束によってのみ、前述の約60億ライヒスマルクものメフォ手形を貨幣市場に投下させることを可能ならしめた〔実現させた〕。財務省が過度の支出による圧力によって、メフォ手形を所有している機関から貨幣をとるように強いられているのなら、メフォ手形は発券銀行に流入し、貨幣流通のインフレ的作用を生み出すだろう。ライヒスバンクが軍拡融資のためにつくりあげた人工の、かつ危険な建造物は、その土台から揺らぐだろう。

　インフレの危険を予防するために、メフォ手形は5年の流通の後、償還

第6章　シャハトのメフォ手形　151

されるように定められていた。しかし、我々は、1939年に満期になる約30億ライヒスマルクのメフォ手形が今、返済出来ないという事実の前に立たされている。それと共に、インフレに対抗してつくられた最も重要な矯正策の1つが無効になり、発券銀行による国家支出への当初の融資が認められた基本的前提の1つが消えた。

ドイツ通貨の全状況は、以下の通りである。

1. 対外的：ライヒスバンクには、もはや金・外貨準備はない。貸方残高は著しく増大している。輸出はもはや、我が国が必要とする輸入価額に達していない。オーストリア併合と、外国の有価証券と国内の硬貨の回収により生じた備蓄は、使いつくされた。輸入に対して、監督局の発行した外貨証書は今日、その大部分がもはや外貨収入によって補填されず、それ故に、ある日、外貨不足で支払い得なくなるという危険の下にある。それと共に、その後、我が国の商品輸入に対する最後の対外信用も除去され得る。

2. 対内的：ライヒスバンクの活動は殆んど全く、国家証書（主に、メフォ手形）から成っている。発券銀行は、それと共に、完全に遮断され、経済〔企業〕による再請求の際に、必要な信用を供与出来ない。ライヒスバンクの外には、何時でも、ライヒスバンクで再割引出来て、それ故に、通貨にとって、恒久的な脅威である約60億ライヒスマルクのメフォ手形がある。

1933年1月1日に、紙幣流通は35億6000万ライヒスマルクだった。これは、1938年3月1日までに、52億7800万ライヒスマルクに増大した。5年以上の期間での約17億ライヒスマルクのこの増大は、通貨政策への不信を与えなかった。何故なら、同じ期間中に、ドイツ経済の生産はほぼ2倍に増大し、その中には、投資財生産の増大だけでなく、消費財生産の増大も含まれていたからである。しかし、1938年3月1日から同年12月31日までの期間に、紙幣流通は82億2300万ライヒスマルク増大した。その上、オーストリアとズデーデンランドを加算するならば、さらに20億ライヒスマルク増大した。紙幣流通は、最近10ヵ月で、それ以前の5年の間よりも、より強く増大した。貨幣価値の維持・安定のためには、今や

結局、貨幣流通と消費財生産の間の関係だけが重要である。貨幣流通量が消費財生産よりも、より急速に増大すれば、その結果、全消費者は、商品供給減少と相対している、増大した購買力を自由に利用出来る。価格は上昇しなければならない。歴史上、最も明白に、強制公定相場、厳格な刑罰措置等にもかかわらず、貨幣の完全な価値低下が生じたフランス革命の手形振出経済が示したように、土地・有価証券等による貨幣発行の補填は維持出来ない。

　オストマルクとズデーデンラントでの２度の大きな対外作戦中、公共支出の増大が不可避だったとしても、対外作戦終了後も、支出政策の制限が認められず、むしろ、さらなる支出増大が計画されていることが示唆されているという事実は、通貨へのその影響を指摘することを、今や、〔我々の〕至上の義務とせしめる。

　どれ程、途方もない支出政策が、ドイツ経済の収益・節約ないし、国民の社会的必要と一致しているか、我々の部局〔ライヒスバンク〕では、実証出来ない。しかし、我々は、責任感から、ライヒスバンクのさらなる請求が直接、他の場所の貨幣市場の接収によって、通貨政策上、責任を負うことなく、即座に<u>インフレ</u>に結果することを指摘しさえすればよい。〔この覚え書に〕署名したライヒスバンク役員会メンバーは、自分たちが、大きな多くの目的への協力で、喜んで、全力で頑張ったこと、しかし、今や、このことを止めることを意識している。紙幣増大によって、商品生産を増大させることは、不可能である。完全雇用・過剰雇用のドイツ経済に対して、貨幣流通増大は、価格や賃金を増大させるだけであり、生産は増大しない。

　最近10ヵ月の通貨政策上の結果は是正可能であり、財政を最も厳格に行なうことで、インフレの危険を除去出来ると我々は確信している。総統兼首相〔ヒトラー〕自身、公然と、再三再四、インフレを愚かで無益と拒否してきた。我々は、それ故に、以下の措置を請う。

1. 国家及び、全ての他の公共機関は、租税ないし、借款による調達で、長期資本市場で補填出来ない、いかなる支出・保証・債務を引き受けてはならない。

2. これらの措置の有効な実施のために、財務省は再び、全ての公共支出の完全な財政統制〔権〕を得なければならない。

3. 価格・賃金統制は、有効になされねばならない。現在、はびこっている欠陥は再び、除去されねばならない。

4. 貨幣・資本市場への請求は、ライヒスバンクの決定だけに従属しなければならない」（下線―ゲシュペルト）（コブレンツ連邦文書館R43 11/234. ニュルンベルク国際軍事裁判文書XXXVI 1989（1947）: 366-372）。

この覚え書には、ライヒスバンク総裁であるシャハトだけでなく、ライヒスバンクの役員（シャハトを含めて、8名）全員の署名が添えられていた。この異例の全員署名ということ自体が、このメッセージの重要性を強調するものであることは、言うまでもないであろう。

シュヴェリーン・クロージック財務大臣は、この覚え書を目して、「すばらしい文章と不快な真実」と評している（シュヴェリーン・クロージック1974: 284）。この覚え書は、形式上、「戦争反対でなく、通貨技術上の疑念」を示しているにすぎないが、「その真の目的は、戦争の危険を抑え、ヒトラーの攻撃の意志と戦う」ことにあった（ニュルンベルク国際軍事裁判文書XVIII 1989（1947）: 340）。その意味で、この覚え書は、「確かに、通貨論の枠内だが、軍拡停止を要求」（前掲書XLX: 291）するものと言ってよいであろう。この覚え書の要求（最後の4点）の受諾は、事実上、ヒトラーから軍拡のための資金支出の可能性を奪うこと（前掲書XVIII: 327）、すなわち、軍拡計画停止（ジェームズ1993: 215）を意味した。それ故に、ヒトラーにとって、これらの要求は受け入れられないものだった（ニュルンベルク国際軍事裁判文書XVIII 1989（1947）: 327）。

ヒトラーがこの覚え書の目的を理解したことは、この覚え書きを読んだ後、「これは、反乱だ」と彼が述べた（前掲書XVIII: 327, 340）ことからも、窺えよう。シャハトは、後年、「ライヒスバンクは、第3帝国で、ヒトラーの政策に公然と抵抗した唯一の機関である」（下線―ゲシュペルト）と述べている（シャハト1949: 88）。1939年1月19日に、ヒトラーは、この覚え書の署名者8名の内、シャハトを含む6名を解任した（マーシュ1992:

160. 邦訳書: 142)。その後、シャハトはなお、無任所大臣として、ナチス政府内に留まった(ニュルンベルク国際軍事裁判文書 I 1989 (1947): 426. XXII: 629)。1944 年 7 月 20 日のヒトラー暗殺未遂のクーデター事件との関連で、同年 7 月 23 日に、シャハトはヒトラーの命令で逮捕された。ヒトラーは、その際に、シャハトは戦争をサボタージュしようと企てたから、戦争開始前に射殺すべきだったと述べている(マーシュ 1992: 185. 邦訳書: 166)(シュペーア軍需大臣の証言によると、このシャハト逮捕は、ヒトラーのシャハトへの敵意に基づいてのことだという〔ニュルンベルク国際軍事裁判文書 XXII 1989 (1947): 632〕)。

　シャハトのライヒスバンク総裁辞任後、ヒトラーの戦争政策を遮るものは、何もなかった。解任されたライヒスバンク役員 6 名の後任は当然、新しいライヒスバンク総裁、「極めて弱い男」のヴァルター・フンクを含めて、ヒトラーの信任厚き者たちで占められていた（マーシュ 1992: 160, 163. 邦訳書: 142, 147)。1939 年 4 月 6 日付の財務省の覚え書には、メフォ手形を当分の間、償還せず、今後約 17 年間で、予算から償還すべきであり、それ故に、満期になったメフォ手形を書き換えることが必要だと記されている（ハンスマイヤー／ツェーザー 1976: 379. 邦訳書（上）: 464)。また、1939 年 7 月 15 日付のライヒスバンク法は、1924 年 8 月 30 日付のライヒスバンク法第 28 条の紙幣発行補填の規定を廃棄した(アルベルト 1956: 78-79)。このことは、ヒトラーにとって、軍拡―戦争準備のために、いくらでも好きなだけ、紙幣発行増大が可能なことを意味した。この法律によって、ライヒスバンクは、ヒトラーが要求するだけの信用を、国家に供与しなければならなかった。ライヒスバンクは、もはや、ヒトラーの言うがままだった。シュヴェリーン・クロージック財務大臣が、シャハトの去った後のライヒスバンクを目して、以下のように述べているのは、その意味で、極めて示唆的である。「魔術師はライヒスバンクから消え、職人が残った」（シュヴェリーン・クロージック 1974: 285)。その後、ナチスドイツは、第 2 次世界大戦に突入するのである。

　表 20 は、その後のメフォ手形の流通状況を示している。これを見ると、メフォ手形の償還は微々たるものであり、遅々として進まず、最終的には、

表20 メフォ手形の流通状況 1934-1945年

1934 年 3 月 30 日	21 億 4500 万 RM
1936 年 3 月 31 日	48 億 6000 万 RM
1937 年 3 月 31 日	93 億 1200 万 RM
1938 年 3 月 31 日	120 億 RM
1939 年 3 月 31 日	119 億 3300 万 RM
1939 年 10 月 31 日	116 億 6800 万 RM
1940 年 3 月 30 日	114 億 4400 万 RM
1940 年 10 月 31 日	110 億 7200 万 RM
1941 年 3 月 31 日	107 億 6700 万 RM
1941 年 10 月 31 日	104 億 5800 万 RM
1942 年 3 月 31 日	100 億 9800 万 RM
1942 年 10 月 31 日	98 億 3500 万 RM
1943 年 3 月 31 日	94 億 8300 万 RM
1943 年 10 月 31 日	91 億 6100 万 RM
1944 年 3 月 31 日	88 億 3300 万 RM
1944 年 10 月 31 日	84 億 7400 万 RM
1945 年 2 月 28 日	81 億 4400 万 RM

出典 BA KobLenz B 239/42. より作成。

1945 年までで、総額 120 億ライヒスマルクのメフォ手形の内、その 3 分の 1 の約 38 億ライヒスマルクが償還されたにすぎず、残りの 3 分の 2 にあたる約 81 億ライヒスマルクは依然として、未償還のままだったことを、読みとることが出来よう。かくして，メフォ手形は破綻を迎えることになる。

3. むすび

　以上、メフォ手形の展開・破綻の過程を跡づけてきた。本章で、新史料（表 19, 20）等を用いて、メフォ手形の実態解明に近づけたと思う。

　メフォ手形は、形式上、民間の商業会社の債務だったが、実質的には、「国立銀行から振り出されるメフォ手形の形式による国家クレジット」（宮田 1991: 68）に他ならなかった。これが軍拡融資のためのものであることは、表 17, 18 が示しているように、全軍事支出が「正規の国家歳入と秘密の国家証券（メフォ手形）の混合」（Overy 1994: 181）〔以下、オーバリーと表記〕として、表わされていることからも、明らかであろう。シャハ

156　第 3 部　シャハトの金融政策

トは、メフォ手形を用いて、民間経済の短期銀行資金を大規模に、軍事受注に動員することを計画していた（ヴェルケ 1992: 99）。

研究史の上では、メフォ手形に対して、「法律上というより、道徳上論難すべきやり方」という見解（フィッシャー 1968: 69. 邦訳書: 100）と、「むしろ景気刺激策として、みるべき成果をあげた」（原 1993: 371）、「1930年代のドイツの軍拡は、経済史上、国家信用投入による大量失業克服の事例」（シュテーベル 1951: 4136）という評価の2つに分かれている。前述したように、ライヒスバンクがダミー会社として、本来融通手形たるべきものを商業手形に偽装したことから、「商業上、恥ずべきトリック」、「不道徳的かつ、許されないトリック」という非難や、メフォ手形の約3分の2にものぼる部分が未償還に終わったことから、メフォ手形を目して、「空手形」という批判も出た（シャハト 1968: 96, 104, 110）。

当事者の1人であるシュヴェリーン・クロージック財務大臣は、「メフォ手形は、当時の状況下で、軍拡にとって、必要不可欠」だったが、「そのやり方・規模の上で、疑念のある融資手段」だったと評している（シュヴェリーン・クロージック 1974: 230. 同 1953: 316）。これに対して、シャハトは、ニュルンベルク国際軍事裁判の席上、以下のように、述べている。「平時、通常の経済状況時に、メフォ手形のような手段をとらないことは、自明である。しかし、非常時の際には、経済が雇用を維持出来るようにするために、発券銀行が安価な資金・信用を供給するという、全ての経済学者が勧める政策が通例になる」（ニュルンベルク国際軍事裁判文書 XII 1989（1947）: 518-519）。

シャハトは、さらに、この席上、次のように指摘している。「メフォ手形は当然、危険なものだったが、理性的な財政管理と連携していれば、危険ではなかった」（前掲書 XII: 519）。シャハトは、また、後年、以下のように、述べている。「ライヒスバンクがメフォ手形の実験を決定した時に、ライヒスバンクの主要な懸念は、満期になったメフォ手形の償還が可能かどうかだった。5年間の流通の後に、国家が行なうべきメフォ手形の償還が行なわれた場合にのみ、この実験は正当化され得る」（シャハト 1968: 108）。

現実には、満期になった全てのメフォ手形の償還は行なわれず、一部の

メフォ手形の償還が行なわれたにすぎなかった。シャハトは、これに関して、以下のように指摘している。「5年のメフォ手形融資は、ドイツ経済の振興を引き起こし、国家の税収は年間、100億ライヒスマルク増大するという喜ばしい結果がもたらされた。1932/33会計年度（1932年4月から1933年4月まで）の国家税収は66億ライヒスマルクだったが、1938/39会計年度の国家税収は177億ライヒスマルクだった。この数年間の税収から、年間平均24億ライヒスマルクを、メフォ手形償還に用立てることは困難でなかった。それと共に、経済に負担をかけずに、インフレ的な貨幣増大なしで、メフォ手形を次の5年で、償還出来たであろう」（前掲書：108-109）。シャハトは、また、「ヒトラー氏が、1937年の後、予定通りに、収益から得た、手元にある資金をメフォ手形の償還に利用していれば、私が始動させたこの体制〔メフォ手形体制〕は、うまく清算されたであろう」と述べている（ニュルンベルク国際軍事裁判文書 XII 1989（1947）：519）。「しかし、ヒトラー氏は、メフォ手形の償還を拒否し、その代わりに、この資金をさらに、軍拡に投下することを選んだ」（前掲書 XII: 519）。シャハトは、ヒトラーが現存の国家資金から、満期になったメフォ手形の償還を拒否したことを目して、「ヒトラーが始めた多くの犯罪の中で、最大のものの1つ」と評している（シャハト 1968: 110-111）。

　シャハトは、「このメフォの実験は、その任務を果たし、その中に内在する危険を抑えた」と強調し、「このメフォの実験は、ヒトラーのこの詐欺的暴挙〔満期になったメフォ手形への償還拒否〕によっても、その価値は下がらない」と主張する（前掲書：111）。しかし、前述のように、メフォ手形は必ずしも、期限通りの償還が行なわれた訳ではなかった。その意味で、シャハトの論法をもってしても、「5年間の流通の後に、国家が行なうべきメフォ手形の償還が行なわれ」なかった場合には、「この実験は正当化」し得ないことになろう。その意味で、メフォ手形の実験は、失敗に終わったと言ってよいであろうと思う。

　これまで見てきたことから、メフォ手形がナチスドイツの軍拡融資の上で、少なからぬ比重を占めていること、軍拡への経済支援の上で、大きな役割を果たしたことを、確認出来たように思う。その意味で、メフォ手形

を目して、「軍拡の核心」視することは、必ずしも誇張とは言えないであろう。

　シャハトは、メフォ手形の実験の成功の鍵として、「健全な財政管理」（つまり、期限通りのメフォ手形全額の償還）を挙げている。しかし、この「健全な財政管理」を阻んだのは、軍拡に他ならなかった。ナチス政権は、シャハトの主張通りに、1930 年代後半の経済回復により増大した税収をメフォ手形償還に用いず、さらに軍拡への資金投下に利用したのである。

　前述の如く、ナチス政権の諸目標の中で、要の位置を占めたのが再軍備であり、ナチス政権を構成する諸勢力は、再軍備に共通の目標を見出していた。こうした状況の中で、ナチスドイツでは、軍拡は必須のものとして、組み込まれていくこととなる。

　メフォ手形の本質は、軍拡のための信用調達、つまり、借金による軍拡のための資金調達に他ならず、それ故に、きちんと償還—返済されねばならないものだった。シャハトは、1938 年 3 月に、ライヒスバンク総裁としての職を賭けて、メフォ手形の発行膨脹に歯止めをかけることに成功した（120 億ライヒスマルクにメフォ手形の総額を抑えたこと）が、メフォ手形の期限通りの償還、そのための緊縮政策—軍拡停止には失敗して、1939 年 1 月に、任期途中で、ライヒスバンク総裁辞任を余儀なくされた。1966-1972 年にかけて、西ドイツの経済大臣として、活躍した社会民主党の経済学者のシラーは、ドイツ統一の後に出版された著書『開かれた社会への困難な道』の中で、ドイツ統一が戦争と同じ位、巨額な支出を必要としており、増税よりも信用調達による資金調達の方がよりよいこと、また、債務促進政策は不可避で正しいが、整理統合計画と結合した、それに関連した精力的で信頼出来る緊縮政策が必要だと指摘している（Schiller 1994: 74-76）〔以下、シラーと表示〕。このシラーの論法をもって言えば、メフォ手形は信用調達による軍拡融資として、当然、その償還のための整理総合計画と結合した緊縮政策を必要としたと言えよう。シャハト自身がそのことを認識していたことは、彼が再三再四、軍拡を停止し、その分の資金で、期限通りのメフォ手形の償還を強く主張したことからも、見てとることが出

来よう。しかし、シャハトの主張するシラー流の整理統合計画は採用されなかった。

　シャハトは、テクノクラート（政策技術の担い手で、実際の政策を実施した技術者・官僚）として、非常時の非常手段として、（祖国防衛のためと是認した）軍拡の資金調達のために、メフォ手形を考案・実行したが、その後、メフォ手形の償還―国家財政の正常化（均衡財政の実現）への道筋をつけることが出来なかったと言ってよいであろう。彼は、後年、メフォ手形を目して、「賢明だが、大胆な金融手法」と評している（シャハト 1953: 688. 邦訳書（下巻）: 515）。

　ナチス政権は最終的に、シャハトの主張を斥け、軍拡―戦争準備をさらに拡大し、第2次世界大戦に突入することになる。このことの内に、ナチスドイツが軍拡を主要契機として、内在していることを読みとれよう。本章での検討作業により、シャハトがメフォ手形を立案・実施し、軍拡の資金調達に貢献したこと、しかし、その償還への道筋をつけられず、ライヒスバンク総裁退陣に追い込まれたことが明らかにされたと思う。

第7章
シャハトの銀行・金融政策

1. はじめに

　シャハトは、1923-1930 年と 1933-1939 年の間に中央銀行であるライヒスバンク総裁、1934-1937 年の間に経済大臣を勤め、ドイツの 15 年間の政治・経済生活において、他に例を見ない程の影響力を行使し（シュヴェリーン・クロージック 1951: 183-184）、ドイツの最も成功した経済学者の 1 人（シュミット／シュテルン 2010: 54）と言われた。シャハトのドイツ現代経済史における功績としては、1923 年のインフレ収束（ファーガソン 2010（1975）: 201-217. 邦訳: 250-264）及び、1930 年代の恐慌克服と失業除去（ヴェルケ 1983: IX）が挙げられる。シャハトについて、欧米諸国で数多くの研究が出版されたのも当然と言ってよいであろう（本書第 2 章を参照）。

　ところが、シャハトの銀行・金融政策について、これまでの〔シャハトについての〕研究史では、十分に言及・分析していないように思われる。シャハトが「金融の魔術師」（ヴェルケ 1983: IX）と言われ、中央銀行総裁として、名声を博したことから考えて、このことは奇異に感じられよう。

　また、シャハトの経済政策―特に金融政策と高名な同時代の経済学者ケインズの経済学・経済理論との関連も、従来の研究史において、十分に検討されたとは言いがたいように思われる。シャハトの軍拡融資を最も純粋なケインズ主義と見る評価（シュミット／シュテルン 2010: 54）はあったし、ナチスの「経済奇蹟」とケインズ革命との関連を示唆する見方（Abelshauser

2011: 57)〔以下、アーベルスハウザーと表示〕もあった。ケインズの高弟ロビンソン女史は、ケインズが〔著書を出版して、その中で〕説明する前に、ヒトラーは失業〔問題〕を解決する方法〔公共事業により、失業を減少させること〕を見つけていたと述べている（Robinson 1972: 8）〔以下、ロビンソンと表示〕。ケインズ自身は、1936年の『一般理論』の独語版序文の中で、〔英米諸国を対象にした〕自分の経済学理論が全体主義国家〔ナチスドイツ〕の状況に適合可能であり、それ故に「一般理論」たり得る旨を示唆している。ケインズは、「実を言うと、本書〔『一般理論』〕の大部分は、アングロサクソン諸国〔英米〕の状況を対象にして、説明叙述された」と述べつつ、その後で、次のように語っている。「それにもかかわらず、本書が提供しようとしている全体としての産出量の理論は、自由競争と大幅な自由放任の条件下で生産される一定量の産出量についての生産・分配の理論よりも、全体主義国家〔ナチスドイツ〕の状況に、はるかに容易に適合させられる（このことは、私が私の理論を一般理論と正当に名づける理由の1つだ。私の理論は、正統派の理論程には、厳密な前提条件を論拠にしていないので、様々な状況の広い分野に適用させられる。私は私の理論を、いまだに大幅な自由放任の支配するアングロサクソン諸国〔英米〕の状況を考慮して、作り上げたにもかかわらず、それでもなお、私の理論は、国家による指導という特性がはっきしている状況〔ナチスドイツ〕に適用出来る）」。〔Keynes 2009（1936）: XIII. なお、この内、末尾の丸括弧の部分は、独語訳書だけにあり、英語の原書や日本語訳書には、入っていない〕〔以下、ケインズと表示〕。ケインズのこの一言（前半部分）を引用して、ケインズの経済学理論とナチス経済政策の関連を提起した見解もある（ヴィンクラー 2011: 742）。

　本章の課題は、こうした研究史の現状を踏まえて、シャハトの銀行・金融政策を検討することにある。シャハトの金融政策がケインズの経済学・経済理論と関連があるのか、関連がないのかという論点についても、見てみようと思う。以下、シャハトの銀行政策、金融政策と節を分けて、概観してみようと思う。

2. シャハトの銀行政策

本節では、シャハトの銀行政策を取り上げる。中央銀行であるライヒス
バンク総裁として、シャハトがどのような銀行政策を進めたか、概観して
みよう。

シャハトは、1933年3月20日に、ライヒスバンク総裁に任命され、銀
行・金融政策を管轄することになった。ナチス党側から銀行国有化と利子
引き下げの要求が提起されたことに対して、シャハトは銀行制度調査委員
会設立（三ツ石 2006. を参照）により、そうした声を抑え込もうとした
（バルカイ 1988 2): 196. コッパー 1995: 88-91)。この調査委員会のメン
バーとして、〔ナチス党のイデオローグでナチス政権成立後に経済省次官
に就任した〕フェーダー以外は、管轄省庁の代表や反銀行的でないナチス
党幹部やナチス党と繋がりのある経済学者などが選ばれたという（前掲書
: 88-91)。

シャハトは、1933年9月6日のドイツ銀行制度調査委員会での演説で、
この委員会設立の理由として、ドイツの銀行制度が戦争〔第1次世界大戦〕
とその余波により深刻な打撃を被ったことを挙げている（シャハト 1934
1): 39)。次いで、ナチス政府は立法・行政の分野でこの調査から必要な結
論を得て、現存の欠点の除去のための対策をとるだろうと強調している(前
掲書: 40)。彼は、一方で銀行制度の重要性を指摘しつつ、他方で銀行制度
の限界にも言及している（前掲書: 40-41)。シャハトは、政府により通貨
政策を委託された発券銀行としてライヒスバンクが銀行制度の興亡にとり
大変重要であると指摘し、ライヒスバンクが紙幣印刷により、今日、ドイ
ツ経済の金融機関のための唯一使える非常用準備金を作り出していると述
べている（前掲書: 41, 42)。さらに、銀行国有化要求の背景・原因として、
企業の貸付資本が不十分だとそれだけ緊急時に銀行が銀行券発券機関に陥
ってしまう事柄などとの関連を挙げている（前掲書: 41, 42)。シャハトは、
また、銀行制度に欠点があるが、ナチス政府にそれを除去する勇気と力が
あると強調し、最後に、銀行制度を攪乱させず、静かにこの調査を行なう
と宣言している（前掲書: 46)。

シャハトのこの演説は具体性に乏しいと言われた（コッパー 1995: 93)。

しかし、このシャハト演説から、この銀行制度調査委員会委員長としての
シャハトの目的がナチス党の銀行国有化要求を斥け、銀行政策を管轄する
ライヒスバンクの立場を強化することにあることを読みとり得よう。シャ
ハトのさらなる目的としては、現代的効率的な法律〔の新制定〕により民
間銀行制度を維持・安定化させるということが挙げられるという（前掲書
: 87）。

　シャハトは、1933 年 11 月 28 日のドイツ銀行制度調査委員会の席上、
民間銀行についての協議の成果を総括して、〔ナチス党側の要求としての中
小企業融資のための半公共金融機関としての〕地方銀行の強化を望ましい
こととしながら、地方銀行のための〔民間銀行に不利な、地方銀行に有利
な〕統制的介入を拒絶したし、11 月 23 日の折りには、民間銀行を擁護・
弁護した（前掲書 : 104）。彼は、また、1934 年 1 月 26 日にキールの世界
経済研究所で行なった講演で、銀行国有化論を回避するために、銀行家の
社会的責任〔意識の欠如〕を批判し、〔民間の〕銀行制度が自発的に全体の
利益の方向に向かう〔奉仕する〕ことを説いた〔銀行への批判を、銀行制
度全体の責任から個々の銀行家の態度への批判に転嫁した〕（前掲書 : 115）。
シャハトは、さらに、1934 年 2 月に、マスコミに情報をもらしたという
理由で、フェーダーを銀行制度調査委員会から追放した（前掲書 : 106. バ
ルカイ 1988 2): 197）。

　1934 年 4 月末に、ライヒスバンクの国民経済・統計局は調査委員会の
報告を作成し、金融制度法の草案を準備し、語句の訂正の後、調査委員会
に提示したが、〔この法案作成に際して〕シャハトは銀行・貸出政策を自己
の管轄下におくという要求を貫徹出来た（コッパー 1995: 120）。1934 年
10 月 4 日の銀行制度調査委員会の最後の会議でのさらなる修正の後、この
法案は最終的に、1934 年 12 月 4 日に、閣議で承認された（前掲書 : 121-
122）。1933 年 9 月から〔1934 年 10 月までの〕の銀行制度調査委員会の
活動の成果がこの金融制度法であると言われた（バルカイ 1988 2): 196）。

　従来、銀行については 1931 年から「銀行管轄の国家委員」、振替銀行や
抵当銀行については州の監督下におかれていた（コッパー 1995: 86, 122）
（この問題については、以下の文献を参照。三ツ石 2009）。〔新たな〕金融

164　　第 3 部　シャハトの金融政策

制度法の下で、(これまでの「銀行管轄の国家委員」の代わりに)「金融制度管轄の国家委員」が独立した国家官吏として、〔形式上は〕公務員法上は経済省の下位におかれ、ライヒスバンク総裁の〔意見〕聴取に従って、任命された(コッパー 1995: 124)。シャハトは前述したように、1933年3月にライヒスバンク総裁に就任したが、1934年7月に経済大臣に就任したので、「金融制度管轄の国家委員」は事実上、シャハトの指導下におかれることになった。

この金融制度法により、国家は金融制度を管理・指導するための法的枠組みを作り出した(前掲書: 124)。さらに、この金融制度法により、金融制度への監督機関は金融機関やその支店の継続経営の許認可だけでなく、金融機関同士の合併や支店の統廃合への許認可をも与えられた(前掲書: 122-123)。金融制度の「営業の自由」は、この許認可の規定により廃止されたと言われた(前掲書: 122)。この金融制度法はさらに、アメリカモデルに倣って、現金支払いの規定による最低準備金の義務の枠組みを作り出した(前掲書: 123)。

銀行制度調査委員会〔及び、その活動成果としての金融制度法〕により、〔反銀行的なナチス党の〕銀行国有化計画は最終的に葬り去られたが、〔金融制度法による〕国家の監督機関〔「金融制度管轄の国家委員」〕による管理強化や〔貸借対照表などについての〕報告の義務化は銀行を不安にさせたという(バルカイ 1988 2): 198)。その意味で、銀行制度調査委員会や金融制度法における「勝者」は「金融資本」、銀行でないと言われた(前掲書: 198, 199)。

金融制度法はライヒスバンクのイニシアチブによるものであり、銀行制度調査委員会の協議の結果として正当化されたものだが(コッパー 1995: 125)、「シャハトの努力」(前掲書: 125)の成果に他ならなかった。その意味で、銀行調査委員会、金融制度法の「勝者」はシャハトと言ってよいであろう。この貸出政策の改革〔金融制度法〕の目的は、〔金融機関への国家管理の強化により〕金融業への信頼を回復させ、銀行の倒産を事前に予防することにあった(前掲書: 125)。同時代のアメリカやスイスや他の国々でも、〔1930年代初頭の銀行恐慌の歴史的経験を踏まえて〕銀行への

国家の監督を強化する同様の貸出政策の改革が行なわれたという（前掲書：125）。

　1934年2月27日付の「ドイツ経済の組織建設準備法」及び11月27日付の最初の実施令により銀行団体の自治は廃止され、1934年の内に経済省によりあらゆる民間・公共の金融機関を包括した上部組織として「全国集団銀行」が作られ、その下部組織の「経済集団」として「民間銀行」、「貯蓄銀行」、「公共信用銀行」、「信用共同組合」などが結成された（前掲書：109）。1934年2月に〔「経済集団」の下部組織としての〕「同業者団体」として「株式銀行」、「個人銀行業者」、「抵当銀行」が作られ、これらの新組織の指導者として金融業界の各々の分野の代表が起用された（前掲書：110）。1934年10月20日に経済省により「経済集団公共信用銀行」が作られた（前掲書：110）。

　「経済集団貯蓄銀行」は1935年夏に経済省の指令により作られ、その指導者は〔貯蓄銀行部門の代表でなく〕経済大臣シャハトの指示で経済省の通貨・銀行・株式局長のハインツェが就くことになり、その任務は経済省の利益に沿って、〔民間〕銀行と貯蓄銀行の衝突を回避することだったという（前掲書：110）。「全国集団」と「経済集団」の権限は職業教育問題や〔様々な〕条件の調整、銀行技術上の規格の統一といったことに限定され、「金融制度管轄の国家委員」やライヒスバンクなどの国家機関の指令の実行役に留まっていた（前掲書：111）。「経済集団」は国家による任務を執行するための道具に陥ってしまったという（前掲書：111）（この問題については、以下の文献を参照。柳澤2008）。

　「経済集団民間銀行」においては、〔銀行業界側により〕組織としての独立性は維持され、ナチスの出世主義者が多数を制することがないように注意が払われた（コッパー1995：111）。さらに、〔「経済集団民間銀行」傘下の〕同業者団体指導者の人事については、一方でナチス国家に忠誠を誓いつつ、他方で非政治的で専門的実務的能力を有する者が起用されるように〔銀行業界側により〕配慮された（前掲書：111）。

　前述したように、1934年2月以降、金融業界はナチス国家により、「全国集団」、「経済集団」、「同業者集団」といった組織に再編・組織化された。

166　第3部　シャハトの金融政策

しかし、ナチス期初期、1934年2月までは、シャハトが民間銀行を〔反銀行的なナチス党幹部から〕保護していたと言われる（前掲書：109）。経済省主導による金融業界の再編・組織化について、一方でライヒスバンクなどの国家機関による管理・統制が強化された側面と、他方で民間銀行に関してはシャハトの保護が残っていた側面の両面を読みとれるように思う。

シャハト時代〔シャハトがライヒスバンク総裁兼経済大臣として経済・金融政策の主導権を掌握していた時期〕に、〔1931年の銀行恐慌の結果、国家にその株式を売却して国有化された〕大銀行の再民営化という〔シャハトの〕政治決断の意向に対して、ライヒスバンク・経済省内では反対はなかった（前掲書：201）。シャハトは大銀行への〔国家の〕資本参加を国家の〔果たすべき〕経済活動〔の範囲〕を逸脱したものと看做していた（前掲書：201）。経済省の銀行局長のシュニーヴィントは大銀行の再民営化計画を歓迎し、秩序政策（秩序政策とは、望ましい経済体制秩序としての市場経済を理想視する場合、自由競争を促進・助成させる政策、競争政策などを示す。田沢 1990：361）上の理由からも大銀行の再民営化計画を必要視していたという（コッパー 1995：203）。

ドイツ銀行は1936年初めに、数百万ライヒスマルクの株式の買い戻しにより、国家の資本参加を25パーセント以下に抑えた（前掲書：201）。コメルツ銀行内では、1936年7月半ばに再民営化計画が提示され、同年10月に再民営化契約が締結されて、〔国家が所有するコメルツ銀行株の売却の結果〕1937年4月初めに国家は〔かって、4500万ライヒスマルク分の株式を所有していたのに対して〕2384万ライヒスマルク分しか持っていなかった（前掲書：202, 204）。ドレスデン銀行は1937年8/9月に、大銀行として最後の再民営化を行なった（前掲書：204）。財務省は財政政策上の理由から、国家が所有している大銀行の株式の早期の売却に反対だったという（前掲書：208）。こうした大銀行の再民営化により、国家とライヒスバンクは資本参加により銀行の経営政策に影響力を行使すること〔直接介入〕を止めた訳だが、〔再民営化の後〕ライヒスバンクは銀行への監督・資本市場に対する管理という直接介入でない〔間接的な介入の〕やり方を用いることになったという（前掲書：208）。

第7章　シャハトの銀行・金融政策　167

シャハトがライヒスバンク総裁や経済大臣として、にらみをきかしてい
た時期に、〔民間の〕大銀行は徐々に回復に向かいつつあった。大銀行の収
益は 1935 年にようやく十分な額に達し、1930 年以来〔中断していた〕
株主への配当支払いを行なった（前掲書：200）。1935 年に、ドイツ銀行
の純益は 530 万ライヒスマルク、ドレスデン銀行の純益は 760 万ライヒ
スマルク、コメルツ銀行の純益は 390 万ライヒスマルクに達して、（ドレ
スデン銀行とコメルツ銀行は）利益繰越金や法定上の準備金を増大させた
（前掲書：200）。

　ナチス党側がユダヤ系銀行の差別化などの反ユダヤ主義政策の実現を目
指したのに対して、シャハトは経済大臣兼ライヒスバンク総裁の在職中、ユ
ダヤ人に保護の手を差し伸べて、ユダヤ人の経済的同権のために尽力した
（本書第 4 章を参照）。シャハトが権勢を振るっていた時期に、ユダヤ系銀
行が国債引受の借款団のメンバーとしての地位を維持出来たことは、その
点、象徴的と言ってよいであろう（コッパー 1995: 261）。

　シャハトが民間銀行やユダヤ系銀行をナチス党の攻撃から守ろうとした
のは、〔ナチス党のそうした行動が引き起こす〕金融制度の不安定性への懸
念からだけではなかった。彼は元々、ヨーロッパ文明の基本原理は私有財
産制であり、私有財産は神聖不可侵なものであるという信条・信念を持っ
ており（シャハト 1931: 213, 214. 参照）、そうした観点から、ナチス党の
民間銀行やユダヤ系銀行への攻撃を許されないものと考えたからだった。

　以上、ライヒスバンク総裁としてのシャハトの銀行政策について、簡潔
に概観してきた。おおまかな概要が浮かび上がったように思う。

　シャハトのイニシアチブの下で、ドイツ銀行制度調査委員会が発足し、そ
の活動成果として金融制度法が誕生し、国家が金融機関を監督する権限が
強化されることになった。また、ナチス期に、金融業界はシャハトの経済
省の指導下で、「全国集団」、「経済集団」、「同業者集団」というふうに再
編・組織化され、ライヒスバンクなどの国家機関による金融業界への管理・
統制が強化されつつ、民間銀行については、シャハトの保護が残されてい
た。さらに、1936-37 年にかけて、1931 年の銀行恐慌の結果、国有化さ
れた大銀行の再民営化がシャハトの主導下で、財務省の反対を押し切って、

168　　第 3 部　シャハトの金融政策

実現することになった。シャハトの保護下で、民間の大銀行は収益を改善し、中断していた株主への配当支払いを再開したり、準備金を増大させられるだけの水準に回復した。また、シャハトはユダヤ人の経済的同権のために尽力し、ライヒスバンク総裁兼経済大臣の在職中、ユダヤ系銀行を国債引受の借款団メンバーに留まらせて、守った。本節での検討により、シャハトがライヒスバンク総裁兼経済大臣としての権能を用いて、ナチス党側の銀行国有化要求を斥け、金融制度法の制定や金融業界の再編・組織化の促進により国家の金融業界への監督権限・規制を強化しつつ、基本的には民間銀行制度を守るという意図をある程度貫徹させたこと、シャハトがユダヤ系銀行をもナチス党の攻撃から守ったこと、その背後には、私有財産を神聖視するシャハトの基本的信念・信条があったことなどが明らかにされたと思う。

3. 金融政策

　本節では、シャハトの金融政策を取り上げる。中央銀行であるライヒスバンク総裁として、シャハトがどのような金融政策を行なったか、見てみよう。

　ナチス政権の当初の最優先事項は、失業減少—雇用創出に他ならず、それ故に雇用創出政策を進めた（川瀬 2005: 25-35）。当時の経済状況では、ナチス政権が雇用創出政策の財源を税収か長期公債発行により賄うことは不可能であり、信用拡大、つまり、「赤字による財政支出」が求められた（シュヴェリーン・クロージック 1974: 207）（「赤字による財政支出」とは、租税などの正規の政府の歳入で財政支出を賄いきれず、公債や借入金により不足分を補う財政支出のことで、予算の観点からは、赤字予算になる［金森・荒・森口 2009 (1971): 4]）。

　雇用創出政策の資金調達方法として、雇用創出手形が用いられた。雇用創出手形は 1934 年 12 月時点で、（1）公共建設投資を目的に 13 億ライヒスマルクまで、ドイツ公共事業公社、（2）住宅建設を重点に 3 億ライヒスマルクまで、ドイツ建物・土地銀行、（3）農業を重点に 2 億ライヒスマルクまで、ドイツ・レンテンバンク・クレディットアンシュタルト／ドイ

第 7 章　シャハトの銀行・金融政策　　169

ツ入植銀行、（4）交通投資を重点に7億ライヒスマルクまで、ドイツ交通信用銀行といった4つの金融機関により振り出された（Albers 1976: 356. 邦訳（上）: 437）〔以下、アルバースと表記〕。これらの金額を合計すると、約25億ライヒスマルク分の雇用創出手形が支出されたことになろう。雇用創出手形は、公共事業を請け負った業者がその代金を国庫から支払ってもらう代わりに、ドイツ公共事業会社やドイツ土地銀行などの政府系金融機関宛に振り出す手形のことであり、1933-1934年までの雇用創出政策の総額52億ライヒスマルクの内の40パーセントは国鉄、郵便、公共職業安定所などの国営企業の担当で、その財源の63パーセントが雇用創出手形だったという（芝 1997: 232）。

　当時の財務大臣、シュヴェリーン・クロージックの証言によると、この雇用創出手形は、ライヒスバンク側が立案したものだという（シュヴェリーン・クロージック 1974: 207）。この雇用創出手形は3ヵ月満期だったが、5年まで延長可能であり、銀行が何時でもライヒスバンクで再割引出来たので、すぐ現金化出来る投資手形であり、形式上は、例えばドイツ公共事業会社などの特別機関の資金調達の手形だったが、国家がライヒスバンクでの保証を約束したので、実質的には短期の国家債務を意味しており、1933年から1935年初めまでに、短期の国家債務は30億ライヒスマルクにまで増大したという（前掲書: 207）。

　シャハトの回顧録によると、ナチス政府の雇用創出政策に対する経済支援として、中央銀行であるライヒスバンクは10億ライヒスマルクを提供し、さらに、アウトバーン〔自動車専用高速道路〕建設に6億ライヒスマルクの信用を（国家予算から返済という条件つきで）供与したという（シャハト 1953: 384. 邦訳書（下巻）: 75）（なお、アウトバーンについては以下の文献を参照。小野 2013）。ここから、合計16億ライヒスマルクの資金がナチス政府への経済支援に回ったことが窺えよう。

　ナチス政府の雇用創出政策への支援として、シャハト指導下のライヒスバンクは、前述の雇用創出手形の創造という間接的な助けだけでなく、総額16億ライヒスマルクに及ぶ直接的な経済支援を行なっていたことになる。これは巨額の資金支援と言ってよいであろう。

ナチス政府のさらなる優先項目は、軍拡の促進に他ならなかった。1933年3月に、ヒトラーがシャハトに対して、軍拡にどのくらいの金額をライヒスバンクが提供出来るか尋ねると、賢明なシャハトは具体的な金額を言わず、ライヒスバンクは出来るだけ軍拡を資金支援すると答えたという（シュヴェリーン・クロージック 1974: 228-229）。その具体策がメフォ手形に他ならない。

　メフォ手形の仕組みは、以下のようである。中央銀行であるライヒスバンクのダミー会社として、冶金研究会社、通称メフォがドイツの代表的な5大企業の提供した合計 100 万ライヒスマルクの出資金を基に設立され、軍拡のための国家受注を引き受けた企業に対して、メフォ手形を振り出した。メフォ手形は3ヵ月満期で5年まで延長可能であり、ライヒスバンクで割り引かれた。メフォ手形の発行は、ナチスドイツが秘密裏に再軍備を行なうことに貢献した（川瀬 1995: 62-67）〔なお、これは、一部修正して、本書第6章として、収録〕。

　メフォ手形は形式上はメフォという民間企業の債務だったが、実質的には「国立銀行から振り出されるメフォ手形の形式による国家クレジット」（宮田 1991: 68）に他ならなかった。前述したように、1934-1935 年にかけて発行されたメフォ手形は3ヵ月満期だったが、1936-1938 年にかけて発行されたメフォ手形は6ヵ月満期だった（川瀬 1995: 56, 73-74）。

　表 21 は、1933-1939 年8月 31 日までの期間、ナチス期の戦前の期間におけるナチスドイツの軍事費総額及び、軍事費全体におけるメフォ手形の補填の比率を表わしている。この表から、この該当期間に、メフォ手形が各年度のナチスドイツの軍事費の約半分を負担し、1933-1939 年8月までの（第2次世界大戦勃発までの）期間のナチスドイツの軍事費の約 20 パーセントを占めていることを確認出来る。メフォ手形が当時のナチスドイツの軍拡の「核心」（シュテーベル 1951: 4130）と呼ばれたのは当然と言ってよいであろう。

　シャハトは、〔通常の〕銀行券〔紙幣〕発行で出来ない程の生産の活発化、資本形成〔の促進〕をメフォ手形が達成するものと見ていた（ヴェルケ 1983: 131）。秘密の軍拡への資金調達として、メフォ手形は 1934 年か

表21 軍事支出とメフォ手形

	軍事費 (十億 RM)	メフォ手形の補填 (十億 RM)	パーセント
1934/35 年	4. 1	2. 1	51. 2
1935/36 年	5. 5	2. 7	49. 0
1936/37 年	10. 3	4. 4	42. 7
1937/38 年	11. 0	2. 7	24. 6
1938/39 年	17. 2		
1939 年 4/1-8/30	11. 9		
合計	60. 0	12. 0	20. 0

Heinrich Stuebel, Die Finanzierung der Aufrüstung im Dritten Reich, in; *Europa Archiv* 6 (1951), S. 4131.

ら1938年3月までに、120億ライヒスマルク流通させられた（前掲書：131）。これは、「シャハトの実験」（前掲書：132）に他ならなかった。しかし、シャハトは、交換財の増大なしの〔財の生産増大と関連のない〕貨幣創造が貨幣価値の下落に結果することを懸念していた（前掲書：132）。これは、インフレに対するシャハトの懸念に他ならなかった。それ故に、シャハトは、1933年夏にヒトラーに対して、物価・賃金の凍結を強く求め、その結果、1934年11月に、物価高騰阻止のため、「価格管理官」が任命された（前掲書：132）。これは、インフレ予防対策と言ってよいであろう。

　メフォ手形発行に際して、財務大臣シュヴェリーン・クロージックは、具体的な数値をあらかじめ決めておくべきと助言していた（シュヴェリーン・クロージック 1974: 229）。経済省内からも、メフォ手形の上限が設定されていないことへの批判が起こり、シャハトはそうした批判の正当性を認めざるを得なかった（ヴェルケ 1983: 145ff）。

　1937年3月に、シャハトはヒトラーに対して、翌年3月31日をもってメフォ手形の発行を停止させ、メフォ手形の全発行額を120億ライヒスマルクに制限させることを要求し、この要求が受け入れられなければ、ライヒスバンク総裁を辞任すると述べたので、ヒトラーはシャハトのこの要求を認め、1年後のメフォ手形の発行停止やメフォ手形の発行額制限に同意した（シャハト 1949: 72. 川瀬 1995: 59）。シャハトの強硬な姿勢のおかげで、メフォ手形発行は停止され、その総額は120億ライヒスマルクに

表 22　メフォ手形の流通状況

1934 年 3 月 30 日	21 億 4500 万 RM
1936 年 3 月 31 日	48 億 6000 万 RM
1937 年 3 月 31 日	93 億 1200 万 RM
1938 年 3 月 31 日	120 億 RM
1939 年 3 月 31 日	119 億 3300 万 RM
1939 年 10 月 31 日	116 億 6800 万 RM
1940 年 3 月 31 日	114 億 4400 万 RM
1940 年 10 月 31 日	110 億 7200 万 RM
1941 年 3 月 31 日	107 億 6700 万 RM
1941 年 10 月 31 日	104 億 5800 万 RM
1942 年 3 月 31 日	100 億 9800 万 RM
1942 年 10 月 31 日	98 億 3500 万 RM
1943 年 3 月 31 日	94 億 8300 万 RM
1943 年 10 月 31 日	91 億 6100 万 RM
1944 年 3 月 31 日	88 億 3300 万 RM
1944 年 10 月 31 日	84 億 7400 万 RM
1945 年 2 月 28 日	81 億 4400 万 RM

BA KobLenz B 239/42. より作成。

抑え込まれた。

　表 22 は、メフォ手形の流通状況を表わしている。この表から、メフォ手形が 1934 年 3 月 31 日から 1938 年 3 月 31 日までの期間に 120 億ライヒスマルク発行されたこと、その後のメフォ手形の償還は遅々として進まず、最終的には、1945 年までで、総額 120 億ライヒスマルクのメフォ手形の内の 3 分の 1 の約 38 億ライヒスマルクが償還されたにすぎず、残りの 3 分の 2 にあたる約 80 億ライヒスマルクが依然として未償還のままだったことが読みとれよう。1938 年末に、シャハトとライヒスバンクが 5 年の償還期限が来た最初のメフォ手形を国家歳入（税収）から償還するよう要求したのに対して、財務省は国債への借換えで対応すること―メフォ手形の事実上の償還延期を求めた（シャハト 1949: 86. 川瀬 1995: 59）。メフォ手形の償還問題を契機に、シャハトとライヒスバンク役員会は、1939 年 1 月に覚え書を提出し、ヒトラーに対して、事実上の軍拡停止によるメフォ手形償還の財源確保を要求して、ヒトラーの怒りを買い、シャハトのライヒスバンク総裁解任に結果した（川瀬 1995: 62-67）。シャハトの去

った後、ライヒスバンクはドイツ工業銀行や〔雇用創出手形で活躍した〕ドイツ公共事業公社やレンテンバンクといった政府系金融機関の振り出す手形に償還期限の来たメフォ手形を書き換えさせたという（ハンスマイヤー/ツェーザー 1976: 379-380. 邦訳（下）: 464）。表22から、償還期限の来たメフォ手形が別の手形に書き換えられる一方、財務省により、国家歳入から少額ずつ、メフォ手形の償還が行なわれたことが、窺えよう。

　表23は、ライヒスバンクの信用供与状況を表わしている。ライヒスバンクの信用供与総額が1932年の34億ライヒスマルクから1936年の61億ライヒスマルクに80パーセントも増加していること、つまり、1933年から1936年にかけて中央銀行信用がかなり増加していること、これらの信用拡大は総需要の拡大のために必要な貨幣の拡大及び、景気回復のための「赤字による財政支出」拡大を反映していることといったことが、この表の背景にあると言われている（Irmler 1976: 324ff. 邦訳（上）: 392, 394）〔以下、イルムラーと表記〕。ライヒスバンクが信用拡大により、ナチス国家の財政支出—雇用創出政策や軍拡を支えている側面が、この表から読みとれるように思う。

　表24は、ライヒスバンクの借方構成を表わしている。この表から、「対外経済上の借方」である金・外貨が収縮し、「国内経済上の借方」であり、事実上の貨幣と言ってよい〔支払い手段として機能する〕雇用創出手形やメフォ手形などの手形が増大し、ライヒスバンクの手形残高が1932年末の28億ライヒスマルクから1938年末の82億ライヒスマルクへと2.5倍増大していること、ライヒスバンクの有価証券残高は1934年に総資産の8パーセントの最高の比率に達したにすぎないことといった事柄が読みとれよう（エルベ 1958: 62）。

　表25は、支払い手段の流通、つまり貨幣流通の展開を表わしている。この表から、1936年末に初めて、貨幣流通がナチス政権成立以前の時期を越えて、1937年に貨幣流通がゆるやかに拡大し、1938年（ナチスドイツがオーストリアとズデーデンランドを武力併合した時期）に飛躍的に増大したことが指摘されている（前掲書: 64）。

　これらの表の対象としている時期である1932-1936年の間に、ドイツ

174　　第3部　シャハトの金融政策

表 23　ライヒスバンクの信用供与状況

（百万 RM）

	信用供与総額	手形割引			ロンバルト貸付	財務省証券・国への運転資金貸付	有価証券残高
		総額	外国手形	国内手形			
1930 年末	2, 971	2, 366	291	2, 075	256	247	102
1931 年末	4, 739	4, 144	109	4, 035	245	189	161
1932 年末	3, 448	2, 806	90	2, 716	176	68	398
1933 年末	4, 037	3, 177	189	2, 988	183	96	581
1934 年末	4, 977	4, 021	34	3, 987	146	64	764
1935 年末	5, 358	4, 498	142	4, 356	84	112	664
1936 年末	6, 108	5, 448	91	5, 357	74	62	524

Heinrich Irmler, Bankenkrise und Vollbeschäftigungpolitik（1931-1936）, in: Deutsche Bundesbank（Hrsg.）, *Währung und Wirtschaft in Deutschland 1876-1975*（Frankfurt am Main, 1976）, S. 322. 日本銀行金融史研究会訳『ドイツの通貨と経済（上）』（東洋経済新報社 . 1984 年）, 395 頁より作成。

表 24　ライヒスバンク：借方の構成（年末）

（百万RM）

	1931 年	1932 年	1933 年	1934 年	1935 年	1936 年	1937 年	1938 年
金・外貨	1156	920	395	84	87	72	77	74
（比率）	17	17	8	1	1	1	1	1
手形・小切手	4242	2806	3226	4066	4552	5510	6131	8246
（比率）	62	52	63	69	73	79	82	78
有価証券	----	----	259	445	349	221	106	565
（比率）			5	8	6	3	1	5
他の借方	1471	1688	1240	1292	1251	1143	1207	1702
（比率）	21	31	24	22	20	17	16	16
借方の合計	6869	5414	5120	5887	6239	6946	7521	10587

René Erbe, *Die nationalsozialistische Wirtschaftspolitik 1933-1939 im Lichter der modernen Theorie*（Zürich, 1958）, S. 61. より作成。

表25 支払い手段の流通 1931-1938 年末

(百万RM)

	1931年	1932年	1933年	1934年	1935年	1936年	1937年	1938年
ライヒスバンク紙幣	4738	3545	3633	3888	4282	4980	5493	8223
レンテンバンク銀行券	422	413	392	385	398	374	391	382
商業銀行銀行券	188	183	174	175	150	9	----	----
鋳貨	1290	1501	1516	1525	1544	1602	1615	1799
合計	6638	5642	5715	5972	6373	6964	7499	10404
指標(1932-100)	118	100	101	106	113	123	133	184

Ebenda, S. 63. より作成。

では、国民所得は1932年の約450億ライヒスマルクから1936年の約660億ライヒスマルクに上昇し、国民総生産は50パーセント分も増大しているのである（イルムラー 1976: 321, 324. 邦訳（上）: 392, 394）。ここから、ナチスドイツの「経済奇蹟」の一端が窺えよう。

　1933年に、資本市場の長期資金を公共体の需要用に使うために、民間〔企業〕のあらゆる有価証券〔株式・社債など〕の発券業務抑制の行政命令が交付された（エルベ 1958: 66）。1934年末の「公債基金法」により、株主への配当が制限された（前掲書: 68）。この両方の法令の目的は、全ての長期投資資金を確定利付きの国債に投資させること、民間企業に長期国債を受け入れさせることにあった（前掲書: 68, 69）。金融機関は、ナチス体制下で、〔その資金を〕公共支出の資金調達のために動員させられることになった（前掲書: 68）。

　1933年にナチス党側は利子率引き下げを要求したが、シャハトは利子率は行政の命令で動かすのでなく、生物の成長のような自然の流れに委ねるべきとの有機的利子論を唱えて、そうした要求を斥けていた（コッパー 1995: 79, 83, 93）。シャハトは、我が国の貨幣が絶対に安全だという条件下で、中央銀行政策は無理強いの利子引き下げでなく、徐々に利子引き下げを行なうべきだと論じ、突然の利子引き下げの転換は重大な経済的振動を招くが故に不可能であり、攪乱のない貨幣・資本市場のゆるやかな発展が望ましいと説いた（シャハト 1937 2): 66）。1933, 34年の間、ドイ

176　第3部　シャハトの金融政策

ツの金利は下げられず、高金利〔現状維持〕のままだったという（エルベ 1958: 59-60）。

　1935年初めに金利は引き下げられたが、これは「低利借換」に他ならず、「自由意志に基づく強制」により、従来の公債債権者は金利の引き下げ（6パーセントから4.5パーセントへの引き下げ）を「自発的に」認めて1回限りのボーナス（2パーセント分の利子支払い）を受け取るか、借換に応じずに、株式取引所取引とライヒスバンク担保保証からの排除かの選択を迫られ、債権者の内、借換に応じなかったのは約1パーセント程にすぎなかったという（前掲書: 58-59. イルムラー 1976: 324. 邦訳（上）: 393）。この利子引き下げ措置は民間企業の投資活動を助成せず、景気振興措置としては役に立たないと評価されている（エルベ 1958: 59）。

　1935年8月18日に、シャハトは、ケーニヒスベルク見本市の開会演説で、ドイツ人に対して、その貯金〔資金〕を株式などの有価証券の購入にでなく、国家に自由に利用させるべきと説いて、「我々は皆、同じ船に乗っており、〔途中で〕降りられない」とアピールした（シャハト 1935 2）: 18-19）。これは、民間〔株式・社債〕への投資でなく、国債への投資を呼びかけることを意味した（バルカイ 1988 2）: 194）。シャハトの指導下で、ライヒスバンクは抑制的な資本市場政策により、工業企業や鉱業企業の資本市場への参入を阻止しようと企てたし、軍拡のための資金調達を優先させ、〔軍拡に関連のない〕工業部門や建築業をなおざりにしたと言われた（コッパー 1995: 179-180）。

　このように、民間企業の有価証券発券抑制や株主への配当制限、利子率の現状維持（1933-34年）といった措置がとられ、国債への投資が呼びかけられたが、その原因・背景としては、軍拡が最重要の目標として設定されたこと及び、インフレへの懸念という2つの事柄が挙げられる（エルベ 1958: 165）。つまり、景気振興よりも、軍拡のための資金確保やインフレ抑制が優先されたことになる。そのために、ナチス国家により、投資も統制されることになった。

　1938年11月29日に、シャハトは、ベルリンのドイツ学士院経済会議での講演で、国家による貨幣創造がインフレに結果する危険性に警鐘を鳴

らし、貨幣の安全のために、有価証券〔発券〕への統制や物価・賃金への統制の必要性を指摘し、貯蓄資金の重要性を強調した（シャハト 1938: 10, 13, 15）。

　以上、ライヒスバンク総裁としてのシャハトの金融政策を簡潔に概観した。ここから、シャハトの指導下のドイツの金融政策の実態の一端が浮かび上がったように思う。

　シャハト指導下のライヒスバンクは、ナチス国家の雇用創出政策支援のために雇用創出手形、軍拡支援のためにメフォ手形という資金調達方法を立案・実施したこと、メフォ手形の償還問題は、シャハトとヒトラーの対立を激化させ、ヒトラーによりシャハトがライヒスバンク総裁を解任させる事態を引き起こしたこと、シャハトのライヒスバンク総裁時代に、ライヒスバンクは信用拡大により、ナチス国家の財政支出—雇用創出政策や軍拡を支えたこと、民間企業の有価証券発券抑制や株主への配当制限、利子率の現状維持（1933-34年）といった措置や国債投資への呼びかけにより、民間の資金を公共支出の資金調達に動員させて、インフレ抑制をも図ったことといった事柄が、本節での検討により、明らかにされたように思う。

　シャハトがメフォ手形の償還問題に神経を使い、ライヒスバンク総裁解任にまで至ったことや、シャハトが利子引き下げに消極的だった原因・背景としては、インフレに対するシャハトの強い懸念が挙げられよう。その意味で、シャハトは、ドイツがインフレの危険を伴なう景気が加熱した高度成長でなく、インフレのない安定成長をとげることを望んでいたように思われる。そのことが、シャハトとケインズの関連について、どういう意味を持っているか、節を変えて、見てみようと思う。

4. シャハトとケインズ　—むすびにかえて—

　シャハトの経済政策をケインズ主義と関連づける場合、シャハトの実施したことはケインズのいう「赤字による財政支出」であると言われる（クノップ 2004: 367）。雇用創出手形やメフォ手形といった特殊な手法を用いて、シャハトはナチス政府の雇用創出政策や軍拡への資金提供を行なった訳だが、借金によりナチス国家を財政的に支援した点がケインズ主義に

近いと評価された訳である。その意味で、「赤字による財政支出」という方法・手法が似ている（エルベ 1958: 174）と言ってよいであろう。

　ケインズ経済学では、政府の財政支出と国民所得の増大との間に関連があり、政府の財政支出の増大は最初の支出の価額よりもより多くの国民所得を生み出すという「乗数効果」をもたらし、平均条件下での国民所得に対する財政支出の正確な割合は 1 対 2.5 か、1 対 3 の間だと示唆されている（オーバリー 1996: 40. エルベ 1958: 163）。ナチスドイツの場合では、1932-1936 年の間、326 億マルクの政府支出の増大と 527 億マルクの国民所得の増大、1 対 1.5 の乗数で、この比率は低く、「乗数効果挫折」と言われた（オーバリー 1996: 40）。このことは「乗数効果」理論の有効性を否定するものではなく、むしろナチスの経済政策〔「シャハトの実験」〕が「乗数効果」を低く抑えることを目指していたからだと評価された（エルベ 1958: 164）。

　前述したように、シャハトの金融政策では、1933-34 年にかけて、高金利を維持していたことや、民間企業の有価証券発券が抑制されていたこと及び、投資が統制されていたことといった事柄が見られたが、こうした措置の目的は民間投資を促進することでなく、むしろ消費を低く抑え、軍拡のために必要な生産要素を動員することにあったと言われた（前掲書：173, 174）。「シャハトの実験」の場合、それ以外にも、貯蓄が奨励されたこと（前掲書：169）及び、物価・賃金の安定が重視され、物価・賃金が統制されていたこと（前掲書：175）といった事柄が特性として、指摘されている。これらの措置は景気抑制的であり、消費財・投資財への民間の需要が増えることを妨げる結果になったと言われる（前掲書：176）。シャハトやナチスドイツが採用したこうした措置の背景・原因としては、軍拡が最重要の目標視されたこと及び、インフレへの懸念という 2 点が挙げられる（前掲書：165）。

　ケインズの場合、貯蓄を減少させて、消費を増大させることが重視されたし（前掲書：169）、景気回復政策として、低い利子率が必要とされると考えられていた（オーバリー 1996: 50）。逆に、ナチスドイツでは、民間消費・民間投資の減少、民間貯蓄の増大という傾向が見られた（前掲書：

43)。ケインズには、そもそも貨幣流通量の増大がインフレを引き起こすことへの警戒感・懸念はなかったように思われる（ケインズ 2007 (1936)：292-302. 邦訳：292-309）。彼がゆるやかなインフレを是認したという見方もある（伊東 2005 (1962)：154-155）。

　前述したように、ナチスドイツの場合、「乗数効果挫折」と言われるように、「乗数効果」が低かった原因・理由としては、シャハトの金融政策の景気抑制的措置（高い利子率、有価証券発券抑制、投資統制）が挙げられる（エルベ 1958: 164ff）。シャハト指導下のライヒスバンクの管理下で、民間企業の資本市場への参入が妨げられ、国債購入を強いられたのに対して（コッパー 1995: 179-180）、ケインズの場合には、民間企業の自由なイニシアチブが尊重された（オーバリー 1996: 50）。ナチスドイツの場合、国債販売を考慮して、優先株への勧誘は行なわれず、銀行は独自の投資業務として、わずかな発券を許されただけであり（コッパー 1995: 178）、民間企業の株式発行は大幅に減少し、銀行は、〔シャハトのおかげで〕私的所有に復帰した〔再民営化した〕とはいえ、国債を所有し、〔雇用創出手形やメフォ手形といった〕国家のクレジット流通維持に尽力して、事実上、政府の政策の道具になったと言われた（オーバリー 1996: 43, 50）。シャハトのライヒスバンクの指導下で、投資は民間部門にでなく、国家支出の財源確保の方向〔国債購入〕の方向に誘導された訳である（前掲書：43）。こういった点を考慮すると、「シャハトの実験」を「ケインズ主義的経済政策」と同一視することは無理であると言ってよいであろう（エルベ 1958: 177）。「シャハトの実験」と「ケインズ主義経済政策」は一見、方法・手法が似ている（「赤字による財政支出」）が、目標が異なっている（前者は軍拡を最重要視し、後者は平時の完全雇用達成を目指した）ということ（前掲書：165, 174, 177）が指摘されている。さらに、「シャハトの実験」と「ケインズ主義経済政策」の大きな対立点・相違点としては、前者が貯蓄増大を目指したのに対して、後者が消費拡大―貯蓄減少を志向したことが、挙げられる（前掲書：169）。元々〔経済学の考え方が〕保守主義的で金本位制論者のシャハトは、ケインズの経済学理論に賛同出来なかったと言われている（コッパー 2006: 83）。

ケインズ自身は、『一般理論』の本文で、自由と効率を犠牲にして、失業問題を解決しようとしている権威主義国家体制〔ナチスドイツ〕に対して、批判的な姿勢を表わしている（ケインズ 2007（1936）: 381. 邦訳: 383-384）。しかし、一見目ざましいナチスドイツの経済奇蹟に対して、ケインズは一時的に幻惑され、独語版序文において、あたかもナチスドイツが自分の経済理論を適用して成功したかのように書いたが、後日、その問題性に気づいて、英文の原著からその一部を取り除いたというのが真相だったように思われる。

　1936 年にナチスドイツは完全雇用の状態に到達したにもかかわらず、「赤字による財政支出」は継続された（シュヴェリーン・クロージック 1974: 207）。不況が克服され、完全雇用の状態に到達した場合、「赤字による財政支出」は中止され、国家財政の整理統合〔増税や歳出削減などによる国家債務の償却〕が行なわれるべきという点で、シャハトとケインズの見解は一致していたように思われる。シャハト指導下のライヒスバンク役員会が 1939 年 1 月にヒトラーに対して、覚え書を提出して、事実上の軍拡の停止（軍事支出の停止）を要求した真意は、「赤字による財政支出」の中断—国家財政の整理統合の実現にあったと言ってよいであろう（川瀬 1995: 62-67）。

　以上、簡潔に、シャハトの銀行・金融政策について、見てきた。本章での検討により、銀行政策においては、シャハトが、ナチス党の銀行国有化要求を斥け、金融制度法の制定や金融業界の再編・組織化の促進により国家の金融業界への監督権限を強化しつつ、基本的には民間銀行制度を守るという意図を貫徹させたこと、金融政策においては、シャハトが、雇用創出手形やメフォ手形などによる信用供与でナチス国家の雇用創出政策や軍拡を経済支援する一方、インフレへの懸念から、1933-34 年にかけての高い利子率の維持、民間の有価証券発券への抑制や投資への統制といった景気抑制的措置がとられ、そうした過程の中で、民間企業・銀行が自由な投資を妨げられ、国債購入を強いられたこと、後者が「乗数効果挫折」に結果したこと、その意味で、「シャハトの実験」は「ケインズ主義経済政策」でないことも、明らかにされた。シャハトの金融政策こそが、ナチス経済

第7章　シャハトの銀行・金融政策　　181

政策が「ケインズ主義経済政策」でないことを表わしていると言ってよいであろう。「ケインズ主義経済政策」との比較により、「シャハトの実験」ないし、シャハトの金融政策の独自性・特殊性（エルベ 1958: 165）が浮き彫りにされたように思われる。本章での検討作業により、こうしたことが明らかにされたように思う。

ところで、これまで見てきたように、シャハトは、銀行政策については、ライヒスバンク総裁在任中には、国家の金融業界への監督・規制強化という側面を伴いつつ、ナチス党の銀行国有化要求を斥け、国有化された銀行の再民営化を実現し、ある程度、ユダヤ系銀行をナチス党の攻撃から守ることに成功し、民間銀行制度を維持するという自己の所信を貫徹したことが立証された。これに対して、シャハトの金融政策については、異なる側面が浮かび上がるように思われる。

シャハトは、1931 年の講演で、緊縮政策を提唱していた（シャハト 1934 1): 10）。また、1932 年の講演で、失業問題の解決は民間のイニシアチブに委ねて、失業者は農業や家事労働に従事すべき旨、示唆していた（シャハト 1932: 57-58. 邦訳: 83-84）。ケインズが既に、1920 年代に、〔経済の〕自由放任の終焉を唱え（伊東 2005（1962）: 64 以下）、公共投資による不況・失業対策を理論化したのに対して（前掲書: 149）、シャハトは、緊縮政策を説き、失業問題で、経済の自由放任（あるいは、国家の不干渉、不介入）を唱えた訳である。ケインズが 20 世紀的な福祉国家（国民一般の福祉の向上を目的にして、民間企業の自由放任に任せることなく、政府が大規模に、積極的に市場の失敗の是正を行なう国家の意味。金森・荒・森口 2009（1971）: 1079）を理論的に支えたのに対して（伊東 2005（1962）: 3）、シャハトは 19 世紀的な夜警国家への復帰を理想視していた（ミュラー 1973: 23）。だが、その後、彼は、実際には、ナチス国家の雇用創出政策や軍拡政策を後押しせざるを得なくなる。1933 年以後のナチス国家による雇用創出政策へのライヒスバンクの経済支援は、軍拡のための融資としてのメフォ手形と並んで、テクノクラート（政策技術の担い手で、実際の政策を実施する技術者・官僚）としてのシャハトが、非常時の非常手段として実行したものに他ならなかった。彼が後年、「賢明だが、大胆な金融

182　第 3 部　シャハトの金融政策

手法」と呼んだメフォ手形・雇用創出手形は4年の内に、全ての失業者に賃金・パンを与えることに成功したと言われた（シャハト 1953: 688. 邦訳書（下巻）: 515）。だが、これまでの経緯を見ると、シャハトは、メフォ手形の償還—国家財政の正常化（均衡財政の実現）への道筋をつけることが出来なかったと言ってよいであろう。

　こうしたことから、シャハトが、銀行政策については、中央銀行であるライヒスバンク総裁の在職中には、民間銀行制度を維持するという自己の所信を貫くことに成功したが、金融政策については、非常時の非常手段として、雇用創出手形・メフォ手形などを用いて、雇用創出事業・軍拡への融資に尽力し、大きな成果を上げたが、正常化への段取り、つまり、国家財政の正常化（均衡財政の実現）への道筋をつけることには失敗したことが、本章での検討から、明らかにされたように思う。シャハトの経済政策—特に金融政策が、ケインズ主義経済政策とは似て非なるものであることも、本章での分析から、立証されたと言えるように思う。

第4部
シャハトの経済政策構想

第8章

ヒトラー、シャハトと「ドイツ問題」
―ヒトラー／シャハト論争の検討―

1. はじめに

　シャハトは、ナチス初期に、中央銀行であるライヒスバンク総裁兼経済大臣として、経済政策・金融政策の舵取りをとっていたが、1936年半ば以降、首相兼総統のヒトラーとシャハトとの関係がゆるやかに、かつ持続的に悪化していったと、シャハト本人が回顧録で、述べている（シャハト1953: 487. 邦訳書（下巻）: 219）。また、ヒトラーの側近で、ナチス後期に、軍需大臣として、経済政策の実権を握ったシュペーアは、第2次世界大戦後のニュルンベルク国際軍事裁判で、1937年夏に、オーバーザルツブルクの山荘で、ヒトラーとシャハトが言い争いを行なっていたという証言を行ない、後年の回顧録でも、改めて、その事実に言及している（Speer 1987（1969）: 111. 邦訳（上）: 180）〔以下、シュペーアと表記〕。その当時、ヒトラーは、シュペーアに対して、ヒトラーとシャハトの間の言い争いの内容が経済政策をめぐる意見対立だったことを示唆していたという（ニュルンベルク国際軍事裁判文書 XII, 1989（1947）: 572. シャハト1953: 600. 邦訳書（下巻）: 384）。これは、その意味で、経済政策をめぐるヒトラーとシャハトの間の論争、いわば、ヒトラー／シャハト論争と言ってよいであろう（田村 1985: 125）。

　では、ヒトラーとシャハトの間の経済政策をめぐる論争、ヒトラー／シャハト論争とは、一体、何だったのか？　シャハトは、ヒトラーと自分の経済政策についての見解の違いとして、以下のように、述べている。ヨー

186　第4部　シャハトの経済政策構想

ロッパの中心問題としての「ドイツ問題」とは、ドイツに自己の原料調達、食糧調達の可能性を与えることであり、ヒトラーも、この核心的問題〔「ドイツ問題」〕のことをよくわかっており、〔シャハトとは〕別の解決策を模索していた旨、シャハトは、示唆していた（シャハト 1953: 477. 邦訳書（下巻）: 208）。シャハトのこうした叙述から、食糧調達により、ドイツ国民を扶養し、原料調達により、工業発展による国富増大の可能性を与えて、ドイツの経済的生存を確保し、ドイツの経済発展への道を開くことが「ドイツ問題」であり、シャハトとヒトラーの両者が「ドイツ問題」の重要性については一致していたが、そのための具体的な方法・路線では対立して、ヒトラー／シャハト論争が展開されたことが、読みとれよう。

　本章の課題は、「ドイツ問題」をめぐるヒトラー、シャハト各々の見解を概観し、ヒトラー／シャハト論争を検討することにある。ヒトラー、シャハト各々の見解を簡潔に再現し、「ドイツ問題」に対して、ヒトラー、シャハト各々がどのような解決策を提示したか、見ていきたいと思う。ヒトラーとの論争、つまり、ヒトラーの経済政策構想との対決の中で、シャハトがどのような独自の経済政策構想を提示したかを明らかにしようと筆者は考えている。

2. ヒトラーと「ドイツ問題」

　本節では、「ドイツ問題」についてのヒトラーの解決策・提案を見ていくことにする。以下、ヒトラーの議論を、簡潔に、概観してみよう。

　ヒトラーは、最初に、ドイツでは、毎年、90万人の人口増大があり、これを養う困難さは年々増大しており、もしこの飢餓貧困化の危険を予防すべき手段と方法が見つからなければ、将来、〔ドイツは〕破局するだろうと指摘し、この破局を予防するための方法として、4つの道を提起した（ヒトラー 1938（1925/27）: 143-144. 邦訳（上）: 178）。以下、この点についてのヒトラーの議論を見てみよう。

　第1の道は、フランスの例に倣って、出生の増加を人工的に制限して、それでもって、人口過剰に対処することであるが、ヒトラーは、出生数制限は最も弱い者や最も病弱な者を助けることになり、自然の生存競争に反す

るという理由で、これを斥けた（前掲書：144, 145. 邦訳（上）：178, 179）。

　第2の道は、国土開発であるが、ヒトラーは、いくら国土を開発しても、ドイツの人口増大に比すれば、不十分であり、これは人口制限に結果せざるを得ないという理由から、この方法にも反対を表明した（前掲書：145-146. 邦訳（上）：180-181）。

　第3の道は、過剰な数百万人を毎年移住させるために、新しい土地を入手し、自給自足の原則で国民を養っていくことで、ヒトラーは、これを領土拡大政策と位置づけて、より健全な道と評した（前掲書：151. 邦訳（上）：185, 186）。

　第4の道は、外国の需要に応じて、商工業を興して、その販売によって、生活を賄っていく方法であり、ヒトラーは、これを、植民地政策・商業政策と呼んだが、商業政策と植民地政策によって、平和的な方法で、〔他の〕世界を征服すること、〔つまり〕「経済的平和的征服」が自然の生存競争の原則に反するという理由から、無意味で愚かなこととして、これに反対した（前掲書：151, 168-169. 邦訳（上）：185, 205）。

　ここまでの叙述から、ヒトラーが、「ドイツ問題」として、ドイツの過剰人口の問題を指摘し、この年々増大するドイツ人を扶養するために、特別の方策が必要だと認識しており、そうした危機意識から、解決策として、4つの道を提起し、その妥当性を検討していることが、読みとれよう。第1の方法は出生数制限（つまり、産児制限）による人口増大阻止の方策であり、第2の方法は国土開発による問題解決だったが、ヒトラーは、両方とも、問題解決にはならないと斥けている。

　ヒトラーが、問題解決策として、勧めるのは、第3の道であり、他方、後述するように、シャハトが勧告するのは、第4の道であった。以下、ヒトラーが、どのようにして、（シャハトの説く）第4の道を斥けて、自らの推した第3の道を説得的に論じていったか、見てみよう。

　ヒトラーは、〔第1次世界大戦以前の〕ドイツの植民地政策は土地政策でなく、真の空間政策の見地から見て、無意味であり、ドイツの過剰人口軽減に貢献しなかったと批判する（ヒトラー 1961: 100. 邦訳：129-130）。彼は、さらに、〔海外の〕植民地は大規模なヨーロッパ人の植民に適して

いないと論じる（ヒトラー 1938（1925/27）：153. 邦訳（上）：188）。だが、ヒトラーが何よりも、ドイツの植民地政策を断罪・非難するのは、ドイツの植民地政策がイギリスとの抗争・戦争をもたらした点にあり、それ故に、ドイツの植民地政策を目して、危険な遊び、非理性的とまで、酷評した（ヒトラー 1961：101, 102. 邦訳：132）。彼は、さらに、イギリスが過去に、スペイン・オランダ・フランスにより、自国の海上・植民地支配を脅かされて、これらの国々と戦争に至った事例を挙げて、ドイツがイギリスの海上・商業利益に抵抗せず、〔ヨーロッパ〕大陸の目標に集中すれば、ドイツとイギリスとの対立は解消すると述べている（前掲書：167, 173-174. 邦訳：244-245, 256）。ヒトラーは、最終的に、ドイツが戦前〔第 1次世界大戦以前の時期〕の植民地政策・貿易政策を清算すること（ヒトラー 1938（1925/27）：742. 邦訳（下）：358）、ドイツが世界工業・世界貿易政策のあらゆる企てから離れること（ヒトラー 1961：167. 邦訳：237）を提唱した（下線—ゲシュペルト）。

　ヒトラーのこれまでの議論から、ヒトラーが第 4 の道、つまり、植民地・商業政策の道を斥ける論拠としては、海外の植民地がヨーロッパ人（ドイツ人と言い換えてもいいが）の入植に適していないことという理由を挙げつつ、主因としては、ドイツが植民地政策を追求すれば、イギリスの海上・商業利益を脅かすことになり、必然的にドイツ・イギリス両国間の戦争に発展することへの恐れ・懸念であることを、読みとることが出来るように思う。

　では、ヒトラーは第 3 の道、つまり、領土拡大政策を、どのように説得的に論じたのだろうか。以下、ヒトラー自身の議論を再構成してみよう。

　ヒトラーは、ドイツは本来、過剰人口の地であり、ドイツ民族は常に空間不足であると論じて、西ヨーロッパでも南ヨーロッパでも我が民族の空間問題は解決出来ないと主張し、改めて、ドイツ外交政策の目標は東方の空間だけであると宣言した（前掲書：85, 155, 159. 邦訳：97, 223, 230）。ヒトラーの言う「東方の空間」とは、ロシアとその周辺国家のことに他ならなかった（下線—ゲシュペルト）（ヒトラー 1938（1925/27）：742. 邦訳（下）：358）。これは、つまり、ヒトラーがドイツ民族の「生存圏」を、

ロシア、東ヨーロッパに見出したことを意味した。

　では、ヒトラーは、どのようにして、ロシア・東ヨーロッパから、新た
な領土を獲得しようと考えていたのか。この点についてのヒトラーの言を
聞いてみよう。

　ヒトラーは、「剣によってのみ、大地が与えられるべき」と明言し、「武
力使用」と「新たな血」が新たな土地獲得とその維持のために必要である
と論じる（下線─ゲシュペルト）（前掲書：743, 754, 755. 邦訳（下）：359,
372）。彼は、我が国の未来は海にでなく、ヨーロッパ〔ロシア・東ヨーロ
ッパ〕にあるが故に、我が国の任務は強力な陸軍の形成にあると論じた（ヒ
トラー 1961: 218. 邦訳：327）。ヒトラーは、さらに、東方の「生存圏」
獲得のために、イギリスを味方にして、ロシアを孤立化させることを目指
して、必要ならば、陸軍に集中して、艦隊を放棄することをさえ、主張し
た（前掲書：102. 邦訳：133-134）。

　ここから、ヒトラーが東方の「生存圏」獲得、つまり、ロシア・東ヨーロ
ッパから、新たな土地を獲得するために、武力による侵略戦争を構想して
いること、そのために、陸軍の強化だけでなく、イギリスとの提携・連合
のために、艦隊を放棄すること、つまり、軍拡の重点を陸軍において、海
軍をなおざりにすることさえも、考慮していたことを、読みとることが出
来るように思う。

　では、ヒトラーは、東方の「生存圏」として、武力で、ロシア・東ヨー
ロッパを征服した後、その新領土をどのようにしようと構想していたのか。
この点についてのヒトラーの議論を見てみよう。

　ヒトラーは、〔ドイツが東方の「生存圏」を武力で獲得した後〕現地の住
民を追放して、ドイツ人農民を「屯田兵」として、武装して、入植させる
ことを提唱した（ヒトラー 1988: 48. 邦訳（上）：57）。彼は、また、ドイ
ツ民族が〔ドイツ本土の〕農村の青少年を自国の郷土〔東方の「生存圏」〕
に自由な農民として、入植させれば、〔ドイツ本土の〕ドイツ工業に域内
〔ドイツ本土と「東方の生存圏」を包括した概念〕の販売市場を開拓するこ
とになると論じた（ヒトラー 1961: 219. 邦訳：328）。ヒトラーは、さら
に、〔ドイツ支配下の〕ロシアはヨーロッパにとっての穀倉地帯になり、ド

イツはロシアの穀物をヨーロッパに供給出来るだろうと述べている（ヒトラー 1988: 58, 63. 邦訳（上）: 73, 80）。彼は、東方の「生存圏」、つまり、ロシアに、自国の過剰人口を移住させて、あらゆる必要物資を入手出来る可能性を見出していた（前掲書: 80. 邦訳（上）: 106）。ヒトラーは、なお、東方の「生存圏」で獲得出来る食糧としては、主として、穀物〔小麦〕を強調しているが、その他に、〔クリミア半島で栽培されている〕かんきつ類のことも指摘し、さらに、黒海で捕れる魚や、クリミア半島で〔収穫した〕大豆を餌にした家畜〔豚・牛など〕のことも挙げている（前掲書: 75, 63, 70. 邦訳（上）: 103, 80, 90）。

　これまでのヒトラーの議論から、ヒトラーが東方の「生存圏」、ロシア・東ヨーロッパに、ドイツ人農民を武装した「屯田兵」として、入植させること、ロシアの地をヨーロッパにとっての穀倉地帯にして、ロシアの穀物をヨーロッパに供給させること、そして、ドイツ人農民の入植によって、東方の「生存圏」に、ドイツ本土のドイツ工業にとっての販売市場を築き上げることを構想していたことを、読みとることが出来るように思う。

　しかし、ヒトラーは、東方の「生存圏」を、食糧（農産物）基地にだけ、限定して、見ていた訳ではなかった。さらに、ヒトラーの議論を見てみよう。

　ヒトラーは、東方地域〔ロシア〕を開拓すれば、天然資源が手に入るし、東方地域は工業製品の販売市場になり、そうなれば、〔ドイツ本国の〕失業問題を解決出来るだろうと論じた（前掲書: 78. 邦訳（上）: 103）。彼は、また、ドイツが開拓しようとしている東方地域〔ロシア〕は〔ドイツ工業にとっての〕原料基地であり、ドイツ工業の工業製品の販売市場であると指摘している（前掲書: 70. 邦訳（上）: 90）。

　ヒトラーは、東方の「生存圏」で獲得出来る重要物資として、穀物〔小麦〕に並行して、石油だけでなく、鉄のことも指摘している（前掲書: 78, 59. 邦訳（上）: 104, 73）。彼は、さらに、東方の「生存圏」で入手出来る原料として、ニッケル、石炭、マンガン、モリブデン、植物油、ゴムのことも、挙げている（前掲書: 78. 邦訳（上）: 104）。また、東方の「生存圏」を〔武力—侵略戦争によって〕征服したら、ドイツはカリ、小麦、石

炭、鉄、木材を手に入れられると述べている（前掲書：110. 邦訳（上）：151）。

　これまでのヒトラーの議論から、ヒトラーが東方の「生存圏」に、食糧だけでなく、天然資源―原料の宝庫を見出して、東方地域の開拓によって、ドイツ工業にとって、その工業製品の販売市場だけでなく、原料基地の獲得を実現させるものと考えていたことを読みとれるように思う。

　ヒトラーは、国家の独立は軍事力とアウタルキー、つまり、経済的自給自足〔の実現〕によって、支えられていると論じる（前掲書：109. 邦訳（上）：151）。彼は、また、〔東方の「生存圏」の豊富な食糧・原料の獲得により〕〔ナチスドイツ支配下の〕ヨーロッパが〔ほぼ完全な〕経済的自給自足を確立するだろうと力説した（前掲書：78. 邦訳（上）：104）。

　このように、ヒトラーは、アウタルキー、つまり、経済的自給自足の達成ということに、かなりのこだわりを示していた。ヒトラーは、東方の「生存圏」、つまり、ロシア・東ヨーロッパの東方地域を武力で征服することにより、東方地域の食糧・原料を入手して、ドイツがアウタルキーを実現可能にすると見ていたが、それだけでは十分でないとも考えていた。以下、ヒトラーの議論を見てみよう。

　ヒトラーは、ドイツが第 1 次世界大戦時にいったん、アウタルキー経済を成立させながら〔第 1 次世界大戦時に、イギリスの海上封鎖によって、海外から必要な原料を入手出来なくなったので、ドイツが代替原料・合成原料の開発・製造に携わったこと〕、第 1 次世界大戦の終了後、ドイツがアウタルキー経済を放棄して、再び、世界経済に復帰したことを大きな過ちと呼んで、自分は同じ誤りを繰り返さず、第 2 次世界大戦時にアウタルキー経済を創り出すと論じて、さらに、第 2 次世界大戦終結後の緊急の課題はアウタルキー経済の確立〔維持・継続〕だと主張した（前掲書：137, 94. 邦訳（上）：193, 127）。彼は、また、ドイツがアウタルキー経済確立のために製造すべき代替原料として、〔化学工業の製造する〕合成ゴム、合成石油を挙げている（前掲書：94. 邦訳（上）：127-128）。ヒトラーは、1936年以降のゲーリング指導下の第 2 次 4 ヵ年計画〔ヒトラーの命令に基づき、戦争準備のためのドイツ経済再編のために、合成原料製造を目指すも

の（バルカイ 1988 2）：211）〕がドイツのアウタルキー経済確立の柱である旨、示唆した（ヒトラー 1988：94. 邦訳（上）：128）。彼は、〔東方の「生存圏」を征服した後の〕ドイツはコーヒーと紅茶だけは輸入しなければならないが、それ以外の物資は輸入する必要がなく、アウタルキーを達成したドイツは無敵であると主張した（前掲書：94. 邦訳（上）：128）。なお、ヒトラーは、アウタルキー政策〔合成原料生産計画〕が非生産的活動〔赤字事業〕であるが、多くの雇用を創出すると正当化した（前掲書：137. 邦訳（上）：193）。

　ここから、ヒトラーが代替原料・合成原料の開発・製造を積極的に推進して、アウタルキー経済の確立を構想していたことを読みとれるように思う。ヒトラーの頭の中では、輸出・輸入は不要か、必要最小限に抑えるべきと位置づけられていたように思う。ヒトラーがアウタルキーにこだわる理由として、国家の独立・自立の保障ということが、挙げられる。

　これまで検討してきたことから、ヒトラーが「ドイツ問題」の解決策、つまり、ドイツ国民に食糧・原料調達の可能性を与える方策としては、ドイツが東方に「生存圏」を求めて、ロシア・東ヨーロッパを武力—侵略戦争によって征服し、広大な東方地域の豊富な天然資源（原料）や食糧を手に入れて、ドイツ人農民を武装した「屯田兵」として、東方地域に入植させて、ドイツ本土のドイツ工業の工業製品のための販売市場を形成させること、それだけでなく、国家の独立を保持するために、アウタルキー経済確立にこだわって、化学工業による代替原料としての合成原料の製造も継続させて、天然の原料だけでなく、合成原料をも確保して、ドイツの原料入手を保障することをも構想していたことが、明らかになったように思う。その意味では、ヒトラーの「ドイツ問題」解決策とは、東方に「生存圏」を見出して、東方地域を武力征服して、食糧・原料を獲得するだけでなく、化学工業による代替原料としての合成原料の開発・製造によるアウタルキー経済の確立にあると言ってよいであろう。ヒトラーの目指すアウタルキー経済とは、世界経済から完全に独立・孤立したものであることを、読みとることが出来よう。

3. シャハトと「ドイツ問題」

　本節では、「ドイツ問題」についてのシャハトの解決策・提案を見ていくこととする。以下、シャハトの議論を、簡潔に、概観してみよう。

　シャハトは、ドイツは自国の土地の農産物だけでは、その増大する人口を扶養出来ないと説いて、ドイツは〔外国から〕穀物を輸入し、〔穀物輸入に〕必要な外国為替を工業製品輸出で稼がねばならないと論じた（シャハト 1953: 120. 邦訳書（上巻）: 201）。彼は、さらに、我々が解決すべき問題の核心は人口問題であり、ドイツの土地に住み、新たに生まれてくる数百万のドイツ人労働者に職を与えねばならないと論じ、高度の加工工業の方が原料関連産業〔鉱山採掘業〕や半製品工業よりもより多くの雇用を吸収することを指摘して、この大量の人口は穀物生産や半製品生産でなく、完成品を製造する工業〔高度の加工工業〕に就業させねばならないと述べた（前掲書: 123, 122, 123. 邦訳書（上巻）: 205, 204, 205）。シャハトは、こうした認識から、ドイツの人口増大がドイツの工業製品輸出を必要とすると結論づけた（シャハト 1931: 218）。

　これまでの叙述から、シャハトがドイツの過剰人口問題解決策として、完成品製造工業〔高度の加工工業〕の工業製品輸出―加工貿易立国論を唱えたことを、読みとれよう。ドイツは高度の加工工業、つまり、完成品製造工業の工業製品を輸出して、外国為替を獲得し、この外国為替を用いて、外国から食糧〔穀物〕を輸入・購入すべしというのがシャハトの議論である。しかし、シャハトの議論は、それだけに留まらなかった。さらに、シャハトの言うことに、耳を傾けてみよう。

　シャハトは、世界貿易の発展を展望して、高度に発展した工業諸国の競争戦において、一方では、原料購入をめぐる争い、他方では、販売市場拡大をめぐる争いが激化していることを指摘し、この競争戦において、他の国々から原料を買わねばならない国々よりも、独自の原料基地を有している大国の方がより有利であると説き、アメリカ・イギリス・フランス・ベルギー・日本のような、原料基地としての植民地を持っている国々がドイツ・イタリアのような原料基地〔植民地〕を持っていない国々よりもより有利であると論じた（前掲書: 163, 163-164）。シャハトは、<u>ドイツに欠</u>

194　　第4部　シャハトの経済政策構想

けているのは独自の原料基地としての植民地及び、ドイツ工業製品のための販売市場であると問題提起を行なっている（下線—ゲシュペルト）（前掲書：165）。

　これまでの記述から、シャハトの目指すドイツの高度の加工工業の工業製品輸出のためには、ドイツは原料基地としての植民地や、工業製品の販売市場を必要とするとシャハトが認識していたことを読みとることが出来よう。さらに、シャハトの議論に耳を傾けてみよう。

　シャハトは、ドイツは他のどの外国よりも、外国の原料に依存しており、十分な原料供給こそがドイツの国民経済の生存条件であると述べている（下線—ゲシュペルト）（前掲書：233）。また、ドイツは自国の住民を扶養するために、工業に依存している国として、独自の植民地の原料基地を持たねばならないと力説する（下線—ゲシュペルト）（前掲書：235）。彼は、さらに、ドイツのような過剰人口の国にとって、植民地の入植可能性が必要だと主張する（下線—ゲシュペルト）（前掲書：235）。シャハトは、ドイツは植民地の開発進展により、植民地をドイツ本土の工業製品の定期的な市場にしなければならないと論じている（前掲書：235）。

　こうした記述から、シャハトがドイツの原料基地としてだけでなく、ドイツ本土の工業製品の販売市場として、〔海外〕植民地を必要としていると論じていることを読みとれよう。さらに、シャハトの植民地論を見てみよう。

　シャハトは、今日の技術・科学進歩の状況は植民地経済と植民地への入植の可能性を大いに高めて、容易にしたと指摘し、自動車・無線電信・電話・航空機・飛行船は未開拓の植民地にこれまで未知の可能性を提供する最新の補助手段だと述べている（シャハト 1928：16）。彼は、続けて、衛生と疾病克服の分野で、医学の研究が大いに進展したことで、〔海外〕植民地への白人の入植の可能性が以前の時代とは全く違ってきたと力説している（前掲論稿：16-17）。

　ここから、科学技術の進歩・発展により、白人の入植・定住が困難・不可能視されてきた熱帯地域の海外の植民地へのドイツ人の入植・定住の可能性が高まったとシャハトが主張していることを、見てとれるように思う。

第 8 章　ヒトラー、シャハトと「ドイツ問題」　　195

続けて、シャハトの主張に耳を傾けてみよう。

　シャハトは、ドイツは戦前〔第1次世界大戦以前〕には、かなりの原料を自国の植民地から調達するという最善の道を取っており、ドイツはこの原料調達を外国資本を用いて行なったのではなく、ドイツの資本を用いて、ドイツの通貨を用いて行なったと述べている（シャハト 1926: 21）。彼は、次いで、〔第1次世界大戦以後の現在〕ドイツは全〔植民地〕地域を切り離され、原料を〔外国から購入し〕外国通貨で支払うことを強いられていると論じている（前掲論稿：21）。

　シャハトは、ドイツが独自の植民地を必要とする〔理由の〕問題〔解答〕は通貨政策分野にあると述べて、〔第1次世界大戦以前には〕カメルーン・トーゴー・ドイツ領南西アフリカ・ドイツ領南洋諸島〔といったドイツの第1次世界大戦以前の植民地〕ではドイツ通貨が流通しており、植民地でのドイツの全ての経済活動はドイツ通貨により行なわれたと指摘している（シャハト 1928: 18, 18-19）。彼は、さらに、ドイツが〔第1次世界大戦敗北により〕戦前の植民地を奪われたことはドイツの通貨圏の大幅な減少になり、ドイツは旧植民地の原料購入を〔ドイツ通貨でなく〕外国通貨で行なうように強いられて、ドイツの国際収支が悪化させられたと批判している（前掲論稿：18, 19）。

　シャハトは、ドイツはドイツ経済を外国通貨や外国信用で維持出来ないと述べ、ドイツにドイツの通貨を用いて、植民地産品〔原料・食糧〕を購入する可能性が与えられねばならないと説き、ドイツがそのかなりの原料を自国通貨で購入出来るための植民地を獲得しなければならないと論じて、新たな植民地の開拓・入植に〔ドイツの〕原料・食糧生産の可能性を見出していた（シャハト 1926: 22, 22, 21, 22）。

　シャハトは、植民地問題とは、ドイツにとって、経済的生存の問題であると論じて、ドイツの原料問題解決のために必要なことは〔ドイツが原料供給地としての植民地を所有して〕植民地で原料生産を行なうこと及び、植民地にドイツ通貨を流通させることだと説いた（シャハト 1937 1）: 6, 17-18, 18）。彼は、また、植民地の原料開発には多額の投資が行なわれねばならないし、植民地は鉄道や道路の建設・自動車交通・ラジオ・電力・大規

196　　第4部　シャハトの経済政策構想

模農園等によって、開発されるだろうと指摘している（前掲書：18）。シャハトは、さらに、植民地開発は長期投資に依存しており、植民地にドイツ通貨を流通させることにより、〔植民地への〕長期投資のための〔ドイツ本土からの〕信用供与が行なわれるだろうと論じた（前掲書：19）。

　シャハトは、〔第1次世界大戦の〕戦勝諸大国〔主として、イギリス・フランス〕が彼らにとって不要な旧〔ドイツ〕植民地を〔ドイツに〕返還すれば、狭い所に閉じ込められているドイツが現在直面している大変な社会的経済的困窮は緩和され、世界の平和と福利にとっての脅威はなくなるだろうと述べている（シャハト 1931：231）。彼は、さらに、植民地の中に、ドイツの数十万人の有能で勤勉な青年たち、つまり、過去の世代と同様の責任感や仕事への義務感を持ったドイツの青少年に未来の職場〔雇用〕を提供出来るような、ドイツの青少年のための「生存圏」を見出していた（下線―ゲシュペルト）（前掲書：229）。

　これまでの検討から、シャハトの植民地論とは、植民地を、一方で、中長期的には、（過剰人口としての）ドイツ人住民の入植・開拓を視野に入れて、ドイツ本土の工業にとっての販売市場、原料供給地、ドイツ本土のドイツ人住民にとっての食糧供給地と定義しつつ、他方で、短期的には、ドイツ工業にとっての原料供給地と位置づけて、旧植民地がドイツに返還されれば、ドイツは旧植民地からの原料購入に際して、外国通貨で支払うのではなく、ドイツ通貨で支払うことになるので、外国通貨が節約出来て、ドイツの経済的負担が緩和される旨を植民地の経済的利点として、主張するものであることを読みとれよう。しかし、シャハトにとっての植民地の経済的意義はそれだけではなく、中長期的には、植民地へのドイツ通貨の流通により、鉄道・道路の建設といった植民地のインフラ建設・整備にドイツ本土の資本を動員して、植民地の開発を推進させて、植民地へのドイツ人青少年の入植・開拓を促進して、ドイツ人青少年に未来の可能性を与えて、「生存圏」としての可能性をさえも、提供するものとして、いわば宝島のような無限の可能性を秘めたものとして、定義・位置づけされていたことが、明らかにされたように思う。その意味で、シャハトにとって、植民地の経済的意義はドイツの経済的生存の問題として、強調・主張されることにな

った。

　前述したように、ヒトラーは、ロシア・東ヨーロッパの東方地域をドイツの「生存圏」と看做して、武力―侵略戦争によって、東方の「生存圏」を征服することを計画していた。これに対して、シャハトは、第1次世界大戦以前の旧ドイツ植民地をドイツの「生存圏」と見て、「平和的方法で、植民地問題を解決すること」（シャハト 1937 1）: 10）、つまり、第1次世界大戦の戦勝大国（主として、イギリス・フランス）との外交交渉によって、平和的に、ドイツの旧植民地の返還を実現することを構想していた。ヒトラーと異なり、シャハトが武力や侵略戦争を回避した背景・理由としては、シャハトが戦争―世界大戦のもたらす危険・破壊的な影響に対して、警戒的だったということが、挙げられる。以下、この点についてのシャハトの議論を概観・検討してみることとする。

　シャハトは、第1次世界大戦はドイツにとって祖国防衛戦争である旨、示唆していたが、第1次世界大戦の結果、ヨーロッパの衰退、アメリカ合衆国の台頭といった事態が起こった旨を述べて、第1次世界大戦はヨーロッパにとって、自殺だったと指摘している（シャハト 1931: 25, 161ff）。彼は、また、〔第1次世界大戦以後、ヨーロッパ白人の〕私有財産制度を否定するボルシェヴィズム〔共産主義〕が〔各地で〕広がったことや、中国・インド・アフリカ〔といった非ヨーロッパ地域〕で白人優位〔白人の植民地支配〕への抵抗が起こったことを挙げたりして、〔新たな〕世界大戦が起こった場合に、<u>諸国民の物的・精神的福利がどれだけ失なわれるか</u>、〔新たな〕戦争の結果について、警告を発している（下線―ゲシュペルト）（前掲書: 213-214, 215-216）。シャハトは、さらに、自分は戦争〔新たな第2次世界大戦の勃発〕に反対だと明言し、戦争は〔ヨーロッパの白人〕文明の終焉を意味し、世界大戦の結果、共産主義が世界中に広がり、経済全体〔資本主義的世界経済全体〕が崩壊するだろうと論じた（ドッド 1962: 190, 384）。彼は、〔武力による〕東方の空間<u>征服</u>には全く関心がなく、経済大臣在職中には、ドイツとソ連の両国間の経済関係改善に尽力したという（下線―ゲシュペルト）（ニュルンベルク国際軍事裁判文書 XLI, 1989（1947）: 275, 276）。さらに、戦争が勝者自身にも損害を与え、新たなヨ

ーロッパ戦争が文明と人間への犯罪であるという断固たる立場を主張したという（前掲書 XII: 554-555）。元々、シャハトは、戦争を国際紛争の解決の手段とすることに否定的で、真の戦争反対論者だったという（前掲書 LXI: 278, 284）。

こうした記述から、シャハトが戦争に反対したのは、白人―ヨーロッパ人の支配体制・植民地体制の維持・擁護の観点からだけでなく、第1次世界大戦の破壊的結果を踏まえて、戦争のもたらす惨禍に対する憂慮の念からであることを、読みとり得よう。その意味で、シャハトの戦争反対の姿勢は、戦争の破壊的結果・影響に対するシャハトの深い危機感の表われと言ってよいであろう。これまでの概観から、シャハトの中に、戦争反対論者を見出すことが出来よう。

前述したように、ヒトラーは、代替原料・合成原料の開発・製造を積極的に推進して、アウタルキー経済の確立を構想していた。この点についてのシャハトの議論を見てみよう。

シャハトは、世界市場からの原料〔購入〕を国内の合成原料製造に代替することは巨額の費用〔負担〕によってのみ可能であると指摘している（シャハト 1937 1）: 11）。彼は、また、アウタルキーはドイツ国民の生活水準を減少させるし、アウタルキーは外の世界から〔ドイツを〕切り離すこと〔ドイツ経済を世界経済から孤立・遮断させること〕を意味していると批判し、そうした理由から、アウタルキーに断固反対だと強調している（前掲書: 11）。最終的に、有利な商品の交易という方法〔諸国民間の自由貿易〕によってのみ、健全な〔経済〕発展が実現する旨、結論づけている（前掲書: 12）。シャハトは、ヒトラーが代替原料・合成原料の開発・製造に熱心なことを目して、ヒトラーの経済的無知〔を表わすもの〕と酷評している（シャハト 1949: 64）。

こうした記述から、シャハトが、ヒトラーが目指した代替原料・合成原料製造によるアウタルキー構想に断固反対し、あくまでも工業製品輸出によるドイツの経済発展―加工貿易立国を理想視していることを、読みとることが出来よう。ヒトラーの庇護下で、ゲーリングの推進した代替原料・合成原料製造を目指す第2次4ヵ年計画に対抗して、シャハトは、1936-

第8章　ヒトラー、シャハトと「ドイツ問題」　199

1937 年にかけて、〔原料供給地としての〕旧植民地返還を目指して、イギリス・フランスとの外交交渉を活発化させるが、挫折を余儀なくさせられた（前掲書：64）。シャハトは、この時の外交交渉失敗の原因として、スペイン内戦問題を契機にしたドイツとイギリス・フランスの西欧列強との関係悪化を挙げている（前掲書：64）。

　これまで概観してきたことから、シャハトが「ドイツ問題」の解決策、つまり、ドイツ国民に食糧・原料調達の可能性を与える方策としては、西欧列強との外交交渉により、旧植民地の返還を実現し、中長期的には、ドイツの過剰人口、特にドイツの青少年を植民地に入植・定住させて、植民地の開拓に従事させて、植民地産品（原料・食糧）生産を行なわせるだけでなく、植民地で鉄道や道路といったインフラ建設・整備を進めて、ドイツ本土の工業の工業製品のための市場を作り上げることを目指しつつ、他方で、短期的には、ドイツ本土のドイツ工業のための原料供給地として、植民地からの原料購入をドイツ通貨で支払うことにより、ドイツ経済への負担を軽減させて、ドイツ工業に有利な立場で、工業製品輸出増大の機会を与えることを構想していたことが、明らかにされたと思う。その意味では、シャハトの「ドイツ問題」解決策とは、旧植民地に「生存圏」を見出して、平和的外交交渉により、旧植民地を返還させて、食糧・原料を獲得し、植民地からの原料調達をドイツ通貨で行なうことで、ドイツの経済的負担を軽減させて、ドイツ工業の工業製品輸出を増大させて、ドイツの経済発展―国富増大を実現させることにあったと言ってよいであろう。こうしたことから、シャハトが、世界経済・世界貿易へのドイツ経済の参加・復帰の中に、ドイツ経済発展の道筋をつけようとしていたことが、読みとれるように思う。

4. ヒトラー、シャハトと「ドイツ問題」 ―むすびにかえて―

　以上、ドイツに自己の原料調達、食糧調達の可能性を与えるヨーロッパの中心問題としての「ドイツ問題」解決をめぐるヒトラー、シャハト各々の見解を検討してきた。シュペーアが目撃したヒトラー／シャハト論争とは、まさに、この「ドイツ問題」をめぐるヒトラーとシャハトの対立の表

200　　第 4 部　シャハトの経済政策構想

われに他ならなかったと言ってよいであろう。

　ヒトラーによる「ドイツ問題」解決策、つまり、ドイツ国民に原料・食糧調達を可能にする方策とは、東方をドイツの「生存圏」と見て、武力—侵略戦争によって、ロシア・東ヨーロッパを征服し、広大な東方地域の豊富な天然資源（原料）や食糧を我が物にして、ドイツ人農民を武装した「屯田兵」として、東方地域に入植させ、ドイツ本土のドイツ工業の工業製品の販売市場を形成させること、国家の独立を保持するために、アウタルキー経済確立に固執し、化学工業による代替原料としての合成原料製造を継続させて、天然原料だけでなく、合成原料をも確保して、ドイツの原料獲得の保障を目指すものだった。

　これに対して、シャハトの「ドイツ問題」の解決策、ドイツ国民に原料・食糧調達を可能にする方策とは、西欧列強との平和的外交交渉により、旧植民地の返還を実現し、一方で、中長期的には、ドイツの過剰人口、特にドイツの青少年を旧植民地に入植・定住させて、植民地の開拓に従事させて、植民地産品（原料・食糧）生産を行なわせるだけでなく、植民地で鉄道・道路といったインフラ建設・整備を進めて、ドイツ本土のドイツ工業の工業製品のための販売市場を作り上げることを目指しつつ、他方で、短期的には、ドイツ本土のドイツ工業のための原料基地として、植民地からの原料購入をドイツ通貨で支払うことにより、ドイツ経済への負担を軽減させて、ドイツ工業に有利な立場で、工業製品輸出増大の機会を与えることを目指すものだった。

　では、このように、対立したヒトラーとシャハトが何故、当初は協力関係を結び、両者の関係が最終的に、破局に至ったのか、その経緯を見てみよう。

　ヒトラーとシャハトの最初の出会いは、1931年1月初めのゲーリング邸での晩餐会だったが、その折りに、ヒトラーは、2時間かけて、自己の政治目標として、外交政策としては、〔敗戦国でなく、西欧列強と対等の大国としての〕ドイツの国際政治上の地位の回復、国内の経済政策としては、都市整備・道路建設といった公共の雇用創出事業による失業除去を論じたという（コッパー 2006: 189-190）。シャハトは、この会談で、ヒト

ラーと協力出来そうだという印象を持ったという（前掲書：190）。ヒトラーの側近のゲッベルスは、この会談に同席していたが、シャハトをナチスの陣営に入れて、ナチスの政権獲得に役立てようと企てていたことを日記に示唆していたという（前掲書：190, 194）。シャハトの側は、ワイマール共和国政府の無為無能ぶりと比較して、ヒトラーとナチスに行動への強い意志・実行力を見出して（シャハト 1949: 26, 27）、ヒトラー・ナチスとの提携に踏み出すこととなる。

　シャハトには、ヒトラーが経済政策に関して、自分の助言を受け入れるという確信があったという（コッパー 2006: 199）。さらに、自分がヒトラーを正しい道に導けると信じていたという（シャハト 1953: 379. 邦訳書（下巻）：67-68）。シャハトは、経済人をナチス支持に向けて、説得したし、ヒトラーにとって、ナチスが政権を獲得した場合の雇用創出・軍拡政策のための金融政策を実施出来る中央銀行総裁候補として、ナチスの政権担当能力を〔事前に〕宣伝する役割を担ったという（コッパー 2006: 201, 202, 195, 196）。

　だが、ナチス政権成立後、シャハトは、ライヒスバンク総裁兼経済大臣として、ナチス政権の経済・金融政策を実施するが、しだいにヒトラーやナチスとの間で、経済政策路線などをめぐり、対立が激化し、ヒトラーとシャハトの間の関係は亀裂を深め、最終的に決裂するに至った。シャハトのナチスの政策批判の論点は当初、ユダヤ人問題〔ナチス政権によるドイツ経済からのユダヤ人追放政策〕やキリスト教の教会問題〔ナチス政権のキリスト教教会への弾圧〕だったが、やがて、軍拡をめぐる意見対立〔シャハトが軍拡を祖国防衛に必要な範囲に限定しようとしたのに対して、ヒトラーは東方への侵略戦争に必要な過度の軍拡を求めて、対立した〕により、1939 年 1 月に、シャハトがライヒスバンク総裁職をヒトラーに解任される結果に導いた（シャハト 1953: 437-438, 445-454, 455-459. 邦訳書（下巻）：150-152, 163-176, 178-184）。そうした過程の中で、本章の初めで見てきたように、ヒトラーとシャハトの間で、「ドイツ問題」解決策をめぐるヒトラー／シャハト論争が展開されることになったのである。

　ヒトラー／シャハト論争として、展開された「ドイツ問題」解決策をめぐ

るヒトラーとシャハトの間の経済政策構想の相違点・対立点としては、ヒトラーがロシア・東ヨーロッパの東方地域をドイツ民族の「生存圏」と見て、そこに、ドイツの中小農民を入植させ、東方地域をドイツの食糧基地、ドイツ本土のドイツ工業のための原料基地、販売市場にしようと構想していたこと、そのために、戦争によって、東方地域をドイツに武力併合することをヒトラーが計画していたこと、ドイツの原料確保のために、東方地域の天然資源だけでは十分でなく、化学工業による代替原料としての合成原料製造をヒトラーが重視していたことに対して、シャハトが第1次世界大戦以前のドイツの旧植民地にドイツの青少年のための「生存圏」を見出して、ドイツの青少年を旧植民地に入植させて、旧植民地をドイツの食糧基地、ドイツ本土のドイツ工業のための原料基地、販売市場にしようと構想していたこと、第1次世界大戦の経験から、第2次世界大戦の破壊的影響を懸念して、戦争によってでなく、西欧列強（イギリス・フランス）との平和的外交交渉によって、旧植民地の返還をシャハトが目指したこと、ヒトラーがこだわった合成原料製造に対して、巨額の費用がかかることを理由に、シャハトが反対していたことといった点を、挙げることが出来よう。「ドイツ問題」解決策をめぐるヒトラーとシャハトの間の究極の対立点は、ヒトラーが輸出入を排除し、（侵略戦争で征服した）東方地域の天然資源と（化学工業の製造した代替原料としての）合成原料で原料を賄う、世界経済から完全に孤立・独立したアウタルキー（経済的自給自足）を理想視していたのに対して、シャハトが（西欧列強との平和的外交交渉で返還を目指した）植民地（原料基地）からの原料供給に基づいた工業製品輸出による加工貿易立国を目指し、世界経済・世界貿易への復帰の可能性を模索していたこと、目的実現の手段として、ヒトラーが戦争を唯一可能な方法と看做したのに対して、第1次世界大戦の破壊的影響を踏まえて、シャハトが戦争に反対して、平和的外交を主張したことといった点に求められるように思われる。

　研究史の上では、ヒトラー／シャハト論争を、世紀転換期以降（19世紀末から20世紀初頭にかけての）ドイツでの経済政策論争の2つの路線の対立を、「農・工立国」論による保護貿易帝国主義者と「工業立国」論

に基づく反ユンカー的自由貿易帝国主義者の対立として把握し、この論争が「後にヒトラーとシャハトの論争に再現され」たと見る見方がある（田村 1985: 125, 155-156）。また、1932 年〔ドイツの〕社会政策学会におけるアウタルキー化・広域経済圏に関する議論（東南ヨーロッパを含めた広域経済圏や世界経済からの自立、工業優位国家から農・工・商国家への転換といった事柄から構成されたアウタルキー化論を説いたゾンバルト、ザリーンと、西欧・海外との関連を重視し、ドイツが工業国家としての性格を維持すべきだと論じて、アウタルキー化論を批判したオイレンブルクとの間で展開された論争）（柳澤 2006: 138-141）の中にも、（柳澤氏自身は、ヒトラー／シャハト論争に言及されていないが）ヒトラー／シャハト論争の萌芽（あるいは、共通性）が見出せるように思える。これは、ドイツ経済政策路線の 2 つの道、2 つの路線の対決であり、ドイツ経済政策論争の連続性と言ってよいであろう。

　もちろん、先行研究から読みとれるこうした側面（ドイツ経済政策論争の連続性）を認めつつ、筆者は、これまでの検討から、ヒトラー／シャハト論争を、第 1 次世界大戦以後の激動する世界情勢の中で、独自の意義を有するものとして、把握すべきだと考える。この論争が過去の経済政策論争と異なる点として、以下のことが挙げられる。社会政策学会のアウタルキー化論は「完全なアウタルキーを意味するものでなく、世界経済との関連は存続する」ものだったが（前掲書: 140）、ヒトラーの場合、世界経済との関連を絶った完全なアウタルキー実現が目標とされたこと、第 1 次世界大戦の歴史的経験を踏まえて、ヒトラーが武力、つまり、侵略戦争による目標実現を当然視したのに対して、シャハトが逆に、あくまでも、平和的外交による目標実現（旧植民地返還実現）に固執し、第 2 次世界大戦勃発回避を説いたことといった点が、新たな側面として、指摘出来よう。ヒトラーが侵略戦争による完全なアウタルキー実現を目指した点に、極めて極端な形のアウタルキー論を見出せよう。さらに、第 1 次世界大戦という共通の歴史的経験から、ヒトラーが戦争を常態と看做す世界観を身につけたのに対して、シャハトが逆に、二度と戦争（第 2 次世界大戦）を引き起こしてはならない（ヨーロッパ文明の自滅に結果するからという理由で）

と説いたことに示されているように、両者が全く正反対の結論を導き出したということも、看過出来ないように思う。

　ヒトラー／シャハト論争とは、ヒトラー、シャハトの各々が、独自に、ドイツの生きる道・方法を模索した論争、つまり、ドイツに自己の原料・食糧調達の可能性を与える方策をめぐる論争、「ドイツ問題」解決策をめぐる論争として、理解すべきだと思う。ヒトラーとシャハトは各々、ドイツの「生存圏」をドイツの外に求め、前者は東方地域（ロシア、東ヨーロッパ）、後者の場合はドイツの旧植民地（南西アフリカ、太平洋の南西諸島）をドイツの原料基地、食糧基地にすることを構想していた。

　同時代の日本で、石橋湛山は、欧米列強の海外植民地が近い将来において、独立することを予想し、日本の領土拡大が人口問題解決に役立っていないことを指摘し、日本は満蒙〔満州・内蒙古〕から、〔武力併合によらずとも〕「平和の経済関係、商売関係で」原料購入が可能な旨、論じている（石橋 1984: 116, 185, 186）。また、第 2 次世界大戦以後、ドイツがヨーロッパ統合への道を選んだことの意義は大きいと言ってよいであろう（ヨーロッパ統合については、以下の文献を参照。Loth 2014）〔以下、ロートと表示〕。

　こういった歴史的経緯を踏まえた上で見ると、ヒトラー／シャハト論争の論点、武力—戦争による東方地域征服（ヒトラー）も、旧植民地へのこだわり（シャハト）も、両方共、時代錯誤のように見える。シャハトは、ドイツの国際収支の負担軽減のために、海外植民地からの原料供給を主張したが、植民地〔の原料供給〕がドイツの原料輸入の多くを補填するというシャハトの考えが〔経済合理的に見て〕間違いである旨の指摘がある（コッパー 2006: 298）。しかし、同時代の石橋湛山の示した先見性を別にして、当時のドイツの時代状況の制約の中で、ヒトラー／シャハト論争において、ヒトラーの戦争政策や、その背後にあるアウタルキー構想に対抗して、シャハトが独自の経済政策構想を提示したことの意義（特に、世界経済へのドイツの統合や平和への道を求めたこと）は大きいと思う。シャハトが、第 1 次世界大戦の破壊的影響・結果を踏まえて、第 2 次世界大戦勃発阻止のために、ドイツの平和的経済発展の可能性を追求し、模索したこ

と（戦争にこだわるヒトラーに対して、シャハトに一日の長があること）が、本章での検討から、明らかにされたように思う。

　最後に、筆者が強調したいことがある。これまでの諸章で見てきたように、テクノクラート（政策技術の担い手で、実際の政策を実施した技術者・官僚）として、シャハトは、1929年大恐慌以後、激動の状況下で、ナチス・ヒトラーと提携し、ナチス政権成立後、非常時の非常手段として、「新計画」や雇用創出手形・メフォ手形などを実行したが、世界貿易への復帰やメフォ手形の償還―国家財政の正常化（均衡財政の実現）といった正常化への道筋をつけられずに、経済大臣兼ライヒスバンク総裁退陣を余儀なくされた。ヒトラー／シャハト論争は、ヒトラー対シャハトの両者の関係が破局に至った時点で、その各々がその固有・独自の経済政策構想・経済政策思想を提示し、その対立・相違点を浮き彫りにした点に、独自の意義があるように思う。特に、シャハトの場合は、ヒトラーの経済政策路線への対抗という意味だけでなく、正常化以後のドイツ経済発展の見取り図を提示したという意味でも、それなりの意義があったと筆者は確信する。ヒトラー／シャハト論争から、ヒトラーの経済政策思想は「世界経済と断絶した、戦争の〔による〕アウタルキー論（農・工・商国家）」であり、シャハトの経済政策思想は「世界経済と連携した加工貿易立国論（工業優位国家）」として、極めて対照的に特徴づけられると筆者は考える。本章での検討から、こうしたことが明らかにされたと思う。

おわりに

　以上、本書の題名通り、「シャハト―ナチスドイツのテクノクラートの経済政策とその構想―」について、概観してきた。以下、改めて、各章の内容について、振り返ってみよう。

　第1章　シャハト：人と生涯は、20世紀ドイツの激動の時代、特にワイマール共和国やナチス第3帝国の時代を生き抜いた非常に個性・自意識の強い人物シャハトの肖像を明らかにした。

　第2章　シャハト研究の現代的意義―シャハト研究史の批判的検討―は、ナチス期、戦後期〔第2次世界大戦後〕、現代〔1997年以後〕のシャハト研究を検討し、政治家シャハト像、経済学者シャハト像、銀行家シャハト像という従来の研究のシャハト像に疑問を呈して、テクノクラート（政策技術の担い手で、実際の政策を実施した技術者・官僚）として、シャハトを把握すべきこと、研究史の上で、シャハトとケインズ主義との関連についての検討が不十分なことを明らかにした。

　第3章　シャハトの「新計画」は、シャハトの「新計画」が、ドイツの貿易を従来の多角的貿易から双務主義に基づく貿易に再編し、非常時の非常手段として、国家による官僚統制を拡大し、貿易収支を若干改善したが、軍拡強行に伴う軍需増大により、破綻に追い込まれたことを明らかにした。

　第4章　シャハトのユダヤ人保護政策は、ナチス党によるユダヤ人のドイツ経済からの追放、ユダヤ系企業の「アーリア化」にシャハトが反対し、経済面でのユダヤ人保護に最大限努力し、ある程度守ることに成果を上げたが、不十分なものに終わったことを明らかにした。

　第5章　シャハトのインフレ収束政策は、1923-24年にかけて、シャハトが当初、通貨委員、その後、ライヒスバンク総裁として、安定通貨創出（レンテンマルクから金マルクへの通貨改革）により、ドイツのインフレ収束に成功したこと、その過程で、非常時の非常手段として、暫定措

置として、レンテンマルクを導入し、その後、金マルク導入により、正常化を達成したことを明らかにした。

第6章　シャハトのメフォ手形は、1933-38年にかけて、シャハトが非常時の非常手段として、祖国防衛のためと是認した軍拡の資金調達のために、メフォ手形を考案・実施し、メフォ手形の発行額の膨脹を抑えることには成功したが、その後、メフォ手形の償還—国家財政の正常化（均衡財政の達成）には失敗したことを明らかにした。

第7章　シャハトの銀行・金融政策は、シャハトが銀行政策では、ナチス党の銀行国有化要求を斥け、金融業者への国家の監督権限を強化しつつ、民間銀行制度を維持することに成功したが、金融政策では、テクノクラートとしてのシャハトが非常時の非常手段として、メフォ手形や雇用創出手形などで、軍拡・雇用創出事業への融資・経済支援に尽力したが、メフォ手形の償還—国家財政の正常化（均衡財政の達成）に道筋をつけられずに、ライヒスバンク総裁退陣に追い込まれたことを明らかにした。

第8章　ヒトラー、シャハトと「ドイツ問題」—ヒトラー／シャハト論争の検討—は、ヒトラー対シャハトの論争を概観・検討することによって、ヒトラーの経済政策構想が「世界経済と断絶した、戦争によるアウタルキー（農・工・商国家）論」であること、シャハトの場合は「世界経済と連携した加工貿易立国（工業優位国家）論」であることを明らかにした。

シャハト自身は、第2次世界大戦後に出版した回顧録で、自分の歴史上の功績として、(1)〔1920年代初頭に〕ドイツ国民に安定的通貨をもたらしたこと、(2)1930年代初めに、〔中略〕「賢明だが、大胆な金融手法を用いることにより」、3年以内に、全ての失業者に賃金・パンを与えたこと、(3)〔1930年代に〕ドイツ国民経済と〔経済的に〕補完的関係にある国々との間の双務主義的貿易・清算協定導入〔締結〕により、貿易収支均等化を再び達成したことの3点の事例を挙げている（シャハト 1953: 687-688. 邦訳書（下巻）: 515-516）。筆者は既に、これらの3点について、(1)については、第5章のシャハトのインフレ収束政策、(2)については、第6章のシャハトのメフォ手形、第7章のシャハトの銀行・金融政策、(3)については、第3章のシャハトの「新計画」で、検討してきた。

シャハトは、さらに、これらの３点について、古典的な〔正統派的な〕経済政策や古典派〔正統派〕の経済学説から離れて、新たな道を見出したと主張している（前掲書：688. 邦訳書（下）：516）。研究史の上では、シャハトが〔経済学〕理論を軽視し、実践を重んじた側面（ミュラー 1973: 18-19）や、現実が要求すれば、喜んで、自己の〔経済〕理論的原則を修正し、「常識」とされる〔経済〕理論モデルに従うよりも、〔現実に合わせて〕行動するプラグマティスト〔実用主義者〕としての側面（コッパー 2006: 214-215）が強調されている。シャハト自身、1935 年の演説で、「私が、ドイツ経済振興のために、必要な措置を行なう際に、〔その措置が〕〔経済〕理論に反していようと、全く問題ではない」と述べている（シャハト 1937 2）: 27）。筆者は、シャハトのこうした一面を認めつつ、彼には別の側面もあったように思う。以下、その点について、検討してみよう。

　前述したように、（1）の事例では、シャハトは、1920 年代のドイツのインフレ収束の際に、自分の意に反して、レンテンマルクを導入し、しばらくたってから、金マルク導入を達成した。これは、非常時の非常手段として、当初、一時的・暫定的措置なものとして、レンテンマルクを導入し、時期が来てから、彼固有の構想である金マルクを実現させた訳である（正常化の達成）。（2）の事例では、1930 年代に、「非正統派的な資金調達方法」（オーバリー 1996: 49）として実施されたメフォ手形や雇用創出手形も非常時の非常手段で、国家財政の正常化（均衡財政の実現）への道が模索された。（3）の事例では、1930 年代の「新計画」による貿易面での国家統制の拡大強化は、彼自身は本来、回避したかったこと（ペンツリン 1980: 281）で、非常時の非常手段として、位置づけられ、世界経済・世界貿易への復帰という正常化への道を模索していた節もある（前掲書：281）。（2）と（3）の事例では、実は、正常化への道が達成されずに終わった訳である。

　こうしたことから、テクノクラート（政策技術の担い手で、実際の政策を実施する技術者・官僚）であるシャハトが、彼固有の構想から離れて、プラグマティズム（実用主義）の立場から、非常時の非常手段として、（1）の事例では、レンテンマルク、（2）の事例では、メフォ手形や雇用創出手

おわりに　　209

形、(3) の事例では、「新計画」を実施したが、レンテンマルクから金マルクへの移行による安定通貨の創出により、正常化に成功したのは (1) の事例だけであり、(2) と (3) の事例では、暫定的措置により、それなりの成果を収めたとはいえ、正常化に失敗したと言ってよいであろう。

シャハトがこだわった正常化―正常な状況とは何かということが、問われねばならないであろう。(1) の事例では、金マルクの実現であり、(2) の事例では、国家財政の正常化 (均衡財政の実現) であり、(3) の事例では、世界経済・世界貿易への復帰ということが挙げられよう。

これまで見てきたように、シャハトが目指した正統な経済、あるいは、正常な経済として、現存の世界経済〔秩序〕(ポランニー 2001 (1957): 253. 邦訳: 438) や、西側〔欧米〕に統合された開放経済 (アハメド 2009: 482. 邦訳 (下): 270) といったことが挙げられている。(1) の事例の金マルク実現や、(3) の事例のドイツ経済と世界経済・世界貿易との連携・結合は、欧米中心の国際経済秩序にドイツ経済が参加・加盟することを意味していたと言ってよいであろう。

シャハトが正常化に成功した事例―インフレ収束では、親友で、かつ盟友とも言うべきイングランド銀行総裁ノーマンを媒介にした欧米諸国の中央銀行・政府との国際協力・支援 (イングランド銀行による資金供与をも含めた) が大きな力になったように思う。逆に、正常化に失敗した事例―メフォ手形償還による国家財政の正常化 (均衡財政の実現) 及び、「新計画」から世界経済・世界貿易への復帰は、彼本人が示唆しているように、ヒトラーの戦争への野望のために挫折せしめられた (シャハト 1953: 688. 邦訳書 (下巻): 516) と言ってよいであろう。彼が望んだドイツ経済と世界経済・世界貿易との連携・結合のためには、1944 年、イギリス代表ケインズとアメリカ代表ホワイトの交渉合意の産物であるブレトン・ウッズ体制の成立を待たねばならなかった (アハメド 2009: 495. 邦訳 (下): 288)。彼が 1920 年代に正常化に成功し、1930 年代に失敗した原因・背景として、親友・盟友であるイングランド銀行総裁ノーマンが 1920 年代には大きな影響力を有していたが、1931 年以後、その影響力が低下 (それに代わって、ケインズの影響力が上昇) したということ (前掲書: 489. 邦訳 (下):

210

279-280）も、挙げられよう。

　ところで、(2) のメフォ手形、(3) の「新計画」の両方共に、軍拡に奉仕したという指摘がある（マイヤー 1988 (1947): 42-44, 49-50）。この点に関しては、筆者は既に、本書の第 3 章、6 章、7 章で概観し、「新計画」が軍拡のための物資・外貨獲得に貢献したこと、メフォ手形が軍拡の資金調達を支援したことを明らかにした。しかし、「新計画」やメフォ手形、雇用創出手形には、それだけに留まらない意義もあるように思う。

　ナチスドイツの景気回復は、1933-1936 年にかけてのナチス政権の経済政策、つまり軍事支出を含んだ雇用創出政策と再軍備により達成され、その際に、雇用創出政策の財源が部分的に、シャハト指揮下のライヒスバンクの支援した雇用創出手形に負っていたし、再軍備の財源も部分的に、シャハトの考案・実施したメフォ手形に負っていたことは周知の事実である（川瀬 2005: 35）。外貨危機への対応としての「新計画」が、再軍備や工業製品輸出に必要な外貨・原料入手に貢献したことも、間接的に、ナチスドイツの景気回復に寄与したように思える。シャハトが、軍事支出を含んだ雇用創出政策を雇用創出手形で、再軍備をメフォ手形や「新計画」によって、経済的に支援したことは否定出来ないが、ナチスドイツの景気回復（実現・達成）に貢献したことは、彼の歴史的功績として明記すべきであろう。

　シャハトは、ドイツは自国の土地の農産物だけでは、その増大する人口を扶養出来ないと説いて、ドイツは〔外国から〕穀物を輸入し、〔穀物輸入に〕必要な外貨を工業製品輸出で獲得しなければならないと論じ（シャハト 1953: 120. 邦訳書（上巻）: 201）、ドイツの人口増大がドイツの工業製品輸出を必要とすると結論づけた（シャハト 1931: 218）。そんな彼が、工業製品輸出（加工貿易）と関連のない軍拡や雇用創出事業への経済支援を行ない、メフォ手形や雇用創出手形を考案・実施したのは、前者については、祖国防衛に必要だから、後者については、失業減少のために必要だからという理由であり、いわば、非常時における非常手段として、テクノクラート（政策技術の担い手で、実際の政策を実施する技術者・官僚）としての彼が一時的暫定的措置と看做していたからに他ならないと思う。彼が

おわりに　　211

外貨危機への対応として、「新計画」を考案・実施し、双務主義原理に基づく清算協定やバーター・アスキといった非正統派的な手段を用いて、一方で軍拡のための物資確保、他方で国家統制拡大強化による貿易統制を図ったのも、同様に思える。その点に、逆に、プラグマティスト（実用主義者）、テクノクラートとしての彼の凄味を感じさせるように思う。

　これまで見てきたように、シャハトは、「新計画」や雇用創出手形、メフォ手形により、軍拡を経済的に支援することで、結果的にナチスドイツの景気回復実現に貢献したが、やがて、過度の軍拡の進展に危機感を覚え、軍事費削減を要求して、ヒトラーと対立・衝突して、経済大臣やライヒスバンク総裁の要職を辞任して、戦争末期には、1944 年 7 月 20 日の反ヒトラー派によるヒトラー暗殺未遂事件を契機に、ゲシュタポ（国家秘密警察）に逮捕され、強制収容所に収監されることになる。この点は、同時代の日本の高橋是清の運命に似た側面があるように思う。高橋是清は、1930 年代に、大蔵大臣〔現在の財務大臣〕として、日本の財政政策を指揮し、軍事費を中心に財政膨脹〔財政拡大〕を行ない、景気を回復させたが、その後、インフレへの懸念や健全財政〔均衡財政〕復帰志向の観点から、軍事費削減を主張して、軍部の反感を買い、1936 年 2 月 26 日のクーデター（いわゆる二・二六事件）の際に、襲撃の対象になり、凶弾に倒れた（長 1994: 215-224. 大内 1997（1974）: 247-264. 松元 2012: 323-359）。この 2 人共に、本当は、戦争反対論者だったにもかかわらず、軍拡への経済支援を行ない、その後、軍事費膨脹に歯止めをかけようとして、悲劇に見舞われた点に、両者の共通性が見出されるように思う。両者の相違点としては、高橋が低金利政策と〔積極的に〕赤字国債発行を手法として用いた点が挙げられる（長 1994: 217-220. 大内 1997（1974）: 256-258. 松元 2012: 378-379, 385-390）。シャハトの場合は、前述した通り、当初は、ある程度、高金利を維持しようとしたし、雇用創出政策や軍拡の財源としては、手形という方法を用いた訳である。さらに、経済思想の面では、高橋が国内市場（中心）論であり（長 1994: 223）、シャハトが加工貿易立国（工業製品輸出中心―海外市場重視）論であることも、両者の違いとして、見逃せない点と言えよう。だが、同時代のある局面で、ある程度の手

法や思想（方向性）の違いがあるとはいえ、この2人は、類似的な歴史的役割を果たしたと言ってよいであろう。

　前述したように、ヒルファディングが20世紀社会国家、ケインズが20世紀福祉国家を志向したのに対して、シャハトは19世紀夜警国家を志向していたことが、これまでの検討により、明らかにされたと思う。前の2人が国家による経済介入による国民の福利向上を望んだのに対して、彼は経済の自由放任を理想とした訳である。そんな彼が、1930年代に、国家の経済介入を積極的に推進する、あるいは、そうした方向を支援する政策を推進したことは、まさに、彼のプラグマティスト（実用主義者）、あるいは、テクノクラート（政策技術の担い手で、実際の政策を実施する技術者・官僚）としての側面が表われているように思う。つまり、彼は、あくまでも、非常時の非常手段として、そうした政策を行なった訳である。前の2人が経済学者だったのに対して、彼はテクノクラートだったと言ってよいであろう。

　これまで見てきたように、シャハトが目指した正常化は、ナチスドイツにおいて、達成されなかった。メフォ手形の償還（返済）による国家財政の正常化（均衡財政の実現）や、世界経済・世界貿易への復帰は、現実化しなかった。前者の達成のためには、彼が主張したように、政府歳出の削減、つまり、軍事支出の削減が必要とされた。これが侵略戦争準備のための過度の軍拡促進を目指すヒトラーの許容出来ないことであることは、言うまでもないであろう。後者のためには、ナチスドイツと西側（欧米）との国際協調が必要だったが、そのためには、ナチスドイツが宿願の東方への野望を断念することが前提だったから、これまた、ヒトラーの許容出来ないことだったのである。ナチスドイツにおいて、シャハトがあくまでも、正常化を求めたことがヒトラーとの対決を激化させ、ヒトラー対シャハトの論争に発展したと言ってよいであろう。

　ヒトラー対シャハトの論争は、前者が世界経済と断絶した、戦争によるアウタルキー（農・工・商国家）論なのに対して、後者が世界経済と連携した加工貿易立国（工業優位国家）論であり、前者が東方（ロシア）を「生存圏」と見るのに対して、後者は海外の旧植民地を重視していること

おわりに　　213

を浮き彫りにした。両方共に、時代錯誤に見える。ヒトラーが戦争を自明の前提視しているのに対して、第 1 次世界大戦の歴史的経験（その破壊的影響）を踏まえて、シャハトがあくまでも戦争に反対し、平和的経済発展、平和的外交交渉を志向した点から、彼の方に一日の長があると言えよう。

　シャハトの思想が 19 世紀に刻印されており、19 世紀の夜警国家への復帰を理想視していたという指摘があった（ミュラー 1973: 18, 23）。また、〔ワイマール共和国末期の〕ライヒスバンク総裁を辞任した時点〔1930 年 3 月〕での彼を目して、失業問題よりも為替安定を重視し、政府歳出削減を主張したという理由で、1920 年代の視点で見ているという批判もあった（アハメド 2009: 399. 邦訳（下）: 168）。ヒトラー対シャハトの論争で、シャハトが海外の旧植民地の返還を強く主張・要求していることにも、彼の時代錯誤が表われていると言ってよいであろう。

　だが、シャハトは、単なる経済学者、経済思想家ではなく、現実の状況に巧みに対応するプラグマティスト（実用主義者）、テクノクラート（政策技術の担い手で、実際の政策を実施する技術者・官僚）だったので、ナチスドイツの政治・経済情勢に対して、「新計画」や、雇用創出手形・メフォ手形といった政策を考案・実施し、対処した。彼が単なるオポチュニスト（日和見主義者、あるいはご都合主義者）でないのは、それらの政策が非常時の非常手段であると正確に認識し、正常化への道を模索したことであり、最終的に、ヒトラー対シャハト論争という形で、ヒトラーとの対決をも厭わなかったことに示されていると思う。

　最終的に、シャハトは、1944 年 7 月 23 日にゲシュタポに逮捕され、強制収容所に収監されることにより、ナチスドイツにおける経歴を終えることになる（シャハト 1953: 534, 535. 邦訳書（下巻）: 286-287, 288）。彼が逮捕され、強制収容所送りになったという歴史的事実は、彼が自らの経済政策が非常時の非常手段であると自覚して、正常化を志向したことの一つの帰結であったように思う。その意味で、彼の本質は、（本人の自覚、自己認識は別にして）徹頭徹尾テクノクラートだったと言ってよいであろう。本書の検討により、彼のそうした本質が明らかにされたと思う。

あとがき

　本書は、既発表論文に加筆修正したもの及び、新たに書き下ろしたものの2種類から構成されている。初出は、以下の通りである。

　第1部　シャハトの生涯と研究史の見方

　　第1章　シャハト：人と生涯

　　　……書き下ろし

　　第2章　シャハト研究の現代的意義―シャハト研究史の批判的検討―

　　　……書き下ろし

　第2部　シャハトの経済政策

　　第3章　シャハトの「新計画」

　　　……『立教経済学研究』第46巻1号, 1992年7月

　　第4章　シャハトのユダヤ人保護政策

　　　……書き下ろし

　第3部　シャハトの金融政策

　　第5章　シャハトのインフレ収束政策

　　　……書き下ろし

　　第6章　シャハトのメフォ手形

　　　……『社会経済史学』第60巻5号, 1995年1月

　　第7章　シャハトの銀行・金融政策

　　　……書き下ろし

　第4部　シャハトの経済政策構想

　　第8章　ヒトラー、シャハトと「ドイツ問題」―ヒトラー／シャハト論争の検討―

　　　……書き下ろし

　筆者がシャハトについての研究を始めたのは、学習院大学経済学部在学中のゼミ報告（故北條功先生の西洋経済史演習）が契機であり、その後、立

あとがき　　215

教大学大学院経済学研究科前期博士課程に進学し、修士論文でシャハトの貿易政策に取り組んだ。後期博士課程に進学後、立教大学の交換留学生として、西ドイツのチュービンゲン大学に1年間留学した折り、未亡人（後妻）のマンヒ・シャハト、次女のコンスタンツェ・スパダフォーラ・シャハト、三女のコルデューラ・シャハト、孫娘（長女の娘）ヘルガ・ハッハ・ファン・シェルペンベルクといったシャハトの遺族と会見したり、ドイツ各地の文書館、図書館を訪れて、文献史料収集に励んだりした。筆者のこの間の研究成果が本書の第3章、第6章に他ならない。

　その後、筆者は、ナチス近代化をめぐるドイツの論争を検討したことを契機に、ナチス期のドイツ自動車企業について、研究を進めた。ある時、シャハトについての研究をやり残したことに気づき、この十数年間、書き下ろしで、原稿を書き進めた成果が、本書の第1章、第2章、第4章、第5章、第7章、第8章である。

　本書第2章で見てきたように、従来のシャハト研究は、シャハトを政治家ないし、経済学者、あるいは、銀行家として理解していた。筆者は、ここ十数年間、書き下ろしの原稿を執筆する中での思索の結果、シャハトを、テクノクラート（政策技術の担い手で、実際の政策を実施する技術者・官僚）であり、彼の経済政策を、プラグマティスト（実用主義者）として、非常時の非常手段として実施したが、本人は正常化への道を模索していたという結論に達した。また、従来の研究があまり言及していないシャハトの経済政策とケインズの経済学との関連や、同時代人のヒルファディング、高橋是清との比較も（不十分ながら）試みてみた。これらの点は、本書の独自性と言ってよいであろう。

　本書を読みやすいものにするために、学術書・学術論文にありがちな脚注をやめて、本文中に、引用文献を記載することにした。また、独語文献でゲシュペルトで強調されてる箇所は、下線を引くことにした。さらに、ドイツの通貨の単位について、引用文献に依拠して、ある時はライヒスマルク、別の時はマルクなどと表示した。内容、図表に、重複がある。御寛容を乞いたい。

　既発表論文を本書に収めるにあたり、転載を許可して下さった機関に、御

礼申し上げる。

　本書作成に際して、特にナチスのユダヤ人政策に関しては、山本達夫氏の御業績に学ぶところ大であり、筆者にとって、「導きの糸」とも言うべき頂上・高台にあり、そのため、山本氏に、御業績の御送付を御願いした。改めて、心より御礼申し上げる。勿論、文責は、筆者にある。

　また、インフレ収束政策、銀行政策・金融政策に関しては、堀内健一氏の御助言・議論が大いに参考になった。心より御礼申し上げる。勿論、文責は、筆者にある。

　（特別に、入手困難な）独語文献史料収集に際して、筆者のチュービンゲン大学留学以来の学友である（日本学専攻の）ハイジ・ブックーアルブレット博士には、多大の御支援・御助力を賜った。おかげで、数多くの独語文献を入手・利用出来た。心より御礼申し上げる。

　本書第6章、第7章で、従来未利用の、コブレンツ連邦文書館所蔵の、メフォ手形についての国家債務管理局の報告書（BA KobLenz B 239/42）を引用・利用出来たのは、1993年8月に筆者がコブレンツを訪れた際に、お会いした連邦文書館の財務省担当の専門家ガブリエーレ・グロナウ女史の御教示・御支援のおかげである。心より御礼申し上げる。

　筆者の立教大学大学院時代の指導教授だった住谷一彦先生、小笠原茂先生及び、立教大学経済学部の諸先生方、さらに、筆者の所属する社会経済史学会、政治経済学・経済史学会、経済学史学会、経営史学会、ドイツ資本主義研究会（第二次）、現代史研究会などの諸先生方にも、これまでに、筆者のつたないシャハト研究に対して、厳しい御批判、あるいは、暖かい励ましの御言葉を頂き、心より御礼申し上げる。御世話になった多くの先生方の御名前を挙げることが出来ないのは残念である。

　丸山惠也先生には、本書の作成・出版に際して、様々な御支援・御助力を賜った。先生の御指導・御助言がなければ、本書の完成・出版は実現出来なかったと言っても過言ではないであろう。先生から受けた恩義は、筆舌につくし難く、公私にわたり、大変御世話になった。改めて、心より御礼申し上げる。

　三惠社の木全俊輔氏には、本書の出版に関して、大変御世話になった。心

より御礼申し上げる。

　今は亡き父、川瀬泰司、母、久仁子は、本書の完成・出版を一日千秋の思いで待っていた。2人が生きている内に、本書を完成・出版出来なかったことは、悔やんでも悔やみきれず、残念である。

　妻栄里子は、過去・現在のドイツの政治・経済・社会・歴史・文化についての筆者の話に、辛抱強く、つきあってくれた。また、日本語の文章上の表現や、本文の文章が翻訳―直訳調になっていないかについて、筆者が悩んだ際に、妻の助言に頼った。勿論、文責は筆者にある。妻の支援・暖かい励ましがあって、初めて、筆者は、本書完成を成し遂げることが出来た訳である。妻への感謝の意を表わすことをもって、本書のむすびにしようと思う。

2016年9月

川瀬泰史

主要文献目録

〈未公刊史料〉

Bundesarchiv Koblenz　　B 239/42

R7/3402

R7/2317

R43/11/331

R43/234

〈公刊史料・文献〉

Werner Abelshauser, *Deutsche Wirtschaftsgeschichte*（München, 2011）.

Uwe Dietrich Adam, *Judenpolitik im Dritten Reich*（Düsseldorf, 2003（1972））.

Liaquat Ahamed, *Lords of Finance*（New York, 2009）. 吉田利子訳『世界恐慌（上）（下）』（筑摩書房, 2013 年）。

Willi Albers, Finanzpolitik in der Depression und die Vollbeschäftigung, in: Deutsche Bundesbank（Hrsg.）, *Währung und Wirtschaft in Deutschland 1876-1975*（Frankfurt am Main, 1976）. 日本銀行金融史研究会編『ドイツの通貨と経済（上）』（東洋経済新報社, 1984 年）。

Ursula Albert, *Die deutsche Wiederaufrüstung Dreißiger Jahre als Teil der Staatlichen Arbeitsbeschaffung und ihre Finanzierung durch das System der Mefo-Wechsel*, Diss（Düsseldorf, 1956）.

有澤廣巳『ワイマール共和国物語（上巻）（下巻）』（東京大学出版会, 1994 年）。

Frank Bajohr, *Arisierung in Hamburg*（Hamburg, 1998（1997））.

Avraham Barkai, *Vom Boykott zur Entjudung*（Frankfurt am Main, 1988）-1988 1）.

Ders., *Das Wirtschaftssystem der Nationalsozialismus*（Frankfurt am Main, 1988）-1988 2）.

Anton Basch, *The Danube Basin and the German Economic Sphere*（New York, 1943）.

Manuel Becker, Stephanie Bongartz（Hg.）, *Die weltanschaulichen Grundlagen des NS-Regimes*（Berlin, 2011）.

Bernhard Benning, Der Neuer Plan und die Neuordnung der deutschen Außenwirtschaft, in; *Jahrbücher für Nationalökonomie und Statistik*, Vol 142, 1935.

Wolfgang Benz/Hermann Graml/Hermann Weiß（Hrsg.）, *Enzyklopädie des Nationalsozialismus*（Stuttgart, 1997）.

Wolfgang Benz, *Die 101 wichtigsten Fragen. Das Dritte Reich*（München, 2006）.

斉藤寿雄訳『ナチス第三帝国を知るための 101 の質問』（現代書館, 2007 年）。

lván T Berend/György Ránki, *Economic Development in East-Central Europe in the 19th and 20th Centries*（New York/London, 1974）. 南塚信吾監訳『東欧経済史』（中央大学出版部, 1978 年）。

Willi A Boelcke, *Die deutsche Wirtschaft 1930-1945*（Düsseldorf, 1983）.

Ders., Die Finanzpolitik der Dritten Reiches, in: Karl Dietrich Bracher/Manfred Funke/Hans-Adolf Jacobsen（Hrsg.）, *Deutschland 1933-1945*（Düsseldorf, 1992）.

Karl R Bopp, *Hjalmar Schacht. Central Banker*（Columbia, 1939）.

Knut Borchardt/Hans Otto Schötz（Hrsg.）, *Wirtschaftspolitik in der Krise*（Baden-Baden, 1991）.

Frank C Child, *The Theory and Practice of Exchange Control in Germany*（The Hague, 1958）.

長幸男『昭和恐慌』（岩波書店, 1994 年）。

Eckart Conze/Norbert Frei/Peter Hayes/Moche Zimmermann, *Das Amt und die Vergangenheit*（München, 2010）.

Sören Dengg, *Deutschlands Austritt aus dem Völkerbund und Schachts Neuer Plan*（Frankfurt am Main, 1986）.

William E Dodd/Martha Dodd, *Diplomat auf heißen Boden*（Berlin, 1962）.

Dörte Doering, *Deutschlands Außenwirtschaftspolitik 1933-1935*, Diss（Berlin, 1969）.

Harold Ellis, *Exchange Control in Central Europe*（Cambridge, Mass, 1941）.

René Erbe, *Die nationalsozialistische Wirtschaftspolitik 1933-1938 im Licht der moderner Theorie*（Zürich, 1958）.

Richard J Evans, *Das Dritte Reich. Band II/I. Diktatur*（München, 2005）.

Adam Fergusson, *When money dies*（New York, 2010（1975））. 黒輪篤嗣・桐谷知床訳『ハイパーインフレの悪夢』（新潮社, 2011 年）。

Albert Fischer, *Hjalmar Schacht und Deutschlands Judenfragen*（Köln, 1995）.

Ders., Hans Luther (1879-1962)in: Hans Pohl (Hrsg.), *Deutsche Bankiers des 20. Jahrhunderts* (Stuttgart, 2008).

Wolfgang Fischer, *Deutsche Wirtschaftspolitik 1918-1945* (Opladen, 1968). 加藤栄一訳『ヴァイマルからナチズムへ』（みすず書房, 1982 年）。

Herbst Flaig, *Untersuchung über Einfluß des Neuen Plans auf den deutschen Außenhandel und die deutsche Außenhandelspolitik*, Diss (Freiburg, 1941).

Elke Fröhlich, Joseph Goebbels, in: Ronald Smelser/Rainer Zitelmann (Hrsg.), *Die braune Elite* (Darmstadt, 1989).

Michael Geyer, Die Wehrmacht in der Kostenfalls, Finanzierung und Struktur des NS-Rüstungswirtschaft, in; *Journal für Geschichte*, H3 (1982).

Claude William Guillebaud, *The Economic Recovery of Germany from 1933 to the Incorporation of Austria in March 1938* (New York, 1939). 世界経済調査会訳『ナチス独逸の経済建設』（世界経済調査会, 1944 年）。

Jan Greitens, *Finanzkapital und Finanzsysteme* (Marburg, 2012).

Karl-Heinrich Hausmeier/Rolf Caesar, Kriegswirtschaft und Inflation 1936-1948, in: Deutsche Bundesbank (Hrsg.), *a. a. O.* (1976). 前掲邦訳書, 所収。

Dorothea Hauser/Christoph Kreutzmüller, Max Warburg [1867-1945], in: Pohh (Hrsg.), *a. a. O.* (2008).

原信芳「ナチスドイツの再軍備と金融動員」（『歴史と社会』14 号, 1993 年, 所収）。

林健太郎『ワイマール共和国』（中公新書, 1963 年）。

Ludolf Herbst, Walther Funk, in: Ronald Smelser/Enrico Syring/Rainer Zitelmann (Hrsg.), *Die braune Elite II* (Darmstadt, 1993).

Ders., *Das nationalsozialistische Deutschland 1933-1945* (Frankfurt am Main, 1996).

Arno Herzig/Ina Lorenz (Hrsg.), *Verdrängung und Vernichtung der Juden unter dem Nationalsozialismus* (Hamburg, 1992).

Adolf Hitler, *Mein Kampf* (München, 1938 (1925/1927)). 平野一郎・将積茂訳『わが闘争（上）（下）』（角川文庫, 2012 (2001) 年))。

Ders., *Hitlers Zweites Buch* (Stuttgart, 1961). 平野一郎『続・わが闘争』（角川文庫, 2006 年）。

Ders., *Hitler-Reden und Proklamation 1932-1945*, Band 3 (Leonberg, 1988 (1973)).

Ders., *Monolage im Führerhauptquartier 1941-1944* (Bindlach, 1988). 吉田八岑監訳『ヒトラーのテーブル・トーク（上）（下）』（三交社, 1994 年）。

保住敏彦「ドイツ革命からワイマール共和国期の社会民主主義／ナチズム期と戦

後の社会民主主義」（田村信一・原田哲史編著『ドイツ経済思想史』, 八千代
　　出版, 2009 年, 所収）。-2009 1）。

同「ヴァイマル共和国期におけるヒルファディングの社会国家論」（黒滝正昭・
　　相田慎一・太田仁樹編著『ポスト・マルクス研究』, ぱる出版, 2009 年, 所収）。
　　-2009 2）。

Heinrich Irmler, Bankenkrise und Vollbeschäftigungspolitik: 1931-1936, in:
　　Deutsche Bundesbank（Hrsg.）, *a. a. O.*（1976）, 前掲邦訳書, 所収。

諫山正「ナチス広域経済圏序説」（『経済学批判』第 5 号, 1979 年, 所収）。

石橋湛山『石橋湛山評論集』（岩波文庫, 1984 年）。

石田勇司『ヒトラーとナチ・ドイツ』（講談社現代新書, 2015 年）。

伊集院立「ナチスの四ヵ年計画—シャハトの失脚について—」（『現代史研究』第
　　18 号, 1967 年, 所収）。

伊東光晴『ケインズ』（岩波新書, 2005（1962）年）。

岩田規久夫『インフレとデフレ』（講談社学術文庫, 2012 年）。

Harold James, Hjalmar Schacht-Der Magier des Geldes, in: Smelser/Syring/
　　Zitelmann（Hrsg.）, *a. a. O.*（1993）.

Hans Jansen, *Der Madagaskar Plan*（München, 1997）.

David Kaiser, *Economic Diplomacy aud the Origins of the second World War*
　　（New Jersey, 1980）.

上条勇『ヒルファディングと現代資本主義』（梓出版, 1987 年）。

同『ルドルフ・ヒルファディング』（お茶の水書房, 2011 年）。

金森久雄・荒憲治朗・森口親治編『経済辞典』（有斐閣, 2009（1971）年）。

加藤栄一「ナチス財政」（東大社研編『ナチス経済とニューディール』, 東京大学
　　出版会, 1979 年, 所収）。

加藤周一『私にとっての 20 世紀』（岩波現代文庫, 2009 年）。

川瀬泰史「大恐慌期におけるシャハトの貿易政策論　1930-1932 年（上）（下）」
　　（『立教経済学論叢』第 31, 32 号, 1987 年, 所収）。

同「シャハトの『新計画』1934-1936 年」（『立教経済学研究』第 46 巻第 1 号,
　　1992 年, 所収）。

同「ナチスの『近代性』」（『立教経済学研究』第 47 巻第 1 号, 1993 年, 所収）。

同「シャハトのメフォ手形」（『社会経済史学』第 60 巻第 5 号, 1995 年, 所収）。

同「ナチス近代化論争」（『立教経済学研究』第 50 巻第 4 号, 1997 年, 所収）。

同「ナチス期のダイムラー・ベンツ」（『立教経済学研究』第 52 巻第 3 号, 1999
　　年, 所収）。

同「ナチスドイツの経済回復」（『立教経済学研究』第 58 巻第 4 号, 2005 年, 所収）。

同「ナチス期ドイツの自動車企業」（『立教経済学研究』第 61 巻第 3 号, 2008 年,
　　所収）。

John Maynard Keynes, *The General Theory of Employment, Interest and Money*, 2007 (1936). 塩野谷裕一訳『利子・雇用および貨幣の一般理論』(東洋経済新報社, 2007 (1995 年)。

Ders., *Allgemeine Theorie der Beschäftigung, des Zinses und des Geldes*, (Berlin, 2009 (1936)).

木畑和子『ユダヤ人児童の亡命と東ドイツへの帰還』(ミネルヴァ書房, 2015 年)。

北村厚『ヴァイマル共和国のヨーロッパ統合構想』(ミネルヴァ書房, 2014 年)。

Guido Knopp, Der Bankier, in: Guido Knopp, *Hitlers Manager* (München, 2004).

Ingo Köhler, *Die Arisierung der Privatbanken im Dritten Reich* (München, 2005).

Eberhard Kolb, *Gustav Stresmann* (München, 2003).

河野裕康『ヒルファディングの経済政策思想』(法政大学出版会, 1987 年)。

同「1920 年代半ばのヒルファディングの景気政策論とアンケート委員会」(『歴史と社会』第 218 号, 2013 年, 所収)。

Christopher Kopper, *Zwischen Marktwirtschaft und Dirigismus* (Bonn, 1995).

Ders., Der Hanseatische Privatbankier: Max Warburg, in: Christopher Kopper, *Bankiers unterm Hakenkreuz* (München, 2005).

Ders., *Hjalmar Schacht. Aufstieg und Fall von Hitlers mächtigstem Bankier* (München, 2006).

Ders., Wer waren die Hauptprofiteure der Arisierung? in: Hermut Berghoff/ Jurgen Kocka (Hrsg.), *Zeitalter der Extreme* (München, 2010).

Ders., Dekonstruktion einer erfolgreichen Selbstinszenierung, in: Jörg Osterloch, Harald Wixforth (Hg.), *Unternehmer und NS-Verbrechen* (Frankfurt am Main, 2014).

倉田稔『ルドルフ・ヒルファディング研究』(成文社, 2011 年)。

栗原優『第 2 次世界大戦の勃発』(名古屋大学出版会, 1994 年)。

Gerhard Kroll, *Vom der Weltwirtschaftskrise zur Staatskonjunktur* (Berlin, 1958).

黒滝正昭「大蔵大臣ヒルファーディングのライヒスタークにおける予算演説 (1929 年 3 月 14 日)」(黒滝正昭『私の社会思想史』, 成文社, 2009 年, 所収)。

同「ルドルフ・ヒルファーディングの終戦・戦後体制論」(黒滝・相田・太田編, 前掲書, 2009 年, 所収)。

Landesamt des Amerikanischen Besatzungsgebietes (Hrsg.), *Statistisches Handbuch von Deutschland 1928-1944* (München, 1949).

Friedrich Lenz, *Zauber um DR. Schacht* (Heidelberg, 1954).

Peter Longerich, *Joseph Goebbels* (München, 2010).

Wilfried Loth, *Europas Einigung* (Frankfurt am Main, 2014).

Franz Karl Maier, *Ist Schacht ein Verbrecher?* (Reutlingen, 1988 (1947)).

David Marsh, *Die Bundesbank* (München, 1992). 天行豊雄監訳『ドイツ連邦銀行の謎』(ダイヤモンド社, 1993 年)。

松本崇『恐慌に立ち向かった男　高橋是清』(中公文庫, 2012 年)。

Dr. Richard Merton, *Erinnernswertes meinem Leben* (Frankfurt am Main, 1955).

三ツ石郁夫「ナチス政権成立期における金融思想の形成と金融システムの新形成」(『彦根論叢』第 358 号, 2006 年, 所収)。

同「ナチス期金融市場政策の展開と貯蓄銀行」(雨宮昭彦・J. シュトレープ編『管理された市場経済の生成』, 日本経済評論社, 2009 年, 所収)。

宮田光雄『ナチ・ドイツの精神構造』(岩波書店, 1991 年)。

Wolfgang Mönninghoff, *Enteignung der Juden* (Hamburg, 2001)。

Norbert Mühlen, *Der Zauberer* (Zürich, 1938).

Helmut Müller, *Die Zentralbank-eine Nebenregierung* (Opladen, 1973).

永岑三千輝『独ソ戦とホロコースト』(日本経済評論社, 2001 年)。

中田常男『金融資本論と恐慌・産業循環』(八朔社, 2011 年)。

Larry Neal, The Economics and Finance of Bilateral Clearing Agreement: Germany 1934-8, in; *The Economic History Review*, Second Series, Vol. XXXII, Na 3, 1979.

Franz Neumann, *Behemoth* (London, 1942). 岡本友孝・小野英祐・加藤栄一訳『ビヒモス』(みすず書房, 1963 年)。

西牟田裕二『ナチズムとドイツ自動車工業』(有斐閣, 1999 年)。

Internationaler Militärgerichtshof Nürnberg, *Der Prozess gegen die Hauptkriegsverbrecher* (München, 1989 (1947)).

大野英二「四カ年計画と経済政策の転換」(大野英二『現代ドイツ社会史研究序説』, 岩波書店, 1982 年, 所収)。

小野清美『テクノクラートの世界とナチズム』(ミネルヴァ書房, 1996 年)。

同『アウトバーンとナチズム』(ミネルヴァ書房, 2013 年)。

大島通義「第三帝国における軍事費の手形金融」(『三田学会雑誌』第 79 巻第 1 号, 1986 年, 所収)。

同『総力戦時代のドイツ再軍備』(同文館出版, 1996 年)。

大内力『ファシズムへの道』(中公文庫, 1997 (1974) 年)。

R. J. Overy, *War and Economy in the Third Reich* (Oxford, 1994).

Ders., *The Nazi economic Recovery*, second edition (Cambridge, 1996).

Heinz Pentzlin, *Hjalmar Schacht. Leben und Wirken einer umstritten Persönlichkeit* (Berlin, 1980).

Edward Norman Peterson, *Hjalmar Schacht for and against Hitler* (Boston, 1954).

Dietmar Petzina, *Autarkiepolitik im Dritten Reich* (Stuttgart, 1968).

Ders., *Die deutsche Wirtschaft in der Zwischenkriegszeit* (Wiesbaden, 1977).

Otto Pfleiderer, Die Reichsbank in der großen Inflation, in: Deutsche Bundesbank (Hrsg.), *a. a. O.* (1976), 前掲邦訳書, 所収。

Karl Polanyi, *The Great Transformation* (Boston, 2001 (1957). 野口建彦・栖原学訳『大転換』（東洋経済新報社, 2014 (2009) 年）。

Hans Ernst Posse, Die Hauptlinier der deutschen Handelspolitik, in: Deutsches Institut für Bankwissenschaft und Bankwesen (Hrsg.), *Probleme des Deutschen Wirtschaftslebens* (Berlin/Leipzig, 1937).

Franz Reuter, *Schacht* (Stuttgart, 1937). 小山倉之助訳『シャハト傳』（千倉書房, 1938 年）。

Joan Robinson, The second Origins of Economic Theory, in; *American Economic Review, Papers and Precepdings* 62 (1972).

Hjalmar Schacht, *Das theoretische Gehalt des englischen Merkantilismus* (Berlin, 1900). 川鍋正敏訳『イギリス重商主義理論小史』（未来社, 1963 年）。

Ders., Deutschland braucht Kolonien als Rohstoffquellen, in; *Illustrierte Kolonialzeitung* Jg. 1. 1926.

Ders., *Die Stabilizierung der Mark* (Berlin/Leipzig, 1927). 日本銀行調査局訳『マルクの安定』（日本銀行, 1947 年）。

Ders., Neue Kolonialpolitik, in; *Für oder gegen Kolonien. Flugschrift des Deutsche Gedanken* (Berlin, 1928).

Ders., *Das Ende der Reparationen* (Oldenburg, 1931).

Ders., *Grundsätze deutscher Wirtschaftspolitik* (Oldenburg, 1932). 景山哲夫訳『防共ナチスの経済政策』（刀江書院, 1939 年）。

Ders., *Nationale Kreditwirtschaft* (Berlin, 1934). −1934 1).

Ders., *Weimarer Rede. Außenhandelsfragen* (Weimar, 1934). −1934 2).

Ders., *Notwendigkeiten der deutschen Außenwirtschaft* (Berlin, 1934). −1934 3).

Ders., *Deutschlaud in der Weltwirtschaft* (Berlin, 1935). −1935 1).

Ders., *Königsberger Rede* (Berlin, 1935). −1935 2).

Ders., *Deutschlands Kolonialproblem* (Berlin, 1937). −1937 1).

Ders., *Schacht in seiner Äusserungen* (Berlin, 1937). −1937 2).

Ders., *Finanzwunder und Neuer Plan* (Berlin, 1938).

Ders., *Abrechnung mit Hitler* (Berlin/Frankfurt am Main, 1949).

Ders., *76 Jahre meines Lebens* (Bad Wörishofen, 1953). 永井秀男訳『我が生涯

（上巻）（下巻）』（経済批判社, 1954 年）。

Ders., *1933. Wie eine Demokratie stirbt* (Düsseldorf/Wien, 1968).

Karl Schiller, *Der Schwierige Wege in die offene Gesellschaft-Kritische Anmerkungen zur Deutschen Vereinigung* (Berlin, 1994).

Helmut Schmidt/Fritz Stern, *Unser Jahrhundert* (München, 2010).

Hans-Jurgen Schröder, Südosteuropa als Informal Empire Deutschlands 1933-1939, Das Beispiel Jügoslawien, in; *Jahrbücher für Geschichte Osteuropa*, NE. 23. 1975.

Ders., Deutsche Südosteuropapolitik 1929–1936, in; *Geschichte und Gesellschaft*, 2Jg. 1976.

Joachim Scholtyseck, Hjalmar Schacht, in: Pohl (Hrsg.), *a. a. O.* (2008).

Arthur Schweitzer, Die wirtschaftliche Wiederaufrüstung Deutschland von 1934-1936, in; *Zeitschrift für die gesamte Staatswissenschaft* 114 (1958).

Ders., Foreign Exchange Crisis of 1936, in; *Zeitschrift für die gesamte Staatswissenschaft*. Bd. 118/Heft 2, 1962.

Ders., *Big Business in the Third Reich* (Bloomington, 1964).

Lutz Graf Schwerin von Krosigk, *Es geschah in Deutschland* (Tübingen, 1951).

Ders., Wie wurde der zweite Weltkrieg finanziert? in: *Bilanz des Zweiter Weltkrieg für die Zukunft* (Oldenburg, 1953).

Ders., *Staatsbankrott* (Frankfurt/Zürich, 1974).

Ders., *Memorien* (Stuttgart, 1977).

芝健介「第三帝国の編成」（成瀬治・山田欣吾・木村靖二編『ドイツ史 3』山川出版社, 1997 年, 所収）。

同『ホロコースト』（中公新書, 2008 年）。

同『ニュルンベルク裁判』（岩波書店, 2015 年）。

Amos. E. Simpson, *Hjalmar Schacht in Perspective* (The Hague, 1969).

William Smaldone, *Rudolf Hilferding* (Bonn, 2000).

Albert Speer, *Erinnerungen* (Frankfurt am Main/Berin, 1987 (1969)). 品田豊治訳『第三帝国の神殿にて 上・下』（中公文庫, 2001 年）。

Alexander Stein, *Rudolf Hilferding und die deutsche Arbeiterbewegung* (Hamburg, 1946). 倉田稔訳『ヒルファディング伝』（成文社, 1988 年）。

Heinrich Stuebel, Die Finanzierung der Aufrüstung im Dritten Reich, in; *Europa Archiv* 6 (1951).

Gustav Stolper, *Deutsche Wirtschaft seit 1870* (Tübingen, 1964). 坂井栄八郎訳『現代ドイツ経済史』（竹内書房, 1967 年）。

田村信一『ドイツ経済政策思想史研究』（未来社, 1985 年）。

同『グスタフ・シュモラー研究』（お茶の水書房, 1993 年）。

田沢五郎『ドイツ政治経済法制辞典』（郁文堂, 1990 年）。

Wilhelm Treue, Das Dritte Reich und die Westmächte auf dem Balkan, in; *Vierteljahreshefte für Zeitgeschichte* 1953. Jg 1.

Ders., Hitlers Denkschrift zum Vierjahresplan 1936, in; *Vierteljahreshefte für Zeitgeschichte*, 3 Jahrgang/2 Hefte 1955.

塚本健『ナチス経済』（東京大学出版会, 1964 年）。

John Weitz, *Hitler's Banker* (Boston, 1997). 糸瀬茂監訳『ヒトラーを支持する銀行家』（青山出版社, 1997 年）。

Max Warburg, *Aus meinen Aufzeichungen* (New York, 1952).

Heinrich August Winkler, *Geschichte des Westens. Die Zeit der Weltkriegen des NS-Regimes* (Berlin, 2011).

Harold Wixforth, Karl Helfferich[1872-1924] in: Pohl (Hrsg.), *a. a. O.*(2008).

柳澤治『資本主義史の連続と断絶』（日本経済評論社, 2006 年）。

同「ナチス期ドイツにおける社会的総資本の組織化―全国工業集団・経済集団―」（『明治大学政経論叢』第 77 巻第 1・2 号, 2008 年, 所収）。

同『ナチス・ドイツと資本主義』（日本経済評論社, 2013 年）。

楊井克己編『世界経済論』（東京大学出版会, 1961 年）。

鎗田英三『ドイツ手工業者とナチズム』（九州大学出版会, 1990 年）。

山本達夫「クリスタルナハトとホロコースト―過去のイメージと歴史の研究―」（『東亜大学・総合人間科学』第 2 巻第 1 号, 2002 年, 所収）。

同「第三帝国における『経済の脱ユダヤ化』関連重要法令（1）（2）」（『東亜大学・総合人間科学』第 2 巻第 1 号, 3 号, 2002, 2003 年, 所収）。

同「官吏再建法（1933 年 4 月 7 日）に関する一考察」（『東亜大学紀要』第 3 号, 2004 年, 所収）。

同「ニュルンベルク法再考―『経済への不当干渉防止』期の第三帝国のユダヤ人政策―」（『現代史研究』第 51 号, 2005 年, 所収）。

同「第三帝国の社会史と『経済の脱ユダヤ化』」（『東亜大学紀要』第 5 号, 2005 年, 所収）。

同「ドイツ第三帝国の経済の脱ユダヤ化（アーリア化）政策に関する研究」（研究成果報告書, 2006 年）。

同「第三帝国の経済社会体制」（『東亜大学紀要』第 18 号, 2013 年, 所収）。

〔著者略歴〕

川瀬 泰史 かわせ やすふみ

1958年、東京都に生まれる。
1982年3月、学習院大学経済学部卒業。
1982年4月、立教大学大学院経済学研究科博士課程前期課程入学。
1985年3月、同研究科同課程修了　経済学修士。
1986年4月、同研究科同課程後期課程入学。
1988年9月、西ドイツのチュービンゲン大学に、立教大学の交換留学生として、
　　　　　1年間留学。
1992年3月、立教大学大学院経済学研究科博士課程後期課程退学。
1992年4月、立教大学経済学部助手。
1995年3月、同退職。
その後、立教大学、千葉経済大学、独協大学の非常勤講師を経て、
現在、立教大学兼任講師。

シャハト
―ナチスドイツのテクノクラートの経済政策とその構想―

2017年8月3日　初版発行
2020年8月7日　第二刷発行

著　者	川瀬泰史
カバー写真	Library of Congress, LC-DIG-ggbain-36575
定　価	本体価格 2,200円＋税
発行所	株式会社　三恵社
	〒462-0056 愛知県名古屋市北区中丸町2-24-1
	TEL 052-915-5211　FAX 052-915-5019
	URL http://www.sankeisha.com

本書を無断で複写・複製することを禁じます。乱丁・落丁の場合はお取替えいたします。
©2017 Yasuhumi Kawase　ISBN 978-4-86487-694-0 C1023 ¥2200E

ISBN978-4-86487-694-0

C1023 ¥2200E

定価(本体価格 2,200円+税)